西大寺本願称徳天皇御影

西大寺本堂と東塔跡

西大寺四王堂　四天王増長天

西大寺四王堂　四天王増長天　邪鬼

孝謙天皇・称徳天皇御伝

米田達郎・米田雄介＝編著

勉誠社

はじめに

孝謙天皇（後に重祚して称徳天皇）は聖武天皇と光明皇后を両親とする、第四六代天皇（重祚した後は四八代天皇）である。この二人の間に男子が育たなかったことから天平十（七三八）年に皇太子となった。日本史上初の女性皇太子である。皇太子時代には橘奈良麻呂が黄文王を皇太子に擁立しようとするなど、必ずしもその地位は安定したものではなかったが、光明皇后を後ろ盾に、天平勝宝元（七四九）年七月に孝謙天皇として即位する。

孝謙天皇の治世は、母光明皇太后と藤原仲麻呂（恵美押勝）との影響をうけたものであった。聖武天皇の遺言によって皇太子となっていた道祖王を廃し、新たな皇太子を大炊王（後の淳仁天皇）としたのも、藤原仲麻呂の影響が孝謙天皇にあったことを示す。孝謙天皇は光明皇后の看病をするために淳仁天皇へと譲り、自らは上皇となる。天平宝字四（七六〇）年に光明皇后が崩御すると藤原仲麻呂との不和が顕在化する。孝謙上皇と道鏡との関係がもたらしたものである。天平宝字八（七六四）年の恵美押勝の乱後、上皇は道鏡を大臣禅師に任じ、淳仁天皇を廃し、重祚して称徳天皇となる。以後、称徳天皇は道鏡を重用し、さらには皇位継承させようとするが、和気清麻呂らによって叶わぬものとなる。神護景雲三（七六九）年の宇佐八幡宮神託事件である。この翌年宝亀元（七七〇）年に称徳天皇は由義宮に行幸している最中に病床に伏し、そのまま八月四日崩御した。死後は大和添下郡高野陵に葬られた。

孝謙・称徳天皇の治世下の状況は、必ずしも安定したものとはいえない。政治的な不安定さに加え、当時に起こった飢饉なども小さくない影響を与えていたと思われる。このようなことから、孝謙・称徳天皇は、在位中に父聖武天皇発願の東大寺大仏の開眼供養会を行い、百万塔陀羅尼を法隆寺に奉納、恵美押勝の乱平定を祈願した西大寺の拡張、を行っている。孝謙天皇・称徳天皇は、女性初の皇太子であること、重祚したこと、宇佐八幡宮事件などで注目されることが多かったものの、右に挙げたように仏教に対する信仰も篤かったことを忘れてならない。また人事についても男性だけではなく女性も登用していることには、注目すべきである。

孝謙・称徳天皇の事績をまとめたものはすでにあるが、仏教政策ということにも配慮して、資料を付加することで、新たに見えてくる点もある。また『光明皇后御傳　改訂増補版』の続編とした本書は、光明皇后から孝謙・称徳天皇へと歴史の継続性に重点をおくだけではなく、奈良県史（地域史）にも貢献するものである。

目次

凡例

一　本書の編集基準は『光明皇后御傳　改訂増補版』（吉川弘文館）に倣い、『続日本紀』を中心に孝謙・称徳天皇に関わる事項を編年体で示した。

二　孝謙・称徳天皇に関わる記事は、〈例一〉のように和暦・月・日、出来事、引用資料（年号・月・日）、本文の順に示すことを原則とした。なお『続日本紀』・『万葉集』については訓読・原文を示し、これら以外の資料は依拠したテキスト本文のみを提示した。

〈例一〉

天平勝宝元年七月三日

孝謙天皇の即位により、天皇の乳母に叙位す。

【続日本紀】 天平勝宝元年七月乙未（三日）

乙未、従六位上阿倍朝臣石井・正六位上山田史日女嶋・正六位下竹首乙女に並に従五位下を授く。並に天皇の乳母なればなり。

乙未、従六位上阿倍朝臣石井・正六位上山田史日女嶋・正六位下竹首乙女並授二従五位下一。並天皇之乳母也。

三　内容によっては〈例二〉のように一つの項目にまとめて示した。このために年代が前後しているところもある。なお、見出しと異なる年号は適宜補っている。

〈例二〉

天平勝宝元年八月二十一日

二十一日、大隅・薩摩の隼人、調貢し、土風《くにぶり》の歌儛を奏す。

二十二日、隼人に叙位す。

【続日本紀】 天平勝宝元年八月壬午（二十一日）

壬午（二十一日）、大隅・薩摩両国の隼人ら、御調を貢り、并せて土風の歌儛を奏す。

癸未（二十二日）、詔して、外正五位上曾乃君多利志佐に従五位下を授けたまふ。外従五位下前君乎佐に外従五位上。外正六位上曾県主岐直志日羽志・加祢保佐に並に外従五位下。

壬午、大隅・薩摩両国隼人等貢㆓御調㆒、并奏㆓土風歌儛㆒。

癸未、詔、授㆓外正五位上曾乃君多利志佐従五位下、外従五位下前君乎佐外従五位上、外正六位上曾県主岐直志日羽志・加祢保佐並外従五位下㆒。

四　資料本文の表記は依拠したテキストに忠実であることを心がけたが、読みやすさに配慮して現行の字体を用いることを原則とした。なお、人名・官職名については原文のままであることを心がけた。

五　資料の訓読は依拠したテキストに忠実であることを心がけたが、読みやすさを考慮し、訓読の一部を変更した個所や句読点を補ったところがある。

六　本文にある難読語に振り仮名を付すことは控えた。なお、出来事を記した個所は現代仮名遣いで示し、読みにくいと思われる個所に振り仮名を付す（〈例二〉参照）ことを原則とした。

七　本書で使用した資料は『続日本紀』（新日本古典文学大系）を中心に、『扶桑略記』（新訂国史大系）、『諸寺略記』『唐招提寺縁起抜書略集』（大日本仏教全書）、『東大寺要録』（東大寺史研究所校訂）、『七大寺巡礼私記』（奈良国立博文化財研究所編）、『寧楽遺文』（竹内理三編 八木書店）、『本朝皇胤紹運録』（群書類従）、『万葉集』（塙書房）などである。文学作品は『新編日本古典文学全集』を利用した。東京大学史料編纂所データベース（https://www.hi.u-tokyo.ac.jp/）も活用した。

孝謙天皇御伝

在位：天平勝宝元年七月二日～天平宝字二年八月一日

養老二年

孝謙天皇、養老二年に誕生す。

【本朝皇胤紹運録】

第四十六

孝謙天皇（諱阿閉。治十年 母皇太后光明子。不比等公二女）

養老二戊午降誕。天平十正立太子。廿一。

天平勝宝元七二受禅。三十二。同日即位。

同十一月大嘗會。天平宝字二八一禅位。

四十一。同日太上天皇尊号。同六年六月出家。

四十五。法諱法基尼

第四十八

称徳天皇（孝謙重祚。治五年）

宝字八十重祚。同九正一即位。神護二六

重発二菩提心一。神護景雲四八四崩。五十三。

葬二大和国高野陵一。（西大寺北也）

天平十年正月十三日

阿倍内親王を皇太子となす。

【続日本紀】天平十年正月壬午（十三日）

壬午、阿倍内親王を立てて皇太子と為す。天下に大赦す。

壬午、立㆓阿倍内親王㆒為㆓皇太子㆒。大㆓赦天下㆒。

天平十五年五月五日

皇太子阿倍内親王、親ら五節を舞う。天武天皇、礼と楽の二つを並べ、平らかに長くあるべしと、この舞を作る。

【続日本紀】天平十五年五月癸卯（五日）

癸卯、群臣を内裏に宴す。皇太子、親ら五節を儛ふ。右大臣橘宿禰諸兄、詔を奉けたまはりて太上天皇に奏して曰はく、天皇が大命に坐せ奏し賜はく、掛けまくも畏き飛鳥浄御原宮に大八洲知らしめしし聖の天皇命、天下を治め賜ひ平げ賜ひて思ほし坐さく、上下を斉へ和げて、動无く静かに有らしむるには、礼と楽と二つ並べてし平けく長く有べしと神ながらも思し坐して、此の舞を始め賜ひ造り賜ひきと聞き食へて、天地と共に絶ゆる事無く、いや継に受け賜はり行かむ物として、皇太子斯の王に学はし頂き荷しめて、我皇天皇の大前に貢る事を奏す、と。是に於て太上天皇詔報して曰はく、現神と御大八洲我子天皇の掛けまくも畏き天皇が朝庭の始め賜ひ造り賜へる国宝として、此王を供へ奉らしめ賜へば、天下に立て賜ひ行ひ賜へる法は絶ゆべき事はなく有りけりと見聞き喜び侍り、と奏し賜へと詔り賜ふ大命を奏す。また今日行ひ賜ふ態を見そなはせば、直に遊とのみには在らずして、天下の人に君臣祖子の理を教へ賜ひ趣け賜ふとに有るらしとなも思しめす。是を以て教へ賜ひ趣け賜ひながら受け賜はり持ちて、忘れず失はずあるべき表として、一二人を治め賜はなとなも思しめす、と奏し賜へと詔りたまふ大命を奏し賜はくと奏す、と。

因て御製歌に曰はく、そらみつ大和の国は神からし貴くあるらしこの舞見れば。

また歌に曰はく、天つ神御孫の命の取り持ちてこの豊御酒を厳献る。

また歌に曰はく、やすみしし我ご大君は平らけく長く坐して豊御酒献る。

右大臣橘宿禰諸兄、詔を宣りて曰はく、天皇が大命らまと勅り賜はく、今日行ひ賜ひ供へ奉り賜ふ態に依りて、御世御世に当りて供へ奉れる親王等・大臣等の子等を始めて、治め賜ふべき一二人等選ひ給ひ治め給ふ。是を以て汝等も今日詔り賜ふ大命のごと君臣祖子の理を忘るることなく、継ぎ坐さむ天皇が御世御世に明き浄き心を以て祖の名を戴き持ちて、天地と共に長く遠く仕へ奉れとして、冠位上賜ひ治め賜ふと勅り賜ふ大命を衆聞き賜へと宣る。また皇太子宮の官人に冠一階上げ賜ふ。此の中に博士と任し賜へる下道朝臣真備には冠二階上げ賜ひ治め賜はくと勅り賜ふ天皇が大命を衆聞き賜へ、と宣る。


癸卯、宴二群臣於内裏一。皇太子親儛二五節一。右大臣橘宿禰諸兄奉レ詔、奏二太上天皇一曰、天皇大命尓坐西奏賜久、掛母畏伎飛鳥浄御原宮尓大八洲所知志聖乃天皇命、天下乎治賜比平賜比氐所思坐久、上下乎斉倍和気弖无動久静加尓令有尓波、礼等楽等二都並弖志平久長久可有等随神母所思坐弖、此乃舞乎始賜比造賜比伎等聞食弖、与天地共尓絶事無久、弥継尓受賜波利行牟物等之弖、皇太子、斯王尓学志頂令荷弖、我皇天皇大前尓貢事乎奏。於レ是、太上天皇詔報曰、現神御大八洲我子天皇乃掛母畏伎天皇朝庭乃始賜比造賜弊留国宝等之弖此王乎令供奉賜波、天下尓立賜此行賜部流法波可絶伎事波無久有家利止見聞喜侍止奏賜等詔大命乎奏。又今日行賜布態乎見行波、直遊止乃味尓波不在之弖、天下人尓君臣祖子乃理乎教賜比趣賜布止尓有良志止奈母所思須。是以、教賜比趣賜比奈何良、受被賜持弖、不忘不失可有伎表等之弖一二人乎治賜波奈止那毛所思行須等奏賜止詔大命乎奏賜波久止奏。

因御製歌曰、蘇良美都　夜麻止乃久尓波　可未可良斯　多布度久安流羅之　許能末比美例波。

又歌曰、阿麻豆可未　美麻乃弥己止乃　登理母知弖　許能等与美岐遠　伊可多弖末都流。

又歌曰、夜須美斯志　和己於保支美波　多比良気久　那何久伊末之弖　等与美岐麻都流。

右大臣橘宿禰諸兄宣レ詔曰、天皇大命良麻等勅久、今日行賜比供奉賜態尓依而御世御世当弖供奉礼留親王等大臣等乃子等乎始而、可治賜伎一二人等選給比治給布。

是以、汝等母今日詔大命乃期等君臣祖子乃理遠忘事無久、継坐牟天皇御世御世尓明浄心乎以而、祖名乎戴持而、天地与共尓長久遠久仕奉礼等之弖、冠位上賜比治賜布等勅大命衆聞食宣。又皇太子宮乃官人尓冠一階上賜布。此中博士等任賜部留下道朝臣真備尓波冠二階上賜比治賜波久等勅天皇大命衆聞食宣。

天平勝宝元年七月二日

皇太子阿倍内親王、大極殿に即位す。皇太子、禅を受けて、大極殿に即位し、聖武天皇の譲位の宣命を宣う。また孝謙天皇の即位の詔を宣う。

【続日本紀】天平勝宝元年七月甲午（二日）

秋七月甲午、皇太子、禅を受けて、大極殿に位に即き賜ふ。詔して曰はく、現神と御宇倭根子天皇が御命らまと宣り賜ふ御命を、衆聞き賜へ、と。高天原に神積り坐す皇親神魯棄・神魯美命以て、吾孫の命の知らさむ食国天下と言依さし奉りの随に、遠皇祖の御世を始めて天皇が御世御世聞こし看し来る食国天つ日嗣高御座の業となも神ながら念し行さくと勅り賜ふ天皇が御命を、衆聞き賜へと勅る。平城の宮に御宇しし天皇の詔り賜ひしく、挂けまくも畏き近江大津の宮に御宇しし天皇の改るましじき常の典と初め賜ひ定め賜ひつる法の随に、斯の天つ日嗣高御座の業は、御命に坐せ、いや嗣になが御命聞こし看せと勅りたまふ御命を、畏じ物受け賜はりまして、食国天下を恵び賜ひ治め賜ふ間に、万機密く多くして御身敢へ賜はずあれ、法の随に天つ日嗣高御座の業は朕が子の王に授け賜ふと勅りたまふ天皇が御命を、親王等、王・臣等、百官人等、天下の公民、衆聞き賜へと宣る。

また天皇が御命らまと勅り賜ふ命を、衆聞き賜へと宣る。挂けまくも畏き我皇天皇、斯の天つ日嗣高御座の業を受け賜はりて仕へ奉れと負せ賜へ、頂に受け賜はり恐り、進みも知らに退きも知らに、恐み坐さくと宣りたまふ天皇が御命を、衆聞き賜へと勅る。故、是を以て、御命に坐せ、勅り賜はく、朕は拙く劣く在れども、親王等を始めて王等・臣等、諸の天皇が朝庭の立て賜へる食国の政を戴き持ちて、明き浄き心を以て誤ち落すこと無く助け仕へ奉るに依りてし、天下は平けく安けく、治め賜ひ恵び賜ふべき物にありとなも、神ながら念し坐さくと勅り賜ふ天皇が御命を、衆聞き賜へと宣る、と。是の日、感宝元年改め勝宝元年と為す。

秋七月甲午、皇太子受レ禅、即二位於大極殿一。詔曰、現神止御宇倭根子天皇可御命良麻止宣御命乎、衆聞食宣。高天原神積坐皇親神魯棄・神魯美命以、吾孫乃命乃将知食国天下止言依奉乃随、遠皇祖御世始而天皇御世御世聞看来食国天ッ日嗣高御座乃業止奈母随神所念行佐久止勅天皇我御命乎、衆聞食勅。平城乃宮尓御宇之天皇乃詔之久、挂畏近江大津乃宮尓御宇之天皇乃不改自常典等初賜比定賜都流法随、斯天ッ日嗣高御座乃業者、御命尓坐世、伊夜嗣尓奈賀御命聞看止勅夫御命乎畏自物受賜理坐天、食国天下乎恵賜比治賜布間尓、万機密久多久志天御身不敢賜有礼、随法天川日嗣高御座乃業者、朕子王尓授賜止勅天皇御命乎、親王等、王・臣等、百官人等、天下乃公民、衆聞食宣。

又天皇御命良末止勅命乎、衆聞食宣。挂畏我皇天皇、斯天川日嗣高御座乃業乎受賜弖仕奉止負賜閇、頂尓受賜理恐末里、進毛不知、退毛不知尓、恐美坐久止宣天皇御命乎、衆聞食勅。故是以、御命坐、勅久、朕者、拙劣雖在、親王等乎始而王等・臣等、諸天皇朝庭立賜部留食国乃政乎戴持而、明浄心以誤落言無助仕奉尓依弖之、天下者平久安久、治賜比恵賜布閇支物尓有止奈毛、神随所念坐久止勅天皇御命乎、衆聞食宣。是日、改二感宝元年一為二勝宝元年一。

【扶桑略記】

聖武天皇女。母贈太政大臣藤原不比等女。光明皇后也。天平感宝元年己丑七月二日甲午。於二大極殿一即位。年卅一。都二大倭国添上郡平城宮一。即日改二天平勝宝元年一。

【七大寺巡礼私記】

八幡大丼奉拝大佛事、天平勝宝元年乙丑七月二日申(甲カ)午、孝謙天皇即位、

天平勝宝元年七月三日

孝謙天皇の即位により、天皇の乳母に叙位す。

【続日本紀】天平勝宝元年七月乙未（三日）

乙未、従六位上阿倍朝臣石井・正六位上山田史日女嶋・正六位下竹首乙女に並に従五位下を授く。並に天皇の乳母なればなり。

乙未、従六位上阿倍朝臣石井・正六位上山田史日女嶋・正六位下竹首乙女並授二従五位下一。並天皇之乳母也。

天平勝宝元年七月十三日

諸寺の墾田地を定む。

【続日本紀】天平勝宝元年七月乙巳（十三日）

乙巳、諸寺の墾田地の限を定む。大安・薬師・興福・大倭国法華寺、諸の国分金光明寺は、寺別に一千町。大倭国国分金光明寺は四千町。元興寺は二千町。弘福・法隆・四天王・崇福・新薬師・建興・下野薬師寺・筑紫観世音寺は、寺別に五百町。諸国の法華寺は寺別に四百町・自餘の定額寺は寺別に一百町。

乙巳、定二諸寺墾田地限一。大安・薬師・興福・大倭国法華寺、諸国分金光明寺、々別一千町。大倭国々分金光明寺四千町。元興寺二千町。弘福・法隆・四天王・崇福・新薬師・建興・下野薬師寺・筑紫観世音寺、々別五百町。諸国法華寺、寺別四百町。自餘定額寺、々別一百町。

天平勝宝元年七月二十四日

聖武天皇、東大寺の大仏を鋳造す。

【扶桑略記】天平勝宝元年七月二十四日

同月廿四日。奉レ鑄二東大寺大佛一已畢。三箇年間。八箇度奉レ鑄二大佛一。大佛師従四位下國大麿。大鑄師従五位下高市真國。従五位下高市六麿。従五位下柿本男玉。或説云。宇佐宮命婦大倭裳利女。如二行幸之儀式一上洛。執二行件事一。奉レ鑄二御躰金銅盧舎那佛像一躰一。行寺築立障子記云。結跏趺坐。高五丈三尺五寸。面長一丈七尺。廣九尺五寸。宍髻高二尺。眉長五尺四寸五分。目長三尺九寸。口長三尺七寸。頤長一尺六寸。耳長八尺五寸。頸長二尺六寸五分。肩徑二丈八尺七寸。胸長一丈八尺。腹長一丈三尺。臂長一丈九尺。肘至㆑腕長一丈五尺。掌長五尺六寸。中指長五尺。脛長二丈三尺八寸五分。膝前徑三丈九尺。膝厚七尺。足下一丈二尺。螺形九百六十箇。高各一尺。徑各六寸。銅座高一尺。徑六丈八尺。上周廿一丈四尺。基周廿三丈九尺。石座高八尺。上周三十丈七尺。基周三十九丈五尺。圓光一基高十一丈四尺。廣九丈六尺。用㆓熟銅七十三万九千五百六十斤。白銀一万二千六百十八斤。錬金一万四百卌六両。水銀五万八千六百廿両。炭一万八千六百五十六石㆒。狭侍丼像二躯。並高各三丈。佛殿一宇。二重十一間。高十五丈六尺。東西廿九丈。廣十七丈。基砌高七尺。東西長卌二丈七尺。南北砌長廿丈六尺。柱八十四支。殿戸十六。建㆓塔二基㆒。並皆七重。東塔高卌三丈八寸。西塔高廿三丈六尺七寸。露盤高各八丈八尺二寸。用㆓錬金一千五百十両二分。熟銅七万五千五百二斤五両。白銀四百九十斤十両㆒。大工従五位下々猪名部百世。従五位下益田縄手又造㆓峯按㆒。高十五丈。講堂厨坊食屋戒院官舎僧房皆悉備具。鑄㆓鐘一口㆒。高一丈二尺六寸。口徑九尺一寸三分。口厚八寸。身圓八丈。用㆓熟銅五万二千六百八十斤。白鑞第四百九十斤㆒。

天平勝宝元年八月十日

紫微中臺の官人を任命す。大納言藤原仲麻呂を兼紫微令とす。

【続日本紀】天平勝宝元年八月辛未（十日）

辛未、大納言正三位藤原朝臣仲麻呂を兼紫微令。参議正四位下大伴宿禰兄麻呂、式部卿従四位上石川朝臣年足を並に兼大弼。従四位下百済王孝忠、式部大輔従四位下巨勢朝臣堺麻呂、中衛少将従四位下肖奈王福信を並に兼少弼。正五位上阿倍朝臣虫麻呂、伊豫守正五位上佐伯宿禰毛人、左兵衛率正五位下鴨朝臣角足、従五位下多治比真人土作を兼大忠。外従五位上出雲臣屋麻呂、衛門員外佐外従五位下中臣丸連張弓・吉田連兄

人・葛木連戸主を並に少忠。従五位下藤原朝臣縄麻呂を侍従。

辛未、大納言正三位藤原朝臣仲麻呂為㆓兼紫微令㆒。参議正四位下大伴宿禰兄麻呂・式部卿従四位上石川朝臣年足並為㆓兼大弼㆒。従四位下百済王孝忠・式部大輔従四位下巨勢朝臣堺麻呂・中衛少将従四位下肖奈王福信並為㆓兼少弼㆒。正五位上阿倍朝臣虫麻呂・伊予守正五位上佐伯宿禰毛人・左兵衛率正五位下鴨朝臣角足・従五位下多治比真人土作為㆓兼大忠㆒。外従五位上出雲臣屋麻呂・衛門員外佐外従五位下中臣丸連張弓・吉田連兄人・葛木連戸主並為㆓少忠㆒。従五位下藤原朝臣縄麻呂為㆓侍従㆒。

天平勝宝元年八月二十一日

二十一日、大隅・薩摩の隼人、調貢し、土風《くにぶり》の歌儛を奏す。

二十二日、隼人に叙位す。

【続日本紀】天平勝宝元年八月壬午（二十一日）

壬午（二十一日）、大隅・薩摩両国の隼人ら、御調を貢り、并せて土風の歌儛を奏す。

癸未（二十二日）、詔して、外正五位上曾乃君多利志佐に従五位下を授けたまふ。外従五位下前君乎佐に外従五位上。外正六位上曾県主岐直志日羽志・加祢保佐に並に外従五位下。

壬午、大隅・薩摩両国隼人等貢㆓御調㆒、并奏㆓土風歌儛㆒。

癸未、詔、授㆓外正五位上曾乃君多利志佐従五位下、外従五位下前君乎佐外従五位上、外正六位上曾県主岐直志日羽志・加祢保佐並外従五位下㆒。

天平勝宝元年九月七日

紫微中臺の官人の官位相当を定む。

【続日本紀】 天平勝宝元年九月戊戌（七日）

九月戊戌、紫微中臺の官位を制す。令一人、正三位の官。大弼二人、正四位下の官。少弼三人、従四位下の官。大忠四人、正五位下の官。少忠四人、従五位下の官。大疏四人、従六位上の官。少疏四人、正七位上の官。

九月戊戌、制二紫微中臺官位一。令一人、正三位官。大弼二人、正四位下官。少弼三人、従四位下官。大忠四人、正五位下官。少忠四人、従五位下官。大疏四人、従六位上官。少疏四人、正七位上官。

天平勝宝元年十月九日

九日、河内国智識寺に行幸す。

十四日、石川の上に幸し、志紀・大県・安宿の三郡の百姓の老人から小児までに綿を賜い、また正税の本利を免す。自余の諸郡は利を免し本を収む。

十五日、河内国の六十六寺の僧尼・沙弥・沙弥尼に絁・綿を賜う。是の日、天皇、大郡宮に還御す。

【続日本紀】 天平勝宝元年十月庚午（九日）

冬十月庚午（九日）、河内国智識寺に行幸す。外従五位下茨田宿禰弓東女の宅を行宮としたまふ。

乙亥（十四日）、石川の上に幸し賜ふ。志紀・大県・安宿の三郡の百姓の百年以下小児已上に綿を賜ふこと差有り。また三郡の百姓の負へる正税の本利を免す。自餘の諸郡は利を免して本を収む。陪従せる諸司に綿を賜ふこと、亦各差有り。

丙子（十五日）、河内国の寺六十六区の見住の僧尼と沙弥・沙弥尼とに絁・綿、各差有り。外従五位下茨田宿禰弓束女に正五位上を授く。是の日、車駕、大郡宮に還りたまふ。


十月庚午、行二幸河内国智識寺一。以二外従五位下田宿禰弓束女之宅一為二行宮一。

乙亥、幸二石川之上一。志紀・大県・安宿三郡百姓百年以下小児已上、賜レ綿有レ差。又免二三郡百姓所レ負正税本利一。自餘諸郡、免レ利収レ本。陪従諸司賜レ綿、亦各有レ差。

丙子、河内国寺六十六区見住僧尼及沙弥・沙弥尼、絁綿各有レ差。外従五位下茨田宿禰弓束女授二正五位上一。是日、車駕還二大郡宮一。

天平勝宝元年十一月二十五日

二十五日、南薬園の新宮で大嘗祭を催行す。

二十六日、五位已上を宴す。

二十七日、録を賜う。

二十九日、由機・須岐の国司や軍毅に叙位・賜禄あり。

三十日、大郡宮に遷御す。

【続日本紀】天平勝宝元年十一月乙卯（二十五日）
乙卯（二十五日）、南薬園の新宮に大嘗す。因幡を由機国とし、美濃を須岐国とす。
丙辰（二十六日）、五位已上を宴す。従三位三原王に正三位を授く。従五位上藤原朝臣乙麻呂に正五位上。正

六位上高橋朝臣男河・高橋朝臣三綱に並に従五位下。従五位上中臣朝臣益人に正五位下。无位秋篠王、正七位下当麻真人子老に並に従五位下。

丁巳（二十七日）、五位已上を宴す。禄賜ふこと差有り。

戊午（二十八日）、饗を諸司の主典已上に賜ふ。禄賚《たま》ふこと差有り。番上の人ら亦禄の例に在り。

己未（二十九日）、由機・須岐の国司、従五位上小田王に正五位下を授く。正四位下大伴宿禰兄麻呂に正四位上。従四位下大伴宿禰古慈斐・肖奈王福信に並に従四位上。正六位上津嶋朝臣雄子に従五位下。軍毅已上に位一級を叙す。また国司と軍毅・百姓とに饗并せて禄を賜ふ。

庚申（三十日）、正五位下小田王に正五位上を授く。是の日、大郡宮に遷御したまふ。

乙卯、於二南薬園新宮一大嘗。以二因幡一為二由機国一、美濃為二須岐国一。

丙辰、宴二五位已上一。授二従三位三原王正三位、従五位上藤原朝臣乙麻呂正五位上、正六位上高橋朝臣男河・高橋朝臣三綱並従五位下、従五位上中臣朝臣益人正五位下一、无位秋篠王・正七位下当麻真人子老並従五位下。

丁巳、宴二五位已上一。賜レ禄有レ差。

戊午、賜二饗諸司主典已上一。賚レ禄有レ差。番上人等、亦在二禄例一。

己未、由機・須岐国司、従五位上小田王授二正五位下一。正四位下大伴宿禰兄麻呂正四位上。従四位下大伴宿禰古慈斐・肖奈王福信並従四位上。正六位上津嶋朝臣雄子従五位下。軍毅已上叙二位一級一。又国司及軍毅・百姓賜二饗并禄一。

庚申、正五位下小田王授二正五位上一。是日、遷二御大郡宮一。

天平勝宝元年十一月十九日

十九日、八幡大神、託宣して京に向かう。
二十四日、参議従四位上石川朝臣年足らを迎神使とし、路次を整備す。
十二月十八日、八幡神を平群郡に迎え、宮の南の梨原宮に新殿を造り、神宮とす。
二十七日、外従五位上高市連大国らに従五位下、正六位上柿本小玉らに外従五位下をそれぞれ授く。

【続日本紀】天平勝宝元年十一月己酉（十九日）

己酉（十九日）、八幡大神、託宣して京に向ふ。

甲寅（二十四日）、参議従四位上石川朝臣年足、侍従従五位下藤原朝臣魚名らを遣して迎神使とす。路次の諸国、兵士一百人以上を差し発して、前後を駈除せしむ。また歴る国、殺生を禁断す。その従人の供給には、酒・宍を用ゐず。道路は清め掃き、汚穢せしめず。

十二月戊寅（十二月十八日）、五位十人、散位廿人、六衛府の舎人各廿人を遣して、八幡神を平群郡に迎へしむ。是の日、京に入る。即ち宮の南の梨原宮に新殿を造り、神宮とす。僧卌口を請し、悔過すること七日なり。

丁亥（二十七日）、外従五位上高市連大国、正六位上内蔵伊美吉黒人・佐伯宿禰今毛人に並に従五位下。正六位上柿本小玉、従六位上高市連真麻呂に並に外従五位下を授く。

己酉、八幡大神託宣向レ京。

甲寅、遣二参議従四位上石川朝臣年足・侍従従五位下藤原朝臣魚名等一、以為二迎神使一。路次諸国差二発兵士一百人以上一、前後駈除。又所レ歴之国、禁二断殺生一。其従人供給、不レ用二酒宍一。道路清掃、不レ令二汚穢一。

十二月戊寅、遣二五位十人、散位廿人、六衛府舎人各廿人一、迎二八幡神於平群郡一。是日、入レ京。即於二宮南梨原宮一造二新殿一、以為二神宮一。請二僧卌口一、悔過七日。

丁亥、外従五位上高市連大国、正六位上内蔵伊美吉黒人・佐伯宿禰今毛人並従五位下。正六位上柿本小玉・従六位上高市連真麻呂並授二外従五位下一。

【扶桑略記】

十一月己酉日。宇佐宮八幡大明神託宣向レ京。

甲寅日。遣二参議従四位上石川朝臣年足。侍従々五位下藤原朝臣魚等一。以為二迎神使一。路次諸国差二発兵士一百人以上一。前後駈除。又所レ歴之国禁二断殺生一。其従人供給不レ須二酒肉一。道路清掃不レ令二汙穢一。

十二月戊寅日。遣二五位十人。散位廿人。六衛府舎人各廿人一。迎二八幡神於平群郡一。是日。入レ京。即於二宮南梨原宮一。造二新殿一以為二神宮一。請僧十口。悔過七日。

【七大寺巡礼私記】

孝謙天皇天平勝宝元年己酉、八幡大神託宣向重（京カ）、為奉迎大神、遣参儀（議カ）従四位上石河朝臣年足・侍従々上（衍カ）五位下藤原朝臣魚名等、路次諸国差兵仕（士カ）一百人前後駈除、道路不令汙穢。

十二月一日代宣（戊寅カ）、遣五位十人・散位廿人・六衛舎人各廿人、迎八幡神於平群郡。是日、入京。即於宮南梨原宮造新殿、以為神宮。

天平勝宝元年十二月二十七日

八幡大神の禰宜、東大寺を拝し、孝謙天皇、太上天皇・太后も行幸し、礼仏・読経す。天皇去る辰年に河内の知識寺に坐す盧舎那仏をうみ、造立を願うも叶わず。天皇、神が天神地祇を率いて必ずなし奉ると思う。禰宜花社女・主神大押田麻呂に叙位す。東大寺に封戸・奴婢を施入し、造東大寺の人々の労に随ひて叙位す。

【続日本紀】天平勝宝元年十二月丁亥（二十七日）

丁亥、八幡大神の禰宜尼大神朝臣社女 その輿は紫色なり。一ら乗輿に同じ。東大寺を拝む。天皇・太上天皇・太后も同じく亦行幸し賜ふ。是の日、百官と諸氏の人らと咸く寺に会ふ。僧五千を請して礼仏読経せしむ。大唐・渤海・呉の楽、五節田儛・久米儛を作さしむ。因て大神に一品を奉る。比咩神には二品。左大臣橘宿禰諸兄、詔を奉けたまはりて神に白して曰はく。天皇が御命に坐せ、申し賜ふと申さく。去にし辰年河内国大県郡の知識寺に坐す盧舎那仏を礼み奉りて、則ち朕も造り奉らむと思へども、え為さざりし間に、豊前国宇佐郡に坐す広幡の八幡大神に申し賜へ、勅りたまはく、神我天神・地祇を率ゐいざなひて必ず成し奉らむ。事立つに有らず、銅の湯を水と成し、我が身を草木土に交へて障る事無くなさむと勅り賜ひながら成りぬれば、歓しみ貴みなも念ひ賜ふる。然れば、猶止む事を得ずして、恐けれども、御冠献る事を恐みも恐みも申し賜はくと申すと宣ふ。尼社女に従四位下を授く。主神大神朝臣田麻呂に外従五位下。東大寺に封四千戸、奴百人、婢百人を施す。また東大寺を造ることに預りし人に、労に随ひて位を叙すること差有り。

丁亥、八幡大神禰宜尼大神朝臣社女其輿紫色、一同㆓乗輿㆒。拝㆓東大寺㆒。天皇・太上天皇・太后、同亦行幸。是日、百官及諸氏人等、咸会㆓於寺㆒。請㆓僧五千㆒、礼仏読経。作㆓大唐・渤海・呉楽、五節田儛・久米儛㆒。因奉二大神一品、比咩神二品一。左大臣橘宿禰諸兄奉レ詔、白レ神曰、天皇我御命尓坐、申賜止申久。去辰年、河内国大県郡乃知識寺尓坐盧舎那仏遠礼奉天、則朕毛欲奉造止思登毛、得不為之間尓、豊前国宇佐郡尓坐広幡乃八幡大神尓申賜閇勅久、神我天神地祇乎率伊左奈比天必成奉无。事立不有、銅湯乎水止成、我身遠草木土尓交天障事無久奈佐牟止勅賜奈我良成奴礼波、歓美貴美奈毛念食流。然、猶止事不得為天、恐家礼登毛、御冠献事乎恐美毛申賜久止申。尼社女授二従四位下一。主神大神朝臣田麻呂外従五位下。施二東大寺封四千戸、奴百人、婢百人一。又預レ造二東大寺一人、随レ労叙レ位有レ差。

【東大寺封戸勅施入文】東大寺文書東南院文書之一

勅旨

封伍仟戸

右、奉入造東大寺料、其造寺事了之後、壹仟戸者、用修理破壊料肆仟戸者、用供養十方三寶料、永年莫動、以爲福田、伏願以此无盡之財寶、因施无相之如来、普度无邊之有情、欲證无餘之極果

天平勝寶元年

平城宮御宇太上天皇法名勝満

藤原皇太后法名

【扶桑略記】

丁亥日。天皇（孝謙）相二率太上天皇（聖武）皇太后（光明）一。行二幸於東大寺一。請二五十僧一礼佛。是日。八幡大神拝二東大寺一。百官諸氏人等咸會。作二種々楽一。同日。詔。施二東大寺封四千戸。奴百人。婢百人一。

【七大寺巡礼私記】

同十一月、天皇・太上天皇・太后相率行幸東大寺、請五千僧礼大佛、是日八幡大神同拝東大寺、百官并氏人等咸會、作所々楽、

天平勝宝二年正月一日

天皇、大安殿に御しまして朝を受けたまう。ついで大郡宮に還御し、陪従の五位以上に宴し、賜録あり。自余の五位以上には薬園宮に饗宴す。

【続日本紀】天平勝宝二年正月庚寅（一日）

二年春正月庚寅の朔、天皇、大安殿に御しまして朝を受けたまふ。是の日、車駕、大郡宮に還り賜ふ。五位以上を宴し、禄を賜ふこと差有り。自餘の五位已上には、薬園宮に饗へ給ふ。

二年春正月庚寅朔、天皇御二大安殿一、受レ朝。是日、車駕還二大郡宮一。宴二五位以上一、賜レ禄有レ差。自餘五位已上者、於二薬園宮一給レ饗焉。

天平勝宝二年二月四日

天皇、大安殿に御し、出雲国造出雲臣弟山、神賀の事を奏上す。

【続日本紀】天平勝宝二年二月癸亥（四日）

二月癸亥、天皇、大安殿に御します。出雲国造外正六位上出雲臣弟山、神斎賀事を奏す。弟山に外従五位下を授く。自餘の祝部に位を叙すること差有り。並に絁・綿を賜ふこと亦各差有り。

二月癸亥、天皇御二大安殿一。出雲国造外正六位上出雲臣弟山奏二神斎賀事一。授二弟山外従五位下一。自餘

祝部叙レ位有レ差。並賜二絁綿一、亦各有レ差。

天平勝宝二年二月九日

九日、大郡宮より薬師寺宮に天皇移御《うつりたま》う。

十六日、春日の酒殿に行幸。唐人に叙位す。

【続日本紀】天平勝宝二年二月戊辰（九日）

戊辰（九日）、天皇、大郡宮より薬師寺宮に移御ふ。

乙亥（十六日）、春日の酒殿に幸したまふ。唐の人正六位上李元環に外従五位下を授く。

戊辰、天皇従二大郡宮一移二御薬師寺宮一。

乙亥、幸二春日酒殿一。唐人正六位上李元環授二外従五位下一。

天平勝宝二年二月二十三日

二十三日、東大寺に封戸三千五百戸を増す。

二十九日、八幡大神に封戸三百八十戸を増し、位田を充て、二品比売神に封戸・位田を賜う。

【続日本紀】天平勝宝二年二月壬午（二十三日）

壬午（二十三日）、大倭金光明寺に封三千五百戸を益す。前に通して五千戸。

戊子（二十九日）、一品八幡大神に封八百戸 前に四百廿戸。今三百八十戸を加ふ。 位田八十町 前に五十町。今卅町を加ふ。 を充て奉る。二品比売神に封六百戸、位田六十町。

壬午、益二大倭金光明寺封三千五百戸一。通レ前五千戸。

戊子、奉レ充二一品八幡大神封八百戸、前四百廿戸。今加二三百八十戸一。位田八十町一。前五十町。今加二卅町一。二品比売神封六百戸、位田六十町。

【扶桑略記】

二年二月戊子日。奉レ宛二一品八幡大神封八百戸。位田八十町一。

天平勝宝二年四月四日

天皇、薬師経に帰依するにより、天下に大赦す。

【続日本紀】天平勝宝二年四月辛酉（四日）

辛酉、勅したまはく、比来之間、思ふこと有るに縁りて、薬師経に帰して行道懺悔す。冀はくは、恩恕を施し、兼ねて人を済はむと欲ふ。尽く瑕穢を洗ひて更に自ら新ならしめむとす。仍て天下に大赦し、并せて今年の四畿内の調を免すべし。その私鋳銭と、八虐を犯せると、故殺人と、強盗・窃盗と、常赦の免さぬとは、赦の限に在らず。但し、死に入る者は一等を降せ、と。また、中臣占部紀奥手磨を減して中流に配す。

辛酉、勅、比来之間、縁レ有レ所レ思、帰二薬師経一、行道懺悔。冀施二恩恕一、兼欲レ済レ人。尽洗二瑕穢一、更令二自新一。仍可下大二赦天下一、并免中今年四畿内調上。其私鋳銭、及犯二八虐一、故殺人、強盗・窃盗、常赦所レ不レ免者、不レ在二赦限一。但入レ死者、降二一等一。又中臣卜部紀奥手磨、減配二中流一。

天平勝宝二年五月八日

中宮安殿にて仁王経を講す。

【続日本紀】天平勝宝二年五月乙未（八日）

五月乙未、中宮の安殿に僧一百を請ひて仁王経を講す。并せて、左右京、四畿内、七道の諸国をして講説せしむ。

五月乙未、於二中宮安殿一、請二僧一百一、講二仁王経一。并令二左右京・四畿内・七道諸国講説一焉。

天平勝宝二年六月七日

備前国にて飢饉あり。賑給《しんごふ》したまふ。

【続日本紀】天平勝宝二年六月癸亥（七日）

六月癸亥、備前国飢ゑぬ。これに賑給す。

六月癸亥、備前国飢。賑二給之一。

天平勝宝二～三年

遣唐使任用以来、出発に至るまでの処遇を定む。即ち天平勝宝二年九月二十四日、遣唐大使以下四等官を任用し、翌年二月十七日に遣唐使の雑色人に叙位す。同年四月参議石川年足らを伊勢に遣はして幣帛を大神宮に奉らしむ。

【続日本紀】天平勝宝二年九月己酉（二十四日）

己酉、遣唐使を任く。従四位下藤原朝臣清河を大使とす。従五位下大伴宿禰古麻呂を副使。判官・主典各四人。

己酉、任二遣唐使一。以二従四位下藤原朝臣清河一為二大使一。従五位下大伴宿禰古麻呂為二副使一。判官・主典、各四人。

【続日本紀】天平勝宝三年二月庚午（十七日）

二月庚午、遣唐使の雑色の人一百一十三人に位を叙すること差有り。

二月庚午、遣唐使雑色人一百一十三人、叙レ位有レ差。

【続日本紀】天平勝宝三年四月丙辰（四日）

夏四月丙辰、参議左大弁従四位上石川朝臣年足らを遣して、幣帛を伊勢大神宮に奉らしむ。また、使を遣して、幣帛を畿内・七道の諸社に奉らしむ。遣唐使らをして平安ならしめむ為なり。

夏四月丙辰、遣二参議左大弁従四位上石川朝臣年足等一、奉二幣帛於伊勢大神宮一。又遣レ使奉二幣帛於畿内七道諸社一。為レ令二遣唐使等平安一也。

天平勝宝二年十月一日

正五位上藤原朝臣乙麿に従三位を授け、大宰帥に任ず。

【続日本紀】天平勝宝二年十月丙辰（一日）

冬十月丙辰の朔、詔して、正五位上藤原朝臣乙麿に従三位を授け、大宰帥に任けたまふ。八幡大神の教を以てなり。

冬十月丙辰朔、詔、授二正五位上藤原朝臣乙麿従三位一、任二大宰帥一。以二八幡大神教一也。

天平勝宝二年十月十八日

元正天皇を奈保山の陵に改葬し、天下挙哀《こあい》す。

【続日本紀】天平勝宝二年十月癸酉（十八日）

癸酉、太上天皇を奈保山陵に改め葬る。天下、素服して挙哀す。

癸酉、太上天皇改㆓葬於奈保山陵㆒。天下素服挙哀。

天平勝宝二年十二月九日

黄金を獲たる人に叙位し、絁・綿・正税を賜う。また黄金を出せる郡の本年の田租を免す。さらに造東大寺司官人に叙位す。

【続日本紀】天平勝宝二年十二月癸亥（九日）

十二月癸亥、駿河国守従五位下勤臣東人に従五位上を授く。金を獲たる人无位三使連浄足に従六位下。絁卌疋、綿卅屯、正税二千束を賜ふ。金を出せる郡には、今年の田租を免す。郡司の主帳已上に位を進むること差有り。また、大納言藤原朝臣仲麻呂を遣して、東大寺に就きて、従五位上市原王に正五位下を授く。従五位下佐伯宿禰今毛人に正五位上。従五位下高市連大国に正五位下。外従五位下柿本小玉・高市連真麻呂に並に外従五位上。

十二月癸亥、授㆓駿河国守従五位下勤臣東人従五位上㆒。獲㆑金人无位三使連浄足従六位下。賜㆓絁卌疋、綿卅屯、正税二千束㆒。出㆑金郡免㆓今年田租㆒。郡司主帳已上、進㆑位有㆑差。又遣㆓大納言藤原朝臣仲麻呂㆒、就㆓東大寺㆒、授㆓従五位上市原王正五位下、従五位下佐伯宿禰今毛人正五位上、従五位下高市連大国正五位下、外従五位下柿本小玉・高市連真麻呂並外従五位上㆒。

天平勝宝三年正月十四日

十四日、天皇、東大寺に行幸し、木工寮の長上に叙位。

十六日、大極殿南院に御して百官主典已上に宴し、禄を賜う。また踏歌《とうか》の女孺《にょじゅ》に叙位す。

【続日本紀】天平勝宝三年正月戊戌（十四日）

三年春正月戊戌（十四日）、天皇、東大寺に幸したまふ。木工寮の長上正六位上神儀部国麿に外従五位下を授く。

庚子（十六日）、天皇、大極殿の南院に御しまして、百官の主典已上に宴したまふ。禄賜ふこと差有り。踏歌の歌頭女孺忍海伊太須・錦部河内に並に外従五位下を授く。

三年春正月戊戌、天皇幸㆓東大寺㆒。授㆓木工寮長上正六位上神儀部国麿外従五位下㆒。

庚子、天皇御㆓大極殿南院㆒、宴㆓百官主典已上㆒。賜㆑禄有㆑差。踏歌歌頭女孺忍海伊太須・錦部河内並授㆓外従五位下㆒。

天平勝宝三年二月二十二日

出雲国造出雲臣弟山、神賀事を奏す。位を進め物を賜う。

【続日本紀】天平勝宝三年二月癸亥（二十二日）

乙亥、出雲国造出雲臣弟山、神賀事を奏す。位を進め物を賜ふ。

乙亥、出雲国造出雲臣弟山奏二神賀事一。進レ位賜レ物。

是の日、『東大寺要録』によると、東大寺に行幸（二月廿二日。太上天皇行二幸東大寺一。）とあり。

天平勝宝三年四月二十二日

僧綱を任命す。

【続日本紀】天平勝宝三年四月甲戌（二十二日）

甲戌、詔して、菩提法師を僧正としたまふ。良弁法師を少僧都。道璿法師・隆尊法師を律師。

甲戌、詔、以二菩提法師一為二僧正一。良弁法師為二少僧都一。道璿法師・隆尊法師為二律師一。

天平勝宝三年七月七日

天皇、南院に御し、宴を大臣已下、諸司の主典已上に賜う。

【続日本紀】天平勝宝三年七月丁亥（七日）

秋七月丁亥、天皇、南院に御しまして、宴を大臣已下、諸司の主典已上に賜ふ。正六位上紀朝臣伊保に従五位下を授く。女孺无位刑部勝麻呂に外従五位下。

秋七月丁亥、天皇御二南院一、賜二宴大臣已下諸司主典已上一。授二正六位上紀朝臣伊保従五位下、女孺无位刑部勝麻呂外従五位下一。

天平勝宝三年十月二十三日

孝謙天皇、聖武太上天皇の病により七々の日の間、新薬師寺に四十九人の僧を召し、設斎《をがみ》し行道《ぎやうだう》せしめむ。聖武太上天皇の聖体平復・宝寿長久を祈らしむ。

【続日本紀】天平勝宝三年十月壬申（二十三日）

十月壬申、詔して曰はく、頃者、太上天皇枕席穏にあらず。是に由りて、七々日が間に、卌九の賢しき僧を新薬師寺に屈請して、続命の法に依りて、設斎し行道せしめむ。仰ぎ願はくは、聖体平復し、宝寿長久ならむことを。経に云へらく、苦を受くる雑類の衆生を救済へば、病を免れて年を延ぶ、と。是を以て、教に依りて天下に大赦す。但し、八虐を犯せると、故殺人と、鋳銭と、強窃の二盗と、常赦の免さぬとは、赦の限に在らず、と。

十月壬申、詔曰、頃者、太上天皇、枕席不㆑穏。由㆑是、七々日間、屈㆓請卌九賢僧於新薬師寺㆒、依㆓続命之法㆒、設斎行道。仰願、聖体平復、宝寿長久。経云、救㆓済受㆑苦雑類衆生㆒者、免㆑病延㆑年。是以、依㆑教大㆓赦天下㆒。但犯㆓八虐㆒、故殺人、鋳銭、強窃二盗、常赦所㆑不㆑免者、不㆑在㆓赦限㆒。

天平勝宝三年十一月七日

七日、吉備真備を入唐副使と定む。

天平勝宝四年閏三月九日、天皇、副使已下を内裏に召し、節刀《せつたう》を給う。仍て大使藤原清河・副使大伴古麻呂に叙位し、留学生藤原刷雄に叙位す。

【続日本紀】天平勝宝三年十一月

十一月丙戌（七日）、従四位上吉備朝臣真備を入唐副使とす。

〈天平勝宝四年〉三月庚辰（三日）、遣唐使ら、拝朝す。

閏三月丙辰（九日）、遣唐使の副使已上を内裏に召して、詔して節刀を給ふ。仍て大使従四位上藤原朝臣清河に正四位下を授く。副使従五位上大伴宿禰古麻呂に従四位上。留学生无位藤原朝臣刷雄に従五位下。

十一月丙戌、以二従四位上吉備朝臣真備一為二入唐副使一。

三月庚辰、遣唐使等拝朝。

閏三月丙辰、召二遣唐使副使已上於内裏一。詔、給二節刀一。仍授二大使従四位上藤原朝臣清河正四位下、副使従五位上大伴宿禰古麻呂従四位上、留学生无位藤原朝臣刷雄従五位下一。

天平勝宝四年正月一日

太宰府、白亀を献上す。

【続日本紀】天平勝宝四年正月己卯（一日）

四年春正月己卯の朔、大宰府、白亀を献る。

四年春正月己卯朔、大宰府献二白亀一。

天平勝宝四年正月十一日

太上天皇、不悆の為に僧尼に度す。

【続日本紀】天平勝宝四年正月己丑（十一日）

己丑、地動る。是の日、僧九百五十人、尼五十人を度す。太上天皇の不悆の為なり。

己丑、地動。是日、度㆓僧九百五十人、尼五十人㆒。為㆓太上天皇不悆㆒也。

天平勝宝四年正月二十五日

太山口忌寸人麿を遣新羅使とす。

【続日本紀】天平勝宝四年正月癸卯（二十五日）

癸卯、正七位下山口忌寸人麿を遣新羅使とす。

癸卯、以㆓正七位下山口忌寸人麿㆒為㆓遣新羅使㆒。

天平勝宝四年三月三日

遣唐使ら拝朝す。

【続日本紀】天平勝宝四年三月庚辰（三日）

三月庚辰、遣唐使ら、拝朝す。

三月庚辰、遣唐使等拝朝。

天平勝宝四年三月十四日

東大寺大仏の塗金を始む。

【東大寺要録】縁起章第二大仏殿碑文

以㆓天平勝宝四年歳次壬辰三月十四日㆒。始奉レ塗レ金。未レ畢之間。以㆓同年四月九日㆒。儲㆓於大會㆒奉㆓開眼㆒也。

【扶桑略記】

四年三月十四日。東大寺大佛奉レ塗レ金。

天平勝宝四年閏三月九日

遣唐使副使已上を内裏に召して節刀を給う。

【続日本紀】天平勝宝四年閏三月丙辰（九日）

閏三月丙辰、遣唐使の副使已上を内裏に召して、詔して節刀を給ふ。仍て大使従四位上藤原朝臣清河に正四位下を授く。副使従五位上大伴宿禰古麻呂に従四位上。留学生无位藤原朝臣刷雄に従五位下。

閏三月丙辰、召㆓遣唐使副使已上於内裏㆒。詔、給㆓節刀㆒。仍授㆓大使従四位上藤原朝臣清河正四位下、副使従五位上大伴宿禰古麻呂従四位上、留学生无位藤原朝臣刷雄従五位下㆒。

【万葉集】四二六四・四二六五番歌

従四位上高麗朝臣福信に勅して、難波に遣し、酒肴を入唐使藤原朝臣清河等に賜ふ御歌一首　短歌を併せたり

そらみつ　大和の国は　水の上は　地往く如く　船の上は　床に坐る如　大神の　鎮むる国そ　四の船　船の
舳並べ　平安けく　早渡り来て　還言　奏さむ日に　相飲まむ酒そ　この豊御酒は

反歌一首

四の船　はや還り来と　白香著け　朕が裳の裾に　鎮ひて待たむ。

右勅使を発遣し、併せて酒を賜ひて楽せる月日は詳審にすることを得ず。

勅二 従四位上高麗朝臣福信一 遣二於難波一、賜レ酒肴入唐使藤原朝臣清河等一御歌一首 并短歌

虚見都 山跡乃國波 水上波 地往如久 船上波 床座如 大神乃 鎮在國會 四船 船能倍奈良倍 平

安早渡来而 還事 奏日尓 相飲酒曾 斯豊御酒者

反歌一首

四船 早還来等 白香著 朕裳裙尓 鎮而将レ待

右発二遣 勅使一并賜レ酒楽宴之日月未レ得二詳審一也

天平勝宝四年閏三月二十二日

二十二日、太宰府より新羅王子来朝の知らせあり。

二十八日、天武・天智・応神・元明の陵に使者を遣はし、来朝の状を告げしむ。

【続日本紀】天平勝宝四年閏三月己巳（二十二日）

己巳（二十二日）、大宰府奏さく、新羅の王子韓阿飡金泰廉、貢調使大使金暄と送王子使金弼言らと七百餘人、船七艘に乗りて来泊す、と。

乙亥（二十八日）、使を大内・山科・恵我・直山等の陵に遣して、新羅の王子の来朝の状を告げしむ。

己巳、大宰府奏、新羅王子韓阿飡金泰廉、貢調使大使金暄及送王子使金弼言等七百餘人、乗二船七艘一来泊。

乙亥、遣二使於大内・山科・恵我・直山等陵一、以告二新羅王子来朝之状一。

天平勝宝四年四月九日

盧舎那大仏の像なりて開眼供養す。是の日、孝謙天皇、文武百官を率いて設斎大会《せつさいだいゑ》す。その儀、一に元日に同じ。また仏法東帰より、嘗て此の如く盛大なる儀なし。

【続日本紀】天平勝宝四年四月乙酉（九日）

夏四月乙酉、盧舎那大仏の像成りて、始めて開眼す。是の日、東大寺に行幸したまふ。天皇、親ら文武の百官を率ゐて、設斎大会したまふ。その儀、一ら元日に同じ。五位已上は礼服を着る。六位已下は当色。僧一万を請ふ。既にして雅楽寮と諸寺との種々の音楽、並に咸く来り集る。復、王臣諸氏の五節・久米儛・楯伏・蹋歌・袍袴等の歌儛有り。東西より声を発し、庭を分けて奏る。作すことの奇しく偉きこと、勝げて記すべからず。仏法東に帰りてより、斎会の儀、嘗て此の如く盛なるは有らず。是の夕、天皇、大納言藤原朝臣仲麿が田村の第に還御します。以て御在所と為す。

夏四月乙酉、盧舎那大仏像成、始開眼。是日、行二幸東大寺一。天皇親率二文武百官一、設斎大会。其儀一同二元日一。五位已上者、着二礼服一。六位已下者当色。請二僧一万一。既而雅楽寮及諸寺種々音楽、並咸来集。復有二王臣諸氏五節・久米儛・楯伏・蹋歌・袍袴等歌儛一。東西発レ声、分レ庭而奏。所作奇偉、不レ可二勝記一。仏法東帰、斎会之儀、未三嘗有二如レ此之盛一也。是夕、天皇還二御大納言藤原朝臣仲麿田村第一。以為二御在所一。

【扶桑略記】

四年四月九日乙酉。東大寺塗金未レ畢間。設二於大會一供養。以二元興寺隆尊法師一為二其講師一。是日。天皇行二幸于東大寺一。五位已上着二礼服一。六位以下着二当色一。

【七大寺巡礼私記】
天平勝宝四年四月九日□(乙カ)酉。天皇率百官行幸東大寺、儲於大會、請一万僧、大佛開眼、五位已上着礼服。其日導師者𦬇僧正也、

天平勝宝四年四月

孝謙天皇、東大寺大仏開眼供養後に光明皇太后と、藤原仲麻呂宅に行幸し、御製の歌を遣わし賜う。

【万葉集】 四二六八番歌

天皇・太后共に大納言藤原家に幸せる日に。もみてる澤蘭一株抜き取り、内侍佐々貴山君に持たしめ、大納言藤原卿と陪従の大夫等とに遣し賜ふ御歌一首

命婦誦みて曰く。

この里は　継ぎて霜や置く　夏の野に　我が見し草は　もみちたりけり

天皇太后共幸㆓於大納言藤原家㆒之日黄葉澤蘭一株抜取令㆑持㆓内侍佐々貴山君㆒遣㆓賜大納言藤原卿并陪従大夫等㆒御歌一首

命婦誦曰

此里者　継而霜哉置　夏野尓　吾見之草波　毛美知多里家利

天平勝宝四年六月十四日

十四日、新羅国王に、王子を新羅使として調を貢り奏上す。天皇、新羅の貢調を喜ぶ詔を下す。

二十四日、泰廉らに絁・布、并せて酒肴を賜う。

【続日本紀】天平勝宝四年六月己丑（十四日）

六月己丑（十四日）、新羅王子金泰廉ら拝朝す。并せて調を貢る。因て奏して曰はく、新羅国王、日本に照し臨せる天皇の朝庭に言す。新羅国は、遠朝より始めて、世々に絶えず、舟檝並め連ねて来りて国家に奉る。今、国王、親ら来朝して御調を貢進らむと欲ふ。而れども顧み念ふに、一日も主无くは、国政絶え乱る。是を以て、王子韓阿飡泰廉を遣して、王に代へて首とし、使下三百七十餘人を率て入朝せしめ、兼ねて種々の御調を貢らしむ。謹みて申聞す、と。詔し報へて曰はく、新羅国は遠朝より始めて、世々に絶えず、国家に供奉れり。今復王子泰廉を遣して入朝せしめ、兼ねて御調を貢らしむ。王の勤誠、朕、嘉すること有り。今より長く遠く、撫存を加ふべし、と。泰廉また奏言さく、普天の下、王土に匪ずといふこと無く、率土の浜、王臣に匪ずといふこと無し。泰廉幸に聖世に逢ひ、来朝して供奉ること、歓慶に勝へず。私に自ら備ふる国土の微物を、謹みて奉進る、と。詔し報へたまはく、泰廉が奏すこと聞す、と。

七月戊辰（二十四日）、泰廉ら還りて難波館に在り。勅して使を遣して絁・布、并せて酒肴を賜ふ。

六月己丑、新羅王子金泰廉等拝朝。并貢㆑調。因奏曰、新羅国王言㆓日本照臨天皇朝庭㆒。新羅国者、始㆑自㆓遠朝㆒、世々不㆑絶、舟檝並連、来奉㆓国家㆒。今欲㆔国王親来朝貢㆓進御調㆒。而顧念、一日无㆑主、国政絶乱。是以、遣㆓王子韓阿飡泰廉㆒、代㆑王為㆑首、率㆓使下三百七十餘人㆒入朝、兼令㆑貢㆓種々御調㆒。謹以申聞。詔報曰、新羅国、始㆑自㆓遠朝㆒、世々不㆑絶、供㆓奉国家㆒。今復遣㆓王子泰廉㆒入朝、兼貢㆓御調㆒。王之勤誠、朕有㆑嘉焉。自㆑今長遠、当㆑加㆓撫存㆒。泰廉又奏言、普天之下、無㆑匪㆓王土㆒、率土之浜、無㆑匪㆓王臣㆒。泰廉、幸逢㆓聖世㆒、来朝供奉、不㆑勝㆓歓慶㆒。私自所㆑備国土微物、謹以奉進。詔報、泰廉所レ奏聞之。

七月戊辰、泰廉等還在二難波館一。勅遣レ使、賜二絁布并酒肴一。

天平勝宝四年六月十七日

天皇、新羅使を饗応す。詔して、時に言行怠慢にして恒《つね》の礼《ゐや》を闕くることあるも、王子を遣わして貢調することをは喜び歓迎す。

【続日本紀】天平勝宝四年六月壬辰（十七日）

壬辰（十七日）、是の日、新羅使を朝堂に饗す。詔して曰はく、新羅国、来りて朝庭に奉ることは、気長足媛皇太后の彼の国を平定げたまひしより始りて、今に至るまで、我が蕃屏と為る。而れども、前王承慶・大夫思恭ら、言行怠慢にして、恒の礼を闕失けり。由て使を遣して罪を問はしめむとする間に、今、彼の王軒英、前の過を改め悔いて、親ら庭に来ることを冀ふ。而れども、国政を顧む為に、因て王子泰廉らを遣して、代りて入朝せしめ、兼ねて御調を貢る。朕、所以に嘉歓勤款めて、位を進め物を賜ふ、と。また、詔したまはく、今より以後、国王親ら来りて辞を以て奏すべし。如し、餘人を遣して入朝せしめば、必ず表文を賚しむべし、と。

丁酉（二十二日）、泰廉ら、大安寺・東大寺に就きて仏を礼す。

壬辰、是日、饗二新羅使於朝堂一。詔曰、新羅国来奉二朝庭一者、始レ自三気長足媛皇太后平二定彼国一、以至二于今一、為二我蕃屏一。而前王承慶・大夫思恭等、言行怠慢、闕二失恒礼一。由欲二遣レ使問一レ罪之間、今彼王軒英、改二悔前過一、冀二親来一レ庭。而為レ顧二国政一、因遣二王子泰廉等一、代而入朝、兼貢二御調一。朕所以嘉勧勤款、進㆑位賜㆑物也。又詔、自㆑今以後、国王親来、宜㆓以㆑辞奏㆒。如遣㆓餘人㆒入朝、必須㆑令㆑賷㆓表文㆒。

丁酉、泰廉等就㆓大安寺・東大寺㆒礼㆑仏。

天平勝宝四年九月二十四日

渤海使輔国大将軍慕施蒙ら、佐渡嶋に着く。

【続日本紀】天平勝宝四年九月丁卯（二十四日）

丁卯、渤海使輔国大将軍慕施蒙ら、越後佐渡嶋に着く。

丁卯、渤海使輔国大将軍慕施蒙等着㆓于越後国佐渡嶋㆒。

天平勝宝四年十月七日

坂上忌寸老人らを越後国に遣わして、渤海の客等の消息を問わしむ。

【続日本紀】天平勝宝四年十月庚辰（七日）

庚辰、左大史正六位上坂上忌寸老人らを越後国に遣して、渤海の客等の消息を問はしむ。

庚辰、遣㆓左大史正六位上坂上忌寸老人等於越後国㆒、問㆓渤海客等消息㆒。

天平勝宝五年正月一日

廃朝す。

【続日本紀】天平勝宝五年正月癸巳（一日）

五年春正月癸卯の朔、朝を廃む。天皇、中務南院に御しまして、五位已上を宴したまふ。禄を賜ふこと各差有り。

五年春正月癸卯朔、廃レ朝。天皇御二中務南院一、宴二五位已上一。賜レ禄各有レ差。

天平勝宝五年二月九日
従五位下小野朝臣田守を遣新羅大使とす。

【続日本紀】天平勝宝五年二月辛巳（九日）

二月辛巳、従五位下小野朝臣田守を遣新羅大使とす。

二月辛巳、以二従五位下小野朝臣田守一為二遣新羅大使一。

天平勝宝五年三月二十九日
東大寺にて高座を設け仁王経を講す。

【続日本紀】天平勝宝五年三月庚午（二十九日）

三月庚午、東大寺に百の高座を設けて、仁王経を講す。是の日、飄風起りて説経竟らず。後に四月九日を以て講説するに、飄風亦発る。

三月庚午、於二東大寺一設二百高座一、講二仁王径一。是日、飄風起、説経不レ竟。於レ後、以二四月九日一講説、飄風亦発。

天平勝宝五年四月十五日

天皇、母の光明皇太后の病により、詔して天下に大赦す。

【続日本紀】天平勝宝五年四月丙戌（十五日）

夏四月丙戌、詔して曰はく、頃者、皇太后、寝膳安からずして、稍く旬月に延く。医薬療治すと雖も、猶、平復せず。以為へらく、政治宜しきを失ひ、罪に罹れる徒有り。天この罰を遺し、朕が身を警戒す、と。其れ母子の慈は、貴きも賤しきも皆同じ。罪を犯せる徒、豈独り親无けむや。庶はくは、悉く洗滌して憂苦を救はむことを。天下に大赦すべし。常赦の免さぬ者も咸悉く赦除せ。但し、その父母を殺せると、仏の尊像を毀てると、強盗・窃盗とは、この例に在らず。若し死に入ることあらば、一等を減せよ、と。

夏四月丙戌、詔曰、頃者、皇太后、寝膳不レ安、稍延二旬月一。雖二医薬療治一、而猶未二平復一。以為、政治失レ宜、罹レ罪有レ徒。天遺二此罰一、警二戒朕身一。其母子之慈、貴賤皆同。犯レ罪之徒、豈独无レ親。庶悉洗滌、欲レ救二憂苦一。宜レ大二赦天下一。常赦所レ不レ免者、咸悉赦除。但殺二其父母一、毀二仏尊像一、及強盗・窃盗、不レ在二此例一。若有レ入レ死、減二一等一。

天平勝宝五年五月二十五日

二十五日、渤海国使慕施蒙ら来日し、渤海王の信書および信物を貢る。

二十七日、慕施蒙らを饗《みあへ》す。

六月八日、帰国に際し、施蒙に霊書を賜う。その文中に渤海王の臣下の礼を執らざるを非難す。

【続日本紀】天平勝宝五年五月乙丑（二十五日）

五月乙丑（二十五日）、渤海使輔国大将軍慕施蒙ら拝朝し、并せて信物を貢る。奏して称はく、渤海王、日本に照し臨せる聖天皇の朝に言す。使命を賜はぬこと、已に十餘歳を経たり。是を以て、慕施蒙ら七十五人を遣し、国の信物を賷ちて闕庭に奉献らしむ、と。

丁卯（二十七日）、慕施蒙らを朝堂に饗す。位を授け禄を賜ふこと各差有り。

六月丁丑（八日）、慕施蒙ら国に還る。璽書を賜ひて曰はく、天皇敬ひて渤海国王に問ふ。朕、寡徳を以て虔みて宝図を奉け、黎民を亭毒して八極に照臨す。王、海外に僻居して、遠使入朝す。丹心至命、深く嘉尚すべし。但し、来啓を省るに、臣の名を称ふこと无し。仍て高麗の旧記を尋ぬるに、国の平ぎし日に上表せし文に云はく、族は惟れ兄弟、義は則ち君臣なり、と。或は援兵を乞ひ、或は践祚を賀ぶ。朝聘の恒式を修め、忠款の懇誠を効す。故、先朝その貞節を善して、待するに殊恩を以てす。栄命の隆なること、日に新にして絶ゆること無きは、想ふに知る所ならむ。何ぞ一二に言ふに仮あらむ。是に由りて、先に廻りし後に、既に勅書を賜ふ。何ぞ其れ今歳の朝に重ねて上表无けむ。礼を以て進退するは、彼も此も共に同じ。王、熟思へ。季夏甚だ熱し。比恙无しや。使人今還るに、往意を指し宣べ、并せて物を賜ふこと別の如し、と。

乙丑、渤海使輔国大将軍慕施蒙等拝朝、并貢二信物一。奏称、渤海王言二日本照臨聖天皇朝一。不レ賜二使命一、已経二十餘歳一。是以、遣二慕施蒙等七十五人一、賷二国信物一、奉二献闕庭一。

丁卯、饗二慕施蒙等於朝堂一。授レ位賜レ禄、各有レ差。

六月丁丑、慕施蒙等還レ国。賜二璽書一曰、天皇敬問二渤海国王一。朕以二寡徳一、虔奉二宝図一、亭二毒黎民一、照二臨八極一。王僻二居海外一、遠使入朝。丹心至明、深可二嘉尚一。但省二来啓一、无レ称二臣名一。仍尋二高麗旧記一、国平之日、上表文云、族惟兄弟、義則君臣。或乞二援兵一、或賀二践祚一。修二朝聘之恒式一、効二忠款之懇誠一。故先朝善二其貞節一、待以二殊恩一。栄命之隆、日新無レ絶、想所レ知之。何仮二一二言一也。由レ是、先廻之後、既賜二勅書一。何其今歳之朝、重无二上表一。以レ礼進退、彼此共同。王熟思之。季夏甚熱。比无レ恙也。使人今還、指二宣往意一、并賜レ物如レ別。

天平勝宝五年十一月二日

尾張国、白亀を献上す。

【続日本紀】天平勝宝五年十一月己亥（二日）

十一月己亥、尾張国、白亀を献る。

十一月己亥、尾張国献二白亀一。

天平勝宝六年正月一日

上野国、白烏を献上す。

【続日本紀】天平勝宝六年正月丁酉（一日）

六年春正月丁酉の朔、上野国白烏を献る。五位已上を内裏に宴す。禄賜ふこと差有り。

六年春正月丁酉朔、上野国献二白烏一。宴二五位已上於内裏一。賜レ禄有レ差。

天平勝宝六年正月五日

天皇、東大寺に行幸して、灯二万を燃す。

【続日本紀】天平勝宝六年正月辛丑（五日）

辛丑、東大寺に行幸す。灯二万を燃す。勅して曰はく、初元暦を啓き、献歳春を登く。天地仁を行ひ、動植恵に霑ふ。古昔、明主、この良辰に応りて、必ず時の和を布き、広く慈命を施したまひき。朕、薄徳なりと雖も、何ぞ茲に由らざらむ。天下に大赦すべし。その八虐と、故殺人と、鋳銭と、強盗・窃盗と、常赦の原さぬとは、赦の例に在らず。但し、死に入る者は皆一等を減せよ、と。

辛丑、行㆓幸東大寺㆒。燃㆓灯二万㆒。勅曰、初元啓㆑暦、献歳登㆑春。天地行㆑仁、動植霑㆑恵。古昔明主、応㆓此良辰㆒、必布㆓時和㆒、広施㆓慈命㆒。朕雖㆓薄徳㆒、何不㆑由㆑茲。可㆑大㆓赦天下㆒。其八虐、故殺人、鋳銭、強盗・窃盗、常赦所㆑不㆑原者、不㆑在㆓赦例㆒。但入㆑死者、皆減㆓一等㆒。

天平勝宝六年正月七日

七日、天皇、東院に御して五位已上に宴を賜い、勅して五位の二人を四位の列にあらしめる。十六日に大安殿に御して叙位す。

【続日本紀】天平勝宝六年正月癸卯（七日）

癸卯（七日）、天皇、東院に御しまして、五位已上を宴したまふ。勅有りて、正五位下多治比真人家主、従五位下大伴宿禰麻呂の二人を御前に召して、特に四位の当色を賜ひ、四位の列に在らしむ。即ち従四位下を授く。

壬子（十六日）、天皇、大安殿に御します。詔して、従四位上藤原朝臣永手に従三位を授けたまふ。従四位下池田王に従四位上。従四位上橘朝臣奈良麿に正四位下。従四位下石川朝臣麻呂・藤原朝臣八束に並に従四位

上。正五位上藤原朝臣巨勢麿に従四位下。従五位上高丘連河内に正五位下。従五位下多治比真人犢養・小治田朝臣諸人・波多朝臣足人・大蔵忌寸広足・土師宿禰牛勝・上毛野君難破に並に従五位上。正六位上佐伯宿禰大成・小野朝臣竹良・石川朝臣豊成・粟田朝臣人成・藤原朝臣武良士・後部王吉に並に従五位下。正六位上林連久麻・物部山背・中臣酒人宿禰虫麻呂・高福子・日置造真卯・黄文連水分・大蔵忌寸麿に並に外従五位下。

癸卯、天皇御二東院一、宴二五位已上一。有レ勅、召二正五位下多治比真人家主・従五位下大伴宿禰麻呂二人於御前一、特賜二四位当色一、令レ在二四位之列一。即授二従四位下一。

壬子、天皇御二大安殿一。詔、授二従四位上藤原朝臣永手従三位、従四位下池田王従四位上、従四位上橘朝臣奈良麿正四位下、従四位下石川朝臣麻呂・藤原朝臣八束並従四位上、正五位上藤原朝臣巨勢麿従四位下、従五位上高丘連河内正五位下、従五位下多治比真人犢養・小治田朝臣諸人・波多朝臣足人・大蔵忌寸広足・土師宿禰牛勝・上毛野君難破並従五位上、正六位上佐伯宿禰大成・小野朝臣竹良・石川朝臣豊成・粟田朝臣人成・藤原朝臣武良士・後部王吉並従五位下、正六位上林連久麻・物部山背・中臣酒人宿彌虫麻呂・高福子・日置造真卯・黄文連水分・大蔵忌寸麿並外従五位下一。

【万葉集】四三〇一番歌

七日、天皇・太上天皇・皇太后、東の常宮の南大殿に在して、肆宴したまふ歌一首

印南野の　赤ら柏は　時はあれど　君を我が思ふ　時はさねなし

右の一首、播磨国守安宿王奏す。古今未詳なり。

七日　天皇太上天皇皇太后在二於東常宮南大殿一、肆宴歌一首

伊奈美野乃　安可良我之波々　等伎波安礼騰　伎美乎安我毛布　登伎波佐祢奈之

右一首、播磨國守安宿王奏。古今未レ詳

天平勝宝六年正月十六日

入唐副使大伴宿禰古麿、唐僧鑑真・弟子法進らを随えて帰朝す。

【続日本紀】天平勝宝六年正月壬子（十六日）

壬子（十六日）、入唐副使従四位上大伴宿禰古麿来帰り。唐僧鑒真・法進ら八人随ひて帰朝す。癸丑（十七日）、大宰府奏すらく、入唐副使従四位上吉備朝臣真備が船、去ぬる年十二月七日を以て来りて益久嶋に着きぬ、と。是より後、益久嶋より進み発ちて、漂蕩ひて紀伊国牟漏埼に着きぬ。

壬子、入唐副使従四位上大伴宿禰古麿来帰。唐僧鑒真・法進等八人、随而帰朝。

癸丑、大宰府奏、入唐副使従四位上吉備朝臣真備船、以二去年十二月七日一、来着二益久嶋一。自レ是之後、自二益久嶋一進発、漂蕩着二紀伊国牟漏埼一。

【扶桑略記】

天平勝宝六年甲午正月十六日壬子。遣唐副使従四位上伴宿禰胡麿奏達。

天平勝宝六年正月三十日

入唐副使大伴古麻呂、帰朝報告を行う。

【続日本紀】天平勝宝六年正月丙寅（三十日）

丙寅、副使大伴宿禰古麻呂、唐国より至りぬ。古麿奏して曰はく、大唐天宝十二載、歳癸巳に在れる正月の朔癸卯、百官・諸蕃朝賀す。天子、蓬萊宮含元殿に朝を受く。是の日、我を以て西畔第二吐蕃の下に次ぎ、新羅使を以て東畔第一大食国の上に次ぐ。古麿論ひて曰はく、古より今に至るまで、新羅の日本国に朝貢すること久し。而るに今、東畔の上に列し、我反りてその下に在り。義、得べからず、と。時に将軍呉懐実、古麿が肯にせむ色を見知りて、即ち新羅使を引きて西畔第二吐蕃の下に次ぎ、日本の使を以て東畔第一大食の上に次ぐ、と。

丙寅、副使大伴宿禰古麻呂、自二唐国一至。古磨奏曰、大唐天宝十二載、歳在二癸巳一正月朔癸卯、百官・諸蕃朝賀。天子於二蓬萊宮含元殿一受レ朝。是日、以レ我、次二西畔第吐蕃下一、以二新羅使一、次二東畔第一大食国上一。古麿論曰、自レ古至レ今、新羅之朝二貢日本国一久矣。而今、列二東畔上一、我反在二其下一。義不レ合レ得。時将軍呉懐実見二知古麿不レ肯色一、即引二新羅使一、次二西畔第二吐蕃下一、以二日本使一、次二東畔第一大食上一。

天平勝宝六年二月五日

鑑真和上来日、二月四日入京す。五日羅城門外で迎拝慰労し、東大寺に安置される。吉備真備、口勅を奉じて鑑真に戒を授け、律を博むるは、和上に一任す。

【唐大和上東征伝】天平勝宝六年二月五日

四日、入京、勅遣正四位下安宿王羅城門外、迎拝慰労、引入東大寺安置。

五日唐道璿律師、波羅門菩提僧正来慰問、宰相右大臣大納言已下官人百餘人、来禮拝問訊、後勅使正四位下吉備朝臣真備来、口詔曰、大徳和上遠渉滄波、来投此國、誠副朕意喜慰無喩、朕造此東大寺、経十餘年、欲立戒壇、傳受戒律、自有此心、日夜不忘、今諸大徳遠来傳戒、冥契朕心、自今以後、授戒傳律、一任和上。

【扶桑略記】

四月入レ京。勅遣二正四位下安宿王於羅城門外一迎拝慰労。引二入東大寺一。安置供養。

天平勝宝六年二月二十日

太宰府に勅して、先に建立せしめたる南嶋の牌《ふだ》が朽ちたるにより、それらを修理せしむ。

【続日本紀】天平勝宝六年二月丙戌（二十日）

丙戌、大宰府に勅したまはく、去ぬる天平七年、故大弐従四位上小野朝臣老、高橋連牛養を南嶋に遣して牌を樹てしむ。而るに、その牌年を経て、今既に朽ち壊てり。旧に依りて修め樹て、牌毎に、着ける嶋の名、并せて船泊つる処、水有る処と、去就する国の行程とを顕し、遙に嶋の名を見て、漂ひ着く船をして帰向ふ所を知らしむべし、と。

丙戌、勅二大宰府一、去天平七年、故大弐従四位上小野朝臣老、遣二高橋連牛養於南嶋一樹レ牌。而其牌経レ年、今既朽壊。宜下依レ旧修樹、毎レ牌、顕二着嶋名并泊レ船処、有レ水処、及去就国行程一、遥見二嶋名一、令中漂着之船知上所二帰向一。

天平勝宝六年三月十日

唐国の信物を山科陵に奉る。

【続日本紀】天平勝宝六年三月丙午（十日）

三月丙午、使を遣して入唐の信物を山科陵に奉らしむ。

三月丙午、遣レ使、奉二唐国信物於山科陵一。

天平勝宝六年三月十七日

太宰府、入唐第一船の消息を奏す。

【続日本紀】天平勝宝六年三月癸丑（十七日）

癸丑、大宰府言さく、使を遣して入唐の第一船を尋ね訪はしむ。その消息に云はく、第一船、帆を挙げて奄美嶋を指して去りぬ。着く処を知らず、と。

癸丑、大宰府言、遣レ使尋二訪入唐第一船一。其消息云、第一船、挙レ帆指二奄美嶋一去。未レ知二着処一。

【万葉集】四二六八番歌

天皇と母皇太后と共に大納言藤原仲麻呂の家に幸す日に、黄葉せる澤蘭一株を抜き取りて、内侍佐々貴山君に持たしめ、大納言藤原卿と陪従の大夫等とに遣賜ふ、御歌一首

この里は　継ぎて霜や置く　夏の野に　わが見し草は　黄葉ちたりけり

天皇太后共幸二於大納言藤原家一之日、黄葉澤蘭一株抜取令レ持二内侍佐々貴山君一、遣二賜大納言藤原卿并陪従大夫等一、御歌一首

此里者　継而霜哉置　夏野尓　吾見之草波　毛美知多里家利

天平勝宝六年四月七日

七日、入唐廻使大伴古麿・吉備真備に、また判官及び自余《そのほか》の使下《しげ》に叙位す。併せて二百二十六人と言う。

七月十三日、布施人主に従五位下を授く。

【続日本紀】天平勝宝六年四月壬申（七日）

壬申（七日）、入唐廻使従四位上大伴宿禰古麿・吉備朝臣真備に並に正四位下を授く。判官正六位上大伴宿禰御笠・巨萬朝臣大山に並に従五位下。自餘の使下二百廿二人にも亦各差有り。

丙午（十三日）、入唐判官正六位上布施朝臣人主に従五位下を授く。

壬申、入唐廻使従四位上大伴宿禰古麿・吉備朝臣真備並授二正四位下一。判官正六位上大伴宿禰御笠・巨萬朝臣大山並従五位下。自餘使下二百廿二人、亦各有レ差。

丙午、授二入唐判官正六位上布施朝臣人主従五位下一。

天平勝宝六年四月十八日

太宰府、入唐第四船の薩摩国石籬浦《いしがきのうら》に来着すと申す。

【続日本紀】天平勝宝六年四月癸未（十八日）

癸未、大宰府言さく、入唐第四船判官正六位上布勢朝臣人主ら、薩摩国石籬浦に来りて泊つ、と。

癸未、大宰府言、入唐第四船判官正六位上布勢朝臣人主等、来二泊薩摩国石籬浦一。

天平勝宝六年四月

鑑真和上、大仏殿前において戒壇を立て、孝謙天皇、菩薩戒を受け、母皇太后・皇太子も登壇して受戒す。

【唐大和上東征伝】天平勝宝六年四月

諸臨壇大徳名、進内、不経日、勅授博燈大法師位、其年四月、初於盧舎那佛殿前、立戒壇。天皇初登壇。受井戒。次皇后・皇太子亦登壇受戒。為沙彌澄修等四百卌餘人授戒。又舊大僧霊福賢璟 志忠 善頂 道縁 平徳 忍基 善謝 行潜 行忍等八十餘僧、捨舊戒重受和上所授之戒、後於大佛殿西、別作戒壇院、即移天皇受戒壇土築作之、大和上従天寶二載始為傳戒。

【扶桑略記】

四月。東大寺建二戒壇一。天皇初登壇受二井戒一。乃至證修等四百餘人。霊福等旧僧八十人。皆重受戒。

天平勝宝六年五月一日

戒壇建立すべき宣旨を下す。

【東大寺要録】諸院章第四

被レ下二戒壇院建立宣言一。

天平勝宝六年七月十三日

太皇太后藤原宮子の枕席《しむせき》安からざるにより、天下に大赦す。是の日、僧一百人、尼七人を得度す。

【続日本紀】天平勝宝六年七月丙午（十三日）

秋七月丙午、詔して曰はく、頃者、大皇大后、枕席安からずして、稍く旬月に延く。百方救療すれども、猶平復せず。感愴の懐、良に深く極り罔し。朕聞かく、皇天徳を輔け、徳不祥に勝つ、と。庶はくは、慈令を施して宝体を資け奉り、寝膳常の如く起居穏便ならしめむことを。天下に大赦すべし。但し、八虐と、故殺人と、鋳銭と、強盗・窃盗と、常赦の免さぬとは、赦の例に在らず、と。この日、僧一百人、尼七人を度す。

秋七月丙午、詔曰、頃者、大皇大后、枕席不レ安、稍延二旬月一。百方救療、猶未二平復一。感愴之懐、良深罔レ極。朕聞、皇天輔レ徳、々勝二不祥一。庶施二慈令一、奉レ資二宝体一、欲レ使二寝膳如レ常、起居穏便一。可レ大二赦天下一。但八虐、故殺人、鋳銭、強盗・窃盗、常赦所レ不レ免者、不レ在二赦例一。此日、度二僧一百人、尼七人一。

天平勝宝六年七月十九日

太皇太后藤原宮子、崩御。

【続日本紀】天平勝宝六年七月壬子（十九日）

壬子、太皇太后、中宮に崩りましぬ。

壬子、太皇太后崩二於中宮一。

天平勝宝六年八月四日

太皇太后を佐保山陵に火葬し奉る。

【続日本紀】天平勝宝六年八月丁卯（四日）

八月丁卯、正四位下安宿王、誄人《るいにん》を率ゐて誄《しのひこと》奉る。謚して千尋葛藤高知天宮姫之尊と曰す。是の日、佐保山陵に火葬す。

八月丁卯、正四位下安宿王率二誄人一、奉レ誄。謚曰二千尋葛藤高知天宮姫之尊一。是日、火二葬於佐保山陵一。

天平勝宝六年十月十四日

天皇、勅して官人百姓の私に徒衆《づしゅ》を聚め、双六することを禁ず。

【続日本紀】天平勝宝六年十月乙亥（十四日）

冬十月乙亥、勅したまはく、官人百姓、憲法を畏れず、私に徒衆を聚め、意に任せて双六して淫迷に至る。子は父に順ふこと無く、終に家業を亡ひ、亦孝道を虧く。斯に因りて遍く京畿と七道との諸国に仰せて、固く禁断せしむ。その六位已下は男女を論ふこと無く、決杖一百、蔭贖を須ゐず。但し五位は即ち見任を解き、及位禄・位田を奪へ。四位已上は封戸を給ふことを停めよ。職・国郡司阿容して禁めずは、亦皆解任せよ。若し廿人已上を糺し告す者有らば、无位には位三階を叙し、有位には物賜ふこと絁十疋、布十端、と。

冬十月乙亥、勅、官人百姓、不レ畏二憲法一、私聚二徒衆一、任レ意双六、至二於淫迷一。子無レ順レ父、終亡二家業一、亦虧二孝道一。因レ斯、遍仰二京畿七道諸国一、固令二禁断一。其六位已下、無レ論二男女一、決杖一百、不レ須二蔭贖一。但五位者、即解二見任一、及奪二位禄・位田一。四位已上、停レ給二封戸一。職・国郡司、阿容不レ禁、亦皆解任。若有下糺二告廿人已上一者上、无位叙二位三階一、有位賜レ物、絁十疋、布十端。

天平勝宝六年十一月八日

天皇、薬師瑠璃光仏の功徳を願い、薬師供養会を催し、大赦す。

【続日本紀】天平勝宝六年十一月戊戌（八日）

戊辰、勅したまはく、朕至款を以て、二尊の御体平安、宝寿増長の奉為に、一七の間、卌九僧を屈し、薬師琉璃光仏に帰依して恭敬供養す。その経に云はく、続命の幡を懸け、卌九の灯を燃して、雑類の衆生を放すべし、と。窃に以みるに、放生の中、人を救ふに若くは莫し。茲の教に依りて天下に大赦すべし。但し、八虐を犯せると、故殺人と、鋳銭と、強盗・窃盗と、常赦の免さぬとは、赦の限に在らず。若し死罪に入らば、並に一等を減せよ、と。

戊辰、勅、朕以二至款一奉二為二尊御体平安、宝寿増長一、一七之間、屈二卌九僧一、帰二依薬師琉璃光仏一、恭敬供養。其経云、懸二続命幡一、燃二卌九灯一、応レ放二雑類衆生一。窃以、放生之中、莫レ若レ救レ人。宜下依二茲教一、可レ大中赦天下上。但犯二八虐一、故殺人、鋳銭、強盗・窃盗、及常赦所レ不レ免者、不レ在二赦限一。若入二死罪一、並減二一等一。

天平勝宝六年十一月二十四日

二十四日、薬師寺僧行信、八幡神主神大神多麻呂と意を同じくして厭魅《えんみ》す。

二十七日に行信を下野薬師寺に、大神杜女を日向国に、多麻呂を多褹嶋に配流す。

【続日本紀】天平勝宝六年十一月甲申（二十四日）

甲申（二十四日）、薬師寺の僧行信と、八幡神宮の主神大神多麻呂らと、意を同じくして厭魅す。所司に下して推し勘へしむるに、罪遠流に合へり。是に、中納言多治比真人広足を遣して、薬師寺に就きて詔を宣らしめ、行信を下野薬師寺に配す。

丁亥（二十七日）、従四位下大神朝臣社女、外従五位下大神朝臣多麿を並に除名して本の姓に従はしむ。社女を日向国に配す。多麿を多褹嶋。因て更に他人を択ひて神宮の禰宜・祝に補す。その封戸・位田并せて雑物一事已上は大宰をして検知せしむ。

甲申、薬師寺僧行信、与㆓八幡神宮主神大神多麻呂等㆒、同㆑意厭魅。下㆓所司㆒推勘、罪合㆓遠流㆒。於㆑是、遣㆓中納言多治比真人広足㆒、就㆓薬師寺㆒宣㆑詔、以㆓行信㆒配㆓下野薬師寺㆒。

丁亥、従四位下大神朝臣社女・外従五位下大神朝臣多麿、並除名従㆓本姓㆒。社女配㆓於日向国㆒。多麿於㆓多褹嶋㆒。因更択㆓他人㆒、補㆓神宮禰宜・祝㆒。其封戸・位田并雑物一事已上、令㆓大宰検知㆒焉。

天平勝宝七年正月一日

諒闇《りょうあん》の故に廃朝す。

【続日本紀】天平勝宝七年正月辛酉（一日）

七年春正月辛酉の朔、朝を廃む。諒闇を以ての故なり。

七年春正月辛酉朔、廃㆑朝。以㆓諒闇㆒故也。

天平勝宝七年正月四日

天平勝宝七年を改め天平勝宝七歳とす。

【続日本紀】天平勝宝七年正月甲子（四日）

甲子、勅したまはく、思ふ所有るが為に、天平勝宝七年を改めて天平勝宝七歳とすべし、と。

甲子、勅、為レ有レ所レ思、宜下改二天平勝宝七年一、為中天平勝宝七歳上。

天平勝宝七歳三月二十八日

八幡大神、託宣して封戸を返上す。

【続日本紀】天平勝宝七歳三月丁亥（二十八日）

丁亥、八幡大神託宣して曰はく、神吾神命を矯り託ぐることを願はず。封一千四百戸、田一百卌町を請ひ取りて、徒に用ゐる所无く、山野に捨つるが如し。朝廷に返し奉るべし。唯常の神田を留むるのみ、と。神宣に依りてこれを行ふ。

丁亥、八幡大神託宣曰、神吾不レ願レ矯二託神命一。請二取封一千四百戸、田一百卌町一、徒无レ所レ用、如レ捨二山野一。宜レ奉レ返二朝廷一。唯留二常神田一耳。依二神宣一行レ之。

【扶桑略記】

七年乙未三月丁亥日。八幡大神託宣曰。神吾不レ願二矯施一。請取二一千四百戸。田一百卌町一。徒无レ所レ用。如レ捨二山野一。宜レ奉レ返二朝廷一。唯留二常神田一耳。依二神宣一行レ之。

天平勝宝七歳六月十五日

安藝国、白烏を献上す。

【続日本紀】天平勝宝七歳六月癸卯（十五日）

六月癸卯、安藝国、白烏を献る。

六月癸卯、安藝国献二白烏一。

天平勝宝七歳十月二十一日

聖武太上天皇の不豫により天下に大赦し、是の日より十二月末日まで殺生禁断す。使者を諸山陵に奉幣して病気平癒を請う。

十一月二日、伊勢神宮に幣《みてぐら》を奉る。

【続日本紀】天平勝宝七歳十月丙午（二十一日）

十月丙午（二十一日）、勅して曰はく、比日の間、太上天皇、枕席安からずして、寝膳宜しきに乖へり。朕窃に茲を念ひて、情に深く惻隠《いた》む。其れ病を救ふ方は、唯恵を施すに在り。命を延ぶる要は、苦を済ふに若くは莫し。天下に大赦すべし。その八虐と、故殺人と、鋳銭と、強盗・窃盗と、常赦の免さぬとは、赦の列に在らず。但し死に入る者は、一等を減せよ。鰥寡惸独と貧窮老疾との、自存すること能はぬ者には、量りて賑恤を加へ、兼ねて湯薬を給ふ。また今日より始めて来る十二月晦日に至るまで、殺生を禁断せよ、と。使を山科・大内東西・安古・真弓・奈保山東西等の山陵と太政大臣の墓とに遣して、幣を奉りて祈り請はしむ。

十一月丁巳（二日）、少納言従五位下厚見王を遣して、幣帛を伊勢大神宮に奉らしむ。

十月丙午、勅曰、比日之間、太上天皇、枕席不レ安、寝膳乖レ宜。朕窃念レ茲、情深惻隠。其救レ病之方、

唯在レ施レ恵。延レ命之要、莫レ若レ済レ苦。宜レ大二赦天下一。其八虐、故殺人、鋳銭、強盗・窃盗、常赦所レ不レ免者、不レ在二赦例一。但入レ死者、減二一等。鰥寡惸独、貧窮老疾、不レ能二自存一者、量加二賑恤一、兼給二湯薬一。又始レ自二今日一、至二来十二月晦日一、禁二断殺生一。遣二使於山科・大内東西・安古・真弓・奈保山東西等山陵及太政大臣墓一、奉レ幣以祈請焉。

十一月丁巳、遣二少納言従五位下厚見王一、奉二幣帛于伊勢大神宮一。

天平勝宝七歳十月

東大寺戒壇にて初めて授戒を行う。

【東大寺要録】本題章第一

十月儲二齋會供養一。同廿五日始行二授戒一。

天平勝宝七歳十二月二十八日

孝謙天皇、勅して東大寺領に板蠅杣壱所を施入す。

【孝謙天皇東大寺領施入勅】天平勝宝七歳十二月（二十八日）

勅

板蠅杣壹処

在伊賀国名張郡

四至東限名張河　南限斎王上路
西限小倉■立蘇小野　北限八方前高峯并鏡瀧

以前、奉十月七日　勅、所入如件、

天平勝寶七歳十二月廿八日

奉勅

従二位行大納言紫微令中衛大将近江守藤原朝臣　仲麻呂

従三位行左京大夫兼侍従大倭守藤原朝臣　永手

紫微大忠正五位下兼行左兵衛率右馬監加茂朝臣　角足

【東大寺伊賀国名張郡板蠅杣施入田券】天平勝宝七年十二月（二十八日）

勅

板蠅杣壹處

在伊賀國名張郡

四至　東限名張河　南限齋王上路
西限小倉倉立蔛小野　北限八多前高峯并鏡瀧

以前奉十月七日　勅所入如件、

天平勝寶七歳十二月廿八日

奉勅

従二位行大納言紫微令中術大将近江守藤原朝臣仲麻呂

従三位行左京大夫侍従大守藤原朝臣永手

紫微大忠正五位下行左兵術率右馬監加六朝臣角足

天平勝宝八歳二月二十四日

二十四日、難波に行幸し、河内国に至り智識寺の南の行宮に御します。

二十五日、知識・山下等の七寺に幸して礼仏《らいぶつ》したまう。

二十六日、内舎人を六寺に遣はして誦経せしむ。

二十八日、難波宮に至り、東南の新宮に御します。

三月一日、堀江に行幸す。

三月二日、河内・摂津に田租を免したまう。

三月五日、摂津国の諸寺にて誦経せしむ。


【続日本紀】天平勝宝八歳二月戊申（二十四日）

戊申（二十四日）、難波に行幸したまふ。是の日、河内国に至りて、智識寺の南の行宮に御します。

己酉（二十五日）、天皇、知識・山下・大里・三宅・家原・鳥坂等の七寺に幸して礼仏したまふ。

庚戌（二十六日）、内舎人を六寺に遣して誦経せしむ。襯施すること差有り。

壬子（二十八日）、大雨ふる。河内国の諸社の祝・禰宜ら一百十八人に正税を賜ふこと各差有り。是の日、行きて難波宮に至りて、東南の新宮に御します。

三月甲寅の朔、太上天皇、堀江の上に幸したまふ。

乙卯（二日）、詔して、河内・摂津二国の田租を免したまふ。

戊午（五日）、使を摂津国の諸寺に遣して誦経せしむ。襯施すること差有り。


戊申、行二幸難波一。是日、至二河内国一、御二智識寺南行宮一。

己酉、天皇、幸㆓知識・山下・大里・三宅・家原・鳥坂等七寺㆒礼仏。

庚戌、遣㆓内舎人於六寺㆒誦経。儭施有㆑差。

壬子、大雨。賜㆓河内国諸社祝・禰宜等一百十八人正税㆒、各有㆑差。是日、行至㆓難波宮㆒、御㆓東南新宮㆒。

三月甲寅朔、太上天皇幸㆓堀江上㆒。

乙卯、詔、免㆓河内・摂津二国田租㆒。

戊午、遣㆓使摂津国諸寺㆒誦経。儭施有㆑差。

天平勝宝八歳四月十四日

聖武太上天皇の不豫により天下に大赦す。

【続日本紀】天平勝宝八歳四月丁酉（十四日）

夏四月丁酉、勅して曰はく、頃者、太上天皇、聖体不豫したまふ。漸く旬月に延きて、猶平復せず。如聞らく、災を銷し福を致すこと、仁風に如くは莫く、病を救ひ年を延ぶること、実に徳政に資れり、と。天下に大赦すべし。但し、八虐を犯せると、故殺人と、鋳銭と、強盗・窃盗と、常赦の免さぬとは、赦の列に在らず。若し贓を以て死に入らば、一等を減せよ。鰥寡惸独、貧窮老疾との、自存すること能はぬ者には、量りて賑恤を加へよ、と。

夏四月丁酉、勅曰、頃者、太上天皇、聖体不豫。漸延㆓旬月㆒、猶未㆓平復㆒。如聞、銷㆑災致㆑福、莫㆑如㆓仁風㆒、救㆑病延㆑年、実資㆓徳政㆒。可㆑大㆓赦天下㆒。但犯㆓八虐㆒、故殺人、鋳錢、強盗・窃盗、常赦所㆑不㆑免者、不レ在二赦例一。若以レ贓入レ死、減二一等一。鰥寡惸独、貧窮老疾、不レ能二自存一者、量加二賑恤一。

天平勝宝八歳四月十五日

十五日、天皇、渋河路を取りて知識寺の行宮に至る。

十七日、平城宮に還御す。

【続日本紀】天平勝宝八歳四月戊戌（十五日）

戊戌（十五日）、車駕、渋河路を取り、還りて知識寺の行宮に至りたまふ。

庚子（十七日）、宮に還りたまふ。

戊戌、車駕、取二渋河路一、還至二知識寺行宮一。

庚子、還レ宮。

天平勝宝八歳四月二十二日

二十二日、聖武太上天皇の不豫により伊勢大神宮に幣を奉らしむ。

二十九日、八幡大神宮に幣帛を奉らしむ。

五月二日、伊勢大神宮に幣帛を奉らしむ。

【続日本紀】天平勝宝八年四月乙巳（二十二日）

乙巳（二十二日）、使を遣して、幣帛を伊勢大神宮に奉らしむ。

壬子（二十九日）、医師・禅師・官人、各一人を左右京・四畿内に遣して、疹疾の徒を救療せしむ。従五位下日下部宿禰古麻呂を遣して、幣帛を八幡大神宮に奉らしむ。

五月乙卯（二日）、左大弁正四位下大伴宿禰古麿、并せて中臣・忌部等を遣して幣帛を伊勢大神宮に奉らしむ。

　乙巳、遣レ使、奉二幣帛于伊勢大神宮一。

　壬子、遣二医師・禅師・官人各一人於左右京四畿内一、救二療疹疾之徒一。遣二従五位下日下部宿禰古麻呂一、
奉二幣帛于八幡大神宮一。

　五月乙卯、遣二左大弁正四位下大伴宿禰古麿并中臣・忌部等一、奉二幣帛於伊勢大神宮一。

天平勝宝八歳五月二日

二日、聖武太上天皇崩御す。遺詔により道祖王を皇太子となす。

三日、三関を固く守らしむ。


【続日本紀】天平勝宝八歳五月乙卯（二日）

乙卯（二日）、是の日、太上天皇、寝殿に崩りましぬ。遺詔して、中務卿従四位上道祖王を皇太子としたまふ。

丙辰（三日）、使を遣して、三関を固く守らしむ。

　乙卯、是日、太上天皇崩二於寝殿一。遺詔、以二中務卿従四位上道祖王一為二皇太子一。

　丙辰、遣レ使、固二守三関一。

天平勝宝八歳五月六日

文武百官始めて素服《そぶく》を着し、朝夕に内院の南門の外に挙哀す。

【続日本紀】天平勝宝八歳五月己未（六日）

己未、文武百官始めて素服して、内院の南門の外に朝夕に挙哀す。

己未、文武百官始素服、於㆓内院南門外㆒、朝夕挙哀。

天平勝宝八歳五月八日

天皇、初七日に七大寺にて誦経せしむ。以後、七日おきに誦経す。

【続日本紀】天平勝宝八歳五月辛酉（八日）

辛酉（八日）、太上天皇の初七なり。七大寺に誦経せしむ。
戊辰（十五日）、二七なり。七大寺に誦経せしむ。
乙亥（二十二日）、三七なり。左右京の諸寺に誦経せしむ。
六月丙戌（四日）、五七なり。大安寺に設斎す。僧・沙弥合せて一千餘人なり。
丙申（十四日）、六七なり。薬師寺に設斎す。
癸卯（二十一日）、七々なり。興福寺に設斎す。僧并せて沙弥一千一百餘人なり。

辛酉、於㆓七大寺㆒誦経焉。
戊辰、二七。太上天皇初七。於㆓七大寺㆒誦経焉。
乙亥、三七。於㆓左右京諸寺㆒誦経焉。
丙戌、五七。於㆓大安寺㆒設斎焉。僧・沙弥合一千餘人。
丙申、六七。於㆓薬師寺㆒設斎焉。

癸卯、七々。於二興福寺一設斎焉。僧并沙弥合一千一百餘人。

天平勝宝八歳五月十日

十日、大伴古慈斐・淡海三船、朝廷を誹謗して坐せられ、左右衛士に禁せらる。十三日、詔して免したまう。

【続日本紀】天平勝宝八歳五月癸亥（十日）

癸亥（十日）、出雲国守従四位上大伴宿禰古慈斐・内竪淡海真人三船、朝庭を誹謗して、人臣の礼无きに坐せられて、左右衛士府に禁せらる。

丙寅（十三日）、詔して、並に放免したまふ。

癸亥、出雲国守従四位上大伴宿禰古慈斐・内竪淡海真人三船、坐下誹二謗朝庭一、无中人臣之礼上、禁二於左右衛士府一。

丙寅、詔、並放免。

天平勝宝八歳五月十九日

太上天皇を佐保山陵に葬《はぶ》る。御葬《みはぶり》の儀は仏に奉るが如し。また是の日、勅して、太上天皇に諡《おくりな》を奉らず。出家の故なり。

【続日本紀】天平勝宝八歳五月壬申（十九日）

壬申、太上天皇を佐保山陵に葬り奉る。御葬の儀、仏に奉るが如し。供具に、師子座の香、天子座の金輪幢、大小の宝幢、香幢、花縵、蓋繖の類有り。路に在りては、笛人をして行道の曲を奏らしむ。是の日、勅して曰はく、太上天皇、出家して仏に帰したまふ。更に謚を奉らず。所司知るべし、と。

壬申、奉レ葬二太上天皇於佐保山陵一。御葬之儀、如レ奉レ仏。供具有二師子座香・天子座金輪幢・大小宝幢・香幢・花縵・蓋繖之類一。在レ路、令三笛人奏二行道之曲一。是日、勅曰、太上天皇出家帰レ仏。更不レ奉レ謚。所司宜レ知。

天平勝宝八歳五月二十三日

禅師法栄、よく太上天皇の看病に尽せるにより、出生の郡の課役を免され、遠年使役することなしとのたまう。

【続日本紀】天平勝宝八歳五月丙子（二十三日）

丙子、勅したまはく、禅師法栄は、立性清潔、持戒第一にして、甚だ能く看病す。此に由りて、辺地に請して医薬に侍らしむ。太上天皇、験を得たまふこと多数にして、信重人に過ぎ、他の医を用ゐたまはず。爾るに其れ閲水留め難く、鸞輿晏駕せり。禅師即ち誓はく、永く人間を絶ちて山陵に侍り、大乗を転読して冥路を資け奉らむ、と。朕請ふ所に依り、敬びて報徳を思ふ。俗を厭ひて真に帰するに、財物何ぞ富まさむ。出家して道を慕ふに、冠蓋何ぞ栄あらむ。名を万代に流へて、後生の准則とするに若くは莫し。禅師の生るる一郡を復して、遠年役ふこと勿かるべし、と。

　丙子、勅、禅師法栄、立性清潔、持戒第一、甚能看病。由レ此、請二於辺地一、令レ侍二医薬一。太上天皇得レ験多数、信重過レ人、不レ用二他医一。爾其閲水難レ留、鸞輿晏駕。禅師即誓、永絶二人間一、侍二於山陵一、

転二読大乗一、奉レ資二冥路一。朕依レ所レ請、敬思二報徳一。厭レ俗帰レ真、財物何富。出家慕レ道、冠蓋何栄。莫レ若下名流二万代一、以為中後生准則上。宜下復二禅師所レ生一郡一、遠年勿上レ役。

天平勝宝八歳五月二十四日

太上天皇の看病に尽力の僧を褒賞す。就中、良弁・慈訓・安寛の三法師は父・母の両戸も免す。また鑑真・良弁・慈訓その他、学業優富・戒律清浄の僧らを大少僧都・律師に任ず。

【続日本紀】 天平勝宝八歳五月丁丑（二十四日）

丁丑、勅したまはく、先帝陛下の奉為に屈請せる看病の禅師一百廿六人は、当戸の課役を免すべし。但し、良弁・慈訓・安寛の三の法師は、並に父・母の両戸に及ぼせ。然してその限は僧の身終るまで。また、和上鑒真、小僧都良弁、花厳講師慈訓、大唐の僧法進、法華寺鎮慶俊、或は学業優富、或は戒律清浄にして、聖代の鎮護に堪へ、玄徒の領袖と為り。加以、良弁・慈訓の二の大徳は、先帝不豫の日に当り、自ら心力を尽して昼夜に労勤しき。これが徳に報いむと欲ふ、朕が懐極り罔し。和上・小僧都に大僧都を拝せしめ、花厳講師に小僧都を拝せしめ、法進・慶俊を並に律師に任すべし、と。

丁丑、勅、奉二為先帝陛下一、屈請看病禅師一百廿六人者、宜レ免二当戸課役一。但良弁・慈訓・安寛三法師者、並及二父母両戸一。然其限者、終二僧身一。又和上鑒真・小僧都良弁・花厳講師慈訓・大唐僧法進・法華寺鎮慶俊、或学業優富、或戒律清浄、堪二聖代之鎮護一、為二玄徒之領袖一。加以、良弁・慈訓二大徳者、当二于先帝不豫之日一、自尽二心力一、労二勤昼夜一。欲レ報二之徳一、朕懐罔レ極。宜下和上・小僧都拝二大僧都一、花厳講師拝二小僧都一、法進・慶俊並任中律師上。

天平勝宝八歳六月三日

三日、使を諸国に遣わして、国分寺の丈六仏像を検催せしむ。

十日、来年の忌日までに必ず造り終わらしめむ。また仏像・殿舎の既に造り畢ることあらば、塔を造りて忌日に会わしめよ。

【続日本紀】天平勝宝八歳六月乙酉（三日）

六月乙酉（三日）、勅して、使を七道の諸国に遣して、造れる国分の丈六仏像を検催せしむ。

壬辰（十日）、詔して曰はく、頃者、使工を分ち遣して、諸国の仏像を検催せしむ。来年の忌日に必ず造り了らしむべし。その仏殿も兼ねて造り備へしめよ。如し、仏の像并せて殿、已に造り畢ふること有らば、亦塔を造りて忌日に会はしめよ。夫れ仏法は慈を先とす。此に因りて百姓を辛苦せしむべからず。国司并せて使工ら、若し朕が意に称ふこと有らば、特に褒賞を加へむ、と。

六月乙酉、勅、遣二使於七道諸国一、催二検所レ造国分丈六仏像一。

壬辰、詔曰、頃者、分二遣使工一、検二催諸国仏像一。宜三来年忌日必令二造了一。其仏殿兼使二造備一。如有二仏像并殿已造畢一者、亦造レ塔令レ会二忌日一。夫仏法者、以レ慈為レ先。不レ須三因レ此辛二苦百姓一。国司幷使工等、若有レ称二朕意一者、特加二褒賞一。

天平勝宝八歳六月八日

天皇、翌年五月卅日まで、殺生を禁ず。

【続日本紀】天平勝宝八歳六月庚寅（八日）

庚寅、詔して曰はく、喪に居る礼は、臣子一の猶し。天下の民、誰か孝を行はざらむ。天下の諸国に告げて、今日より始めて来年五月卅日に迄るまで、殺生を禁断すべし、と。

庚寅、詔曰、居レ喪之礼、臣子猶レ一。天下之民、誰不レ行レ孝。宜下告二天下諸国一、自二今日一始、迄二来年五月卅日一、禁中断殺生上。

天平勝宝八歳六月九日

太上天皇の供御の米・塩等は鑑真・法栄の二人に充てしむ。

【続日本紀】天平勝宝八歳六月辛卯（九日）

辛卯、太政官処分すらく、太上天皇の供御の米・塩の類は、唐和上鑑真・禅師法栄の二人に充て、永く供養せしむべし、と。

辛卯、太政官処分、太上天皇供御米塩之類、宜下充二唐和上鑑真・禅師法栄二人一、永令中供養上焉。

天平勝宝八歳六月十二日

孝謙天皇勅して倉三宇を東大寺に施入す。

【随心院文書】天平勝宝八歳六月（十二日）

孝謙天皇東大寺宮宅田園施入 随心院文書乾（山城）

「勅書并繪圖 佐伯院二 天平勝寳八年」

勅

奉入東大寺宮宅及田園等

五條六坊園 葛木寺東

地肆坊 坊別一町二段廿四歩

四至 東少道 南大道 北少道并大安製園

倉參宇

檜皮葺甲倉一宇 長一丈八尺三寸 廣一丈六尺高一丈二尺

草葺板倉二宇

一宇 長二丈八尺八寸 廣二丈六尺 高一丈六尺一寸 着鏁

一宇 長二丈七尺二寸 廣二丈五尺 高一丈六尺六寸 着鏁

以前奉去五月廿五日勅、所入如件、

天平勝寶八歳六月十二日

従二位大納言兼紫微令中衛大将近江守藤原朝臣 仲麿

従三位行左京大夫兼侍従大倭守藤原朝臣 永手

従四位上行紫微少弼兼中衛少将山背守巨萬朝臣 福信

紫微大忠正五位下兼行左兵衛率左右馬監賀茂朝臣 角足

従五位上行紫微少忠葛木連 戸主

天平勝宝八歳六月二十二日

明年の国忌は東大寺で行い、大仏殿の歩廊《ふろう》は六道諸国をして期限までに営造すべし。

【続日本紀】天平勝宝八歳六月甲辰（二十二日）

甲辰、勅したまはく、明年の国忌の御斎を東大寺に設くべし。その大仏殿の歩廊は、六道の諸国をして営造し、必ず忌日に会はしむべし、怠り緩ふべからず、と。

甲辰、勅、明年国忌御斎、応レ設二東大寺一。其大仏殿歩廊者、宜レ令三六道諸国営造、必会二忌日一。不レ可二怠緩一。

天平勝宝八歳七月十七日

授刀《たちはき》舎人の考選・賜禄・名藉《みょうじゃく》は中衛府に属させ、四百人を限とす。中衛舎人も四百を限とす。

【続日本紀】天平勝宝八歳七月己巳（十七日）

秋七月己巳、勅したまはく、授刀舎人の考選・賜禄・名籍は、悉く中衛府に属せよ。その人数は四百を限とし、闕くれば即ち簡ひ補へ。但し授刀舎人と名けて中衛舎人とすること勿れ。その中衛舎人も亦、四百を限とす、と。

秋七月己巳、勅、授刀舎人、考選・賜禄・名籍者、悉属二中衛府一。其人数、以二四百一為レ限、闕即簡補。但名二授刀舎人一、勿レ為二中衛舎人一。其中衛舎人、亦以二四百一為レ限。

天平勝宝八歳十一月十七日

諒闇により新嘗会を廃す。神祇官記によるに、神祇官の曹司で新嘗の事を行う。

【続日本紀】天平勝宝八歳十一月丁卯（十七日）

丁卯、新嘗会を廃む。諒闇を以ての故なり。神祇官記を検ふるに、「是の年神祇官の曹司に於て新嘗会の事を行ふ」といふ。

丁卯、廃二新嘗会一。以二諒闇一故也。検二神祇官記一、是年、於二神祇官曹司一、行二新嘗会之事一矣。

天平勝宝八歳十二月十六日

京中の孤児に衣粮を給い、男九人・女一人に葛木連の姓を賜い、葛木連戸主の戸に編附す。

【続日本紀】天平勝宝八歳十二月乙未（十六日）

乙未、是より先に恩勅有りて、京中の孤児を収集して衣粮を給ひて養はしむ。是に至りて、男九人、女一人と成る。因て葛木連の姓を賜ひ、紫微少忠従五位上葛木連戸主が戸に編附して、親子の道を成さしむ。

乙未、先レ是、有二恩勅一、収二集京中孤児一、而給二衣粮一養之。至レ是、男九人、女一人成レ人。因賜二葛木連姓一、編二附紫微少忠従五位上葛木連戸主之戸一、以成二親子之道一矣。

天平勝宝八歳十二月三十日

皇太子道祖王らを東大寺等南都の諸大寺に遣わし、盆綱経講師六十二人を請い、経六十二部を写して六十二国に説かしむ。

【続日本紀】天平勝宝八歳十二月己酉（三十日）

己酉、勅して、皇太子と右大弁従四位下巨勢朝臣堺麿とを東大寺に、右大臣従二位藤原朝臣豊成・出雲国守従四位下山背王を大安寺に、大納言従二位藤原朝臣仲麻呂・中衛少将正五位上佐伯宿禰毛人を外嶋坊に、中納言従三位紀朝臣麻路・少納言従五位上石川朝臣名人を薬師寺に、大宰帥従三位石川朝臣年足・弾正尹従四位上池田王を元興寺に、讃岐守正四位下安宿王、左大弁正四位下大伴宿禰古麿を山階寺に遣して、梵網経の講師六十二人を請はしむ。その詞に曰はく、皇帝、敬ひて白す。朕閔凶に遭ひしより、情荼毒《とどく》より深し。宮車漸く遠くして、号慕すれども追ふこと无し。万痛心に纏ひて、千哀骨を貫けり。恒に報徳を思ひて、日夜停むこと無し。聞道らく、菩薩戒を有つことは梵網経を本とす。功徳巍々として能く逝く者を資く、と。仍りて六十二部を写して六十二国に説かしめむとす。四月十五日より始めて五月二日に終へしめむ。是を以て、使を差して敬ひて請屈せしむ。願はくは、衆の大徳、摂受を辞すること勿れ。この妙福无上の威力を以て冥路の鸞輿を翼け、花蔵の宝刹に向かしめむと欲ふ。紙に臨みて哀塞す。書、多く云はず、と。

己酉、勅、遣二皇太子及右大弁従四位下巨勢朝臣堺麿於東大寺一。右大臣従二位藤原朝臣豊成・出雲国守従四位下山背王於二大安寺一。大納言従二位藤原朝臣仲麻呂・中衛少将正五位上佐伯宿禰毛人於二外嶋坊一。中納言従三位紀朝臣麻路・少納言従五位上石川朝臣名人於二薬師寺一。大宰帥従三位石川朝臣年足・弾正尹従四位上池田王於二元興寺一。讃岐守正四位下安宿王・左大弁正四位下大伴宿禰古麿於二山階寺一。請二梵網経講師六十二人一。其詞曰、皇帝敬白、朕自レ遭二閔凶一、情深二荼毒一。宮車漸遠、号慕无レ追。万痛纏レ心、千哀貫レ骨。恒思二報徳一、日夜無レ停。聞道、有二菩薩戒一、本二梵網経一。功徳巍々、能資二逝者一。仍写二六十二部一、将レ説二六十二国一。始レ自二四月十五日一、令レ終二于五月二日一。是以、差レ使、敬遣二請屈一。願衆大徳、勿レ辞二摂受一。欲レ使下以二此妙福无上威力一、翼二冥路之鸞輿一、向中花蔵之宝刹上。臨レ紙哀塞。書不二多云一。

天平宝字元年正月一日

廃朝す。諒闇の故なり。八百人を度し、出家せしむ。

【続日本紀】天平宝字元年正月庚戌（一日）

天平宝字元年春正月庚戌の朔、朝を廃む。諒闇を以ての故なり。勅して、八百人を度して出家せしめたまふ。

天平宝字元年春正月庚戌朔、廃レ朝。以二諒闇一故也。勅、度二八百人一出家。

天平宝字元年正月五日

勅して、梵網経講説と安居の期日を定む。

【続日本紀】天平宝字元年正月甲寅（五日）

甲寅、勅したまはく、来る四月十五日より始めて、五月二日に至るまで、国毎に梵網経を講かしめむ。その今年の安居は、五月三日を以て始とすべし、と。

甲寅、勅、始レ自二来四月十五日一、至二于五月二日一、毎レ国、令レ講二梵網経一。其今年安居者、宜下以二五月三日一為上レ始。

天平宝字元年正月六日

橘諸兄薨ず。天皇、従四位上紀朝臣飯麻呂、従五位下石川朝臣豊人らを遣わして、葬事を監護《みまも》らしめ。

【続日本紀】天平宝字元年正月乙卯（六日）

乙卯、前左大臣正一位橘朝臣諸兄薨しぬ。従四位上紀朝臣飯麻呂、従五位下石川朝臣豊人らを遣して、葬事を監護らしめ、須ゐる所、官より給はしむ。大臣は、贈従二位栗隈王の孫、従四位下美努王の子なり。

乙卯、前左大臣正一位橘朝臣諸兄薨。遣二従四位上紀朝臣飯麻呂・従五位下石川朝臣豊人等一、監二護葬事一、所レ須官給。大臣、贈従二位栗隈王之孫、従四位下美努王之子也。

天平勝宝九歳（天平宝字元年）正月十八日

孝謙天皇、造東大寺司沙金奉請文に「宣」の勅裁宸筆を記す。

【造東大寺司沙金奉請文】天平勝宝九歳正月（十八日）

沙金貳仟壹拾陸両 有東大寺

右、造寺司所請如件、

天平勝寶九歳正月十八日

巨萬朝臣「福信」

「宣」

「以同月廿一日依數下

長官佐伯宿禰今毛人」　判官紀朝臣「池主」

竪子巨萬朝臣「福信」　葛木連「戸主」

沙金貳仟壹拾陸両

右依　御製、奉塗大佛像料、下充造寺司

天平勝寶九歳正月廿一日主典美努連

造寺司長官佐伯宿禰
判官紀朝臣
竪子巨萬朝臣
葛木宿禰　戸主」

天平宝字元年三月二十日

二十日、天皇の寝殿の承塵《しょうじん》の裏に、天下太平の四字生ず。
二十二日、親王らをめして瑞の字を見せしめたまう。
四月四日、百官、朝堂に詣り、上表して瑞字を賀《いわ》う。

【続日本紀】 天平宝字元年三月戊辰（二十日）

三月戊辰（二十日）、天皇の寝殿の承塵の裏に、天下大平の四字自ら生れり。
庚午（二十二日）、勅して、親王と群臣とを召して瑞の字を見せしめたまふ。
夏四月辛巳（四日）、百官、朝堂に詣づ。表を上りて瑞の字を賀ふ。

三月戊辰、天皇寝殿承塵裏、天下大平四字自生焉。
庚午、勅、召二親王及群臣一、令レ見二瑞字一。
夏四月辛巳、百官詣二朝堂一。上レ表、以賀二瑞字一。

【孝謙天皇詔】 正倉院文書

天皇我大命良末等宣布大命乎衆聞食倍止宣、此乃天平勝寶九歳三月廿日、天乃賜倍留大奈留瑞乎頂尓受賜波理貴美恐美親王等王等臣等百官人等天下公民等皆尓受所賜貴刀夫倍支物尓雖在合間、供奉政乃趣異志麻尓在尓他支事交倍波恐美供奉政畢弖後尓趣波宜牟、加久太尓母宜賜祢波、汝等伊布加志美意保々志念牟加止奈母所念止宣大命乎諸聞食宜

三月廿五日中務脚宣命

天平宝字元年三月二十九日

皇太子道祖王を廃す。

【続日本紀】天平宝字元年三月丁丑（二十九日）

丁丑、皇太子道祖王、身は諒闇に居りて、志、淫縦に在り。教勅を加ふと雖も、曽て改め悔ゆること无し。是に、勅して群臣を召し、先帝の遺詔を示し、因て廃不の事を問ひたまふ。右大臣已下、同じく奏して云さく、敢へて顧命の旨に乖き違はじ、と。是の日、皇太子を廃して、王を以て第に帰す。

丁丑、皇太子道祖王、身居二諒闇一、志在二淫縦一。雖レ加二教勅一、曽无二改悔一。於レ是、勅召二群臣一、以示二先帝遺詔一、因問二廃不之事一。右大臣已下同奏云、不三敢乖二違顧命之旨一。是日、廃二皇太子一、以レ王帰レ第。

天平宝字元年四月四日

群臣に誰れを皇太子に立てるかを諮問す。群臣ら各々想う所を推挙するも、藤原仲麻呂の意中の大炊王を皇太子と定む。

孝経を家ごとに蔵せしむ。また不孝不忠の者を陸奥・出羽の城柵に配し、山川に隠遁する者を処遇す。

【続日本紀】天平宝字元年四月辛巳（四日）

夏四月辛巳、天皇、群臣を召して問ひて曰はく、誰の王を立てて皇嗣とすべけむ、と。右大臣藤原朝臣豊成、中務卿藤原朝臣永手ら言して曰はく、道祖王の兄、塩焼王を立つべし、と。摂津大夫文室真人珎努、左大弁大伴宿禰古麻呂ら言して曰はく、池田王を立つべし、と。大納言藤原朝臣仲麻呂言して曰はく、臣を知るは君に若くは莫し。子を知るは父に若くは莫し。唯、天意の択ひたまふ者を奉けたまはらむのみ、と。勅して曰はく、宗室の中、舎人・新田部の両の親王は、是れ尤も長なり。茲に因りて、前に道祖王を立てしかども、勅教に順はずして遂に淫なる志を縦にせり。然れば、舎人親王の子の中より択ふべし。然れども、船王は閨房修まらず。池田王は孝行闕くること有り。塩焼王は太上天皇責めたまふに無礼を以てせり。唯、大炊王、未だ長壮にあらずと雖も、過悪を聞かず。この王を立てむと欲ふ。諸卿の意に如何、と。是に、右大臣已下、奏して曰はく、唯、勅命、是れ聴きたてまつらむ、と。是より先、大納言仲麻呂、大炊王を招きて田村の第に居らしむ。是の日、内舎人藤原朝臣薩雄と中衛廿人とを遣して、大炊王を迎へて、立てて皇太子としたまふ。勅して曰はく、国は君を以て主とし、君は儲を以て固とす。是を以て、先帝遺詔して道祖王を立てて、昇せて皇子としたまふ。而れども、王、諒闇未だ終らず、陵の草乾かぬに、私に侍童に通して先帝に恭しきこと無し。喪に居る礼、曾て憂に合はず。機密の事も皆民間に漏せり。屢、勅教すと雖も、猶悔ゆる情無し。好みて婦言を用ゐて、稍く佷戻多し。忽に春宮を出でて夜独り舎に帰る。云へらく、臣為人拙く愚にして重きを承くるに堪へず、と。故、朕窃に計りて、此を廃して大炊王を立てむとし、躬自ら三宝に乞ひ、神明に禱りて、政の善悪、徴験を示さむことを願ふ。是に、三月廿日戊辰に、朕が住屋の承塵の帳の裏に、天下大平の字を現すこと、灼然にして昭著し。斯れ乃ち、上天の祐くる所、神明の標す所なり。遠く上古を覧、歴く往事を検ふるに、書籍の載せぬ所、前代に聞かぬ所なり。方に知りぬ、仏・法・僧の宝、先づ国家の大平を記し、天地の諸神、預め宗社の永固を示すことを。この休符を戴きて、誠に嘉び誠に躍る。その不孝の子は、慈父も矜み難く、無礼の臣は、聖主も猶弃つ。天の教に従ひ、却けて本色に還すべし。亦、王公等の忠を尽し、匡し弼くるに由りて、この貴端を感ず。豈朕一人の能く致すべき所ならむや。王公・士庶と共に天貺を奉けたまはりて、上玄に答へ、旧瑕を洗ひ滌きて、遍く新福を蒙らしむべし。天下に大赦すべし。古者、民を治め国を安するは、必ず孝を以て理む。百行の本、茲より先なるは莫し。天下をして家ごとに孝経一本を蔵め、精勤しく誦み習ひて、倍教授を加へしむべし。百姓の間に、孝行人に通え、郷閭に欽ひ迎ぐ者有らば、所由の長官をして具に名を薦めしむべし。

其れ不孝・不恭・不友・不順の者有らば、陸奥国桃生・出羽国小勝に配して、風俗を清め、亦辺防を捍かしむべし。別に、穎川に高臥し、箕山に遁跡する者有らば、朕が代の巣・許として、礼を以て巡り問ひ、放ちて性を養はしむべし。その僧綱と京内の僧尼の復位已上とに、物施すこと差有り。内供奉の竪子・授刀舎人と、周忌の御斎の種々の作物に預りて造り奉れる諸司の男女らの、夙夜怠らず、各乃の誠を竭せるとには、位二級を加へ、并せて綿・帛を賜はしむべし。官に仕ふること踈緩ならば並に一等を減せよ。

夏四月辛巳、天皇召二群臣一問曰、当下立二誰王一以為中皇嗣上。右大臣藤原朝臣豊成・中務卿藤原朝臣永手等言曰、道祖王兄塩焼王可レ立也。摂津大夫文室真人珎努・左大弁大伴宿禰古麻呂等言曰、池田王可レ立也。大納言藤原朝臣仲麻呂言曰、知レ臣者、莫レ若レ君。知レ子者、莫レ若レ父。唯奉二天意所レ択者一耳。勅曰、宗室中、舎人・新田部両親王、是尤長也。因レ茲、前者、立二道祖王一、而不レ順二勅教一、遂縦二淫志一。然則、可レ択二舎人親王子中一。然船王者、閨房不レ修。池田王者、孝行有レ闕。塩焼王者、太上天皇、責以二無礼一。唯大炊王、雖レ未二長壮一、不レ聞二過悪一。欲レ立二此王一。於二諸卿意一如何。於レ是、右大臣已下奏曰、唯勅命是聴。先レ是、大納言仲麻呂招二大炊王一、居二於田村第一。是日、遣二内舎人藤原朝臣薩雄、中衛廿人一、迎二大炊王一、立為二皇太子一。勅曰、国以レ君為レ主、君以レ儲為レ固。是以、先帝遺詔、立二道祖王一、昇為二皇子一。而王諒闇未レ終、陵草未レ乾、私通二侍童一、無レ恭二先帝一。居レ喪之礼、曾不レ合レ憂。機密之事、皆漏二民間一。雖二屢勅教一、猶無二悔情一。好用二婦言一、稍多二佷戻一。忽出二春宮一、夜独帰レ舎。云、臣為人拙愚、不レ堪レ承レ重。故朕窃計、廃レ此立二大炊王一、躬自乞二三宝一、禱二神明一、政之善悪、願レ示二徴験一。於レ是、三月廿日戊辰、朕之住屋承塵帳裏、現二天下大平之字一、灼然昭著。斯乃上天所レ祐、神明所レ標。遠覧二上古一、歴検二往事一、書籍所レ未レ載、前代所レ未レ聞。方知、仏法僧宝、先記二国家大平一、天地諸神、預示二宗社永固一。戴二此休符一、誠嘉誠躍。其不孝之子、慈父難レ矜、無礼之臣、聖主猶弃。宜下従二天教一却還中本色上。亦由二王公等尽レ忠匡弼一、感二此貴瑞一。豈朕一人所レ応二能致一。宜下与二王公士庶一共奉二天貺一、以答二上玄一、洗二滌旧瑕一、遍蒙中新福上。可レ大二赦天下一。

古者、治レ民安レ国、必以レ孝理。百行之本、莫レ先二於茲一。宜レ令下天下家蔵二孝経一本一、精勤誦習、倍加中教授上。百姓間、有二孝行通レ人、郷閭欽仰者一、宜レ令二所由長官具以名薦一。

其有二不孝・不恭・不友・不順者一、宜下配二陸奥国桃生・出羽国小勝一、以清二風俗一、亦捍中辺防上。別有下高二臥穎川一、遁二跡箕山一者上、宜下為二朕代之巣・許一、以レ礼巡問、放令上レ養レ性。其僧綱及京内僧尼復位已上、施レ物有レ差。内供奉竪子・授刀舎人、及預二周忌御斎種々作物一而奉レ造諸司男女等、夙夜不レ怠、各竭二乃誠一、宜レ令下加二位二級一并賜中綿帛上。仕レ官踈緩、並減二一等一。

天平宝字元年五月二日

太上天皇の周忌により僧千五百人を東大寺に請じ、設斎す。

【続日本紀】天平宝字元年五月乙酉（二日）

五月乙酉、太上天皇の周忌なり。僧千五百餘人を東大寺に請ひて設斎す。

五月乙酉、太上天皇周忌也。請㆓僧千五百餘人於東大寺㆒、設斎焉。

【扶桑略記】

九年五月乙酉日。太上天皇周忌也。請㆓僧千五百餘人㆒。於㆓東大寺㆒設㆑斎焉。

天平宝字元年五月四日

天皇、田村宮に移御す。大宮を改修のためなり。

【続日本紀】天平宝字元年五月辛亥（四日）

辛亥、天皇、田村宮に移御ふ。大宮を改め修る為なり。

辛亥、天皇移㆓御田村宮㆒。為㆑改㆓修大宮㆒也。

天平宝字元年五月二十日

藤原仲麻呂を新設の紫微内相に任じ、内外の諸兵事を掌《つかさど》らしむ。官位・禄賜・職分・雑物は大臣に准ず。是の日、養老律令を施行す。

【続日本紀】天平宝字元年五月丁卯（二十日）

丁卯、大納言従二位藤原朝臣仲麻呂を紫微内相とす。従三位藤原朝臣永手を中納言。詔して曰はく、朕、周礼を覧るに、将・相、道を殊にし、政に文武有り。臣も亦然るべしといふ。是を以て、新令の外に、別に紫微内相一人を置きて、内外の諸の兵事を掌らしむ。その官位・禄賜・職分・雑物は皆大臣に准へよ、と。また、勅して曰はく、頃年、選人、格に依りて階を結ぶ。人人、位高くして、任官に便あらず。今より以後、新令に依るべし。去ぬる養老年中に朕が外祖故太政大臣、勅を奉けたまはりて律令を刊脩せり。所司に告げて、早に施行せしむべし、と。

丁卯、以二大納言従二位藤原朝臣仲麻呂一為二紫微内相一。従三位藤原朝臣永手為二中納言一。詔曰、朕覧二周礼一、将相殊レ道、政有二文武一。臣亦宜レ然。是以、新令之外、別置二紫微内相一人一、令レ掌二内外諸兵事一。其官位・禄賜・職分・雑物者、皆准二大臣一。又勅曰、頃年、選人依レ格結レ階。人人位高、不レ便二任官一。自レ今以後、宜レ依二新令一。去養老年中、朕外祖故太政大臣、奉レ勅、刊二脩律令一。宜下告二所司一早使中施行上。

天平宝字元年五月二十六日
御宇天皇及び皇后の御名の使用を禁ず。

【類聚三代格】巻第十七　国諱追号并改姓名事

勅頃者百姓之間。曾不知禮。以御宇天皇及后等御名有着姓名者。自今以後。不得更然。所司或不改正。依法科罪。主罪施行。

天平宝字元年六月九日

勅五条を制して、反藤原仲麻呂の動向を抑止せんとす。

【続日本紀】天平宝字元年六月乙酉（九日）

六月乙酉、勅五条を制してのたまはく、諸の氏長ら、或は公事に預らずして恣に己が族を集む。今より以後、更に然すること得ざれ。其の一。王臣の馬の数は、格に依るに限有り。此を過ぐる以外に馬を蓄ふこと得ざれ。其の二。令に依るに、随身の兵、各儲法有り。此を過ぐる以外に亦蓄ふること得ざれ。其の三。武官を除く以外、京の裏に兵を持つこと得ぬは、前に已に禁断めり。然も猶止まず。所司に告げて固く禁断を加ふべし。其の四。京の裏を廿騎已上、集り行くこと得ざれ。其の五。所司に告げて厳しく禁断を加ふべし。若し犯す者有らば、違勅の罪を科せ、と。

六月乙酉、制二勅五条一、諸氏長等、或不レ預二公事一、恣集二己族一。自レ今以後、不レ得二更然一。其一。王臣馬数、依レ格有レ限。過レ此以外、不レ得レ蓄レ馬。其二。依レ令、随身之兵、各有二儲法一。過レ此以外、亦不レ得レ蓄。其三。除二武官一以外、不レ得二京裏持レ兵、前已禁断。然猶不レ止。宜下告二所司一固加中禁断上。其四。京裏廿騎已上、不レ得二集行一。其五。宜下告二所司一厳加中禁断上。若有二犯者一、科二違勅罪一。

天平宝字元年六月二十八日

二十八日、是より先、天平勝宝七年橘諸兄に謀反の状ありと、諸兄の従者ら訴え出る。太上天皇、優容して咎めず。

七月二日、山背王、また橘奈良麻呂の反状を密告す。

三日、塩焼王・安宿王ら五人の罪を免したまう。

【続日本紀】天平宝字元年六月甲辰（二十八日）

甲辰（二十八日）、是より先、去ぬる勝宝七歳冬十一月に太上天皇不悆したまふ。時に左大臣橘朝臣諸兄の祗承の人佐味宮守告げて云はく、大臣、酒飲む庭にして言辞礼無し。稍く反く状有り云々、と。太上天皇、優容にして咎めたまはず。大臣、これを知りて、後歳に致仕せり。既にして、勅して、越前守従五位下佐伯宿禰美濃麻呂を召して問ひたまはく、この語を識るや、と。美濃麻呂言して曰はく、臣曽て聞かず。但慮ふに、佐伯全成知るべし、と。是に全成を勘へ問はむとするに、大后、慇懃に固く請ふ。是に由りて事遂に寝みぬ。語は、田村記に具なり。是に至りて、従四位上山背王復告さく、橘奈良麻呂、道に反きて兵器を備へて、田村宮を囲まむことを謀る。正四位下大伴宿禰古麻呂も亦その情を知れり、と。

秋七月戊申（二日）、詔して曰はく、今宣りたまはく、頃者、王等・臣等の中に礼無く逆なる人ども在りて計るならく、大宮を囲まむと云ひて私の兵を備ふと聞こし看して、かへすかへす念せども、誰しの奴か朕が朝を背きて然為る人の一人も在らむと念せば、法の随に治め賜はず。然れども一つ事を数人重ねて奏し賜へば、問ひ賜ふべき物にやは在らむと念せども、慈の政は行ふに安くして、此の事は天下の難き事に在れば、狂れ迷へる頑なる奴の心をば慈び悟し正し賜ふべき物なりと念し看せばなも如此宣りたまふ。此の状悟りて人の見咎むべき事わざなせそ。如此宣りたまふ大命に従はず在らむ人は、朕一人極めて慈び賜ふとも国の法已むこと得ず成りなむ。己が家家己が門々祖の名失はず勤め仕へ奉れと宣りたまふ天皇が大命を、衆聞きたまへと宣る、と。詔畢りて、更に右大臣以下の群臣を召し入れて、皇太后、詔して曰はく、汝たち諸は吾が近き姪なり。また竪子卿等は天皇が大命以て汝たちを召して屢詔りたまひしく、朕が後に太后に能く仕へ奉り助け奉れ、と。また大伴・佐伯の宿禰等は遠天皇の御世より内の兵として仕へ奉り来、また大伴宿禰等は吾が族にも在り。諸同じ心にして皇が朝を助け仕へ奉らむ時に、如是の醜事は聞えじ。汝たちの能からぬに依りてし如是在るらし。諸明き清き心を以て皇が朝を助け仕へ奉れと宣りたまふ、と。是の日の夕、中衛舎人従八位上上道臣斐太都、内相に告げて云はく、今日の未の時に、備前国の前守小野東人、斐太都を喚びて謂りて曰はく、王臣、皇子と内相とを殺さむと謀ること有り。汝能く従はむや、と。斐太都問ひて云はく、王臣とは誰等に為るか、と。東人答へて云はく、黄文王・安宿王・橘奈良麻呂・大伴古麻呂ら、徒衆甚だ多し、と。斐太都また問ひて云はく、衆の謀る所は、若にかせむとする、と。東人答へて云はく、謀る所二つ有り。一つには、精兵四百を駈せ率て、田村宮を囲まむとす。二つには、陸奥将軍大伴古麻呂、今、任所に向ひ、行きて美濃関に至るときに、詐りて病と称して、一二の親の情に相見えむために、官の聴許を蒙らむと欲ふと請ひ、仍りて即ち関を塞ぐなり、と。斐太都、良久しくして答へて云はく、敢へて命に違はじと、と。是より先、去ぬる六月に、右大弁巨勢朝臣堺麻呂、密に奏さく、薬方を問はむが為に、答本忠節が宅に詣でしとき、忠節因て語りて云はく、大伴古麻呂、小野東人に告げて云へらく、人の、内相を劫さむとする有り、汝、従はむや、と。東人答へて云へらく、命に従はむ、と。忠節、斯の語を聞きて右大臣に告ぐ。大臣答へて云はく、大納言年少し。吾、教誨を加へて殺すこと莫からしむべし、と、と。是の日、内相藤原朝臣仲麻呂、具にその状を奏す。内外の諸門を警衛らしめ、乃ち高麗朝臣福信らを遣して、兵を率て、小野東人・答本忠節らを追ひ捕へしむ。並に皆捉へ獲て、左衛士府に禁め着く。また、兵を遣して、道祖王を右京の宅に囲ましむ。

己酉（三日）右大臣藤原朝臣豊成・中納言藤原朝臣永手ら八人に勅して、左衛士府に就きて、東人らを勘へ問はしめたまふ。東人礭けく噵はく、無し、と。即日の夕、内相仲麻呂、御在所に侍りて、塩焼王・安宿王・黄文王・橘奈良麻呂・大伴古麻呂五人を召し、太后の詔を伝へて宣りて曰はく、塩焼ら五人を人謀反すと告げたり。汝等は吾が為に近き人なり。一つも吾を怨むべき事は念えず。汝等を皇が朝はここだく高く治め賜ふを、何を怨めしき所としてか然為む。有らじかとなも念しめす。是を以て汝等の罪は免し賜ふ。今往く前然な為そ、と宣りたまふ、と。詔訖りて五人南門の外に退り出でて、稽首して恩詔を謝す。

甲辰、先レ是、去勝宝七歳冬十一月、太上天皇不悆。時、左大臣橘朝臣諸兄祇承人佐味宮守告云、大臣飲レ酒之庭、言辞無レ礼。稍有二反状一云々。太上天皇優容不レ咎。大臣知レ之、後歳致仕。既而勅、召二越前守従五位下佐伯宿禰美濃麻呂一問、識二此語一耶。美濃麻呂言曰、臣未二曾聞一。但慮、佐伯全成応レ知。於レ是、将レ勘二問全成一、大后慇懃固請。由レ是、事遂寝焉。語具二田村記一。至レ是、従四位上山背王復告、橘奈良麻呂反レ道、備二兵器一、謀レ囲二田村宮一。正四位下大伴宿禰古麻呂亦知二其情一。

秋七月戊申、詔曰、今宣久、頃者、王等・臣等乃中尓、無礼久逆在流人止母在而計奈良久、大宮乎将囲止云而、私兵備布止聞看而、加遍須加遍須所念止母、誰奴加朕朝乎背而然為流人乃一人母将在止所念波、随法不治賜。雖然、一事乎数人重奏賜倍波、可問賜物尓夜波将在止所念止母、慈政者行布尓安為弖、此事者天下難事尓在者、狂迷遍流頑奈留奴心乎波慈悟志正賜倍伎物在止所念看波奈母如此宣布。此状悟而人乃見可咎事和射奈世曾。如此宣大命尓不従将在人波、朕一人極而慈賜止母、国法不得已成奈牟。己家家、己門々祖名不失勤仕奉礼止宣天皇大命乎、衆聞食止宣。詔畢、更召二入右大臣以下群臣一、皇大后詔曰、汝多知諸者吾近姪奈利。又豎子卿等者、天皇大命以汝多知乎召而屢詔志久、朕後尓太后尓能仕奉利助奉礼止詔伎。又大伴・佐伯宿禰等波、自遠天皇御世、内乃兵止為而仕奉来、又大伴宿禰等波吾族尓母在。諸同心尓為而皇朝乎助仕奉牟時尓、如是醜事者聞曳自。汝多知乃不能尓依弖志如是在良志。諸以明清心皇朝乎助仕奉礼止宣。是日夕、中衛舎人従八位上上道臣斐太都告二内相一云、今日未時、備前国前守小野東人喚二斐太都一謂云、有二王臣謀レ殺二皇子及内相一。汝能従乎。斐太都問云、王臣者為二誰等一耶。東人答云、黄文王・安宿王・橘奈良麻呂・大伴古麻呂等、徒衆甚多。斐太都又問云、衆所レ謀者、将二若為一耶。東人答云、所レ謀有レ二。一者、駈二率精兵四百一、将レ囲二田村宮一。二者、陸奥将軍大伴古麻呂、今向二任所一、行至二美濃関一、詐称レ病、請レ欲下相二見一二親情一、蒙中官聴許上、仍即塞レ関。斐太都良久答云、不二敢違一レ命。先レ是、去六月、右大弁巨勢朝臣堺麻呂密奏、為レ問二薬方一、詣二答本忠節宅一、忠節因語云、大伴古麻呂告二小野東人一云、有二人欲一レ劫二内相一、汝従乎。東人答云、従レ命。忠節聞二斯語一、以告二右大臣一。大臣答云、大納言年少也。吾加二教誨一、宜レ莫レ殺之。是日、内相藤原朝臣仲麻呂具奏二其状一。警二衛内外諸門一、乃遣二高麗朝臣福信等一、率レ兵、追二捕小野東人・答本忠節等一。並皆捉獲、禁二着左衛士府一。又遣レ兵囲二道祖王於右京宅一。

己酉、勅二右大臣藤原朝臣豊成・中納言藤原朝臣永手等八人一、就二左衛士府一、勘二問東人等一。東人確導無之。即日夕、内相仲麻呂侍二御在所一、召二塩焼王・安宿王・黄文王・橘奈良麻呂・大伴古麻呂五人一、伝二太后詔一宣曰、塩焼等五人乎、人告謀反。汝等為吾近人。一毛吾乎可怨事者不所念。汝等乎皇朝者己己太久高治賜乎、何乎怨志伎所止志弖加然将為。不有加止奈母所念。是以、汝等罪者免賜。今往前然莫為止宣。詔訖、五人退二出南門外一、稽首謝二恩詔一。

天平宝字元年七月四日

橘奈良麻呂に謀反の企てありと上道斐太都の告により、関係者小野東人らを窮問す。また黄文王・橘

奈良麻呂・大伴古麻呂・多治比犢養らを尋問する。さらに賀茂角足・高麗福信・奈貴王・坂上苅田麻呂・巨勢苗麻呂・牝鹿嶋足を尋問、窮問により、黄文・道祖・古麻呂・犢養・東人・角足ら杖の下に死す。また安宿王・佐伯大成・大伴古慈斐らは配流す。このほか、陸奥国守佐伯全成を勘問するに黄文王を擁立せんとす。全成、天平十七年に遡及して、事態を述べ、了りて自ら経りたり。

【続日本紀】天平宝字元年七月庚戌（四日）

庚戌、詔して、更に中納言藤原朝臣永手らを遣して、東人らを窮め問はしめたまふ。款して云はく、事毎に実なり。斐太都が語に異なること無し。去ぬる六月の中、期り会ひて事を謀ること三度。始は奈良麻呂が家に於てし、次には図書の蔵の辺の庭に於てし、後には太政官院の庭に於てせり。その衆は、安宿王・黄文王・橘奈良麻呂・大伴古麻呂・多治比犢養・多治比礼麻呂・大伴池主・多治比鷹主・大伴兄人なり。自餘の衆は、闇裏くしてその面を見ず。庭の中にして天地と四方とを礼拝み、共に塩汁を歃り、誓ひて曰はく、七月二日の闇頭を以て、兵を発して内相の宅を囲み、殺し却して即ち大殿を囲み、皇太子を退けむ。次に、皇太后宮を傾けて鈴・璽を取らむ。即ち右大臣を召して、号令せしめむ。然して後に、帝を廃して、四の王の中を簡ひて、立てて君とせむ、と。是に、告げられたる人等を追して、来るに随ひて悉く禁め着け、各別処に置きて、一々に勘へ問ふ。始に安宿に問ふ。款して云はく、去ぬる六月廿九日の黄昏に、黄文来りて云はく、奈良麻呂、語言を得むと欲ふ、と。安宿即ち従ひ往きて、太政官院の内に至れり。先に廿許人有り。一人迎へ来て礼揖す。近く着きて顔を看るに、是れ奈良麻呂なり。また、素服の者一人有り。熟く此を看れば小野東人なり。登時、衆人共に云はく、時既に過ぐべし。立ちて拝むべし、と。安宿問ひて云はく、知らず、何の拝ぞ、と。答へて云はく、天地を拝むのみ、と。安宿、情を知らずと雖も、人に随ひて立ちて拝む。欺かえて往きしのみ、と。また、黄文・奈良麻呂・古麻呂・多治比犢養らに問ふ。辞、頗だ異なりと雖も、略皆大に同じ。勅使また奈良麻呂に問ひて云はく、逆謀、何に縁りてか起せし、と。款して云はく、内相、政を行ふに、甚だ無道きこと多し。故に、先づ兵を発して、請ひてその人を得て、後に状を陳べむと将り、と。また問はく、政を無道しと称ふは、何等事をか謂ふ、と。款して云はく、東大寺を造りて、人民苦び辛む。氏々の人等も亦、是れ憂とす。また、剗を奈羅に置き、已に大なる憂と為る、と。問はく、称ふ所の氏々とは、何等の氏をか指す。また、寺を造ることは元、汝が父の時より起れり。今、人の憂と道ふ。その言似ず、と。是に奈良麻呂辞屈りて服ふ。また、佐伯古比奈に問ふ。款して云はく、賀茂角足、高麗福信・奈貴王・坂上苅田麻呂・巨勢苗麻呂・牡鹿嶋足を請きて、額田部が宅にして酒を飲ましむ。その意は、此らの人をして発逆の期に会ふこと莫からしめむが為なり。また、角足と逆ふる賊と謀りて、田村宮の図を造りて、指し授けて道に入らしめむとす、と。是に一ら皆獄に下す。また、諸衛を分ち遣して逆ふる党を掩ひ捕へしむ。更に出雲守従三位百済王敬福、大宰帥正四位下船王ら五人を遣して、諸衛の人等を率ゐ、獄囚を防衛りて拷掠・窮問せしむ。黄文 名を多夫礼と改む・道祖 名を麻度比と改む・大伴古麻呂・多治比犢養・小野東人・賀茂角足 姓を乃呂志と改む ら、並に杖の下に死ぬ。安宿王と妻子とを、佐度に配流す。信濃国守佐伯大成・土左国守大伴古慈斐二人は、並に便に任国に流す。その支党の人等、或は獄中に死ぬ。自外は悉く法に依りて配流す。また、使を遣して遠江守多治比国人を追召し、勘問す。款す所亦同じ。伊豆国に配流す。また、陸奥国に勅して、守佐伯全成を勘問せしむ。款して云はく、去ぬる天平十七年、先帝陛下、難波に行幸したまひしとき、寝膳、宜しきに乖けり。時に奈良麻呂、全成に謂りて曰はく、陛下、枕席安からず、殆と大漸に至らむとす。然も猶、皇嗣立つること無し。恐るらくは、変有らむか。願はくは、多治比国人・多治比犢養・小野東人を率ゐて、黄文を立てて君とし、以て百姓の望に答へむことを。大伴・佐伯の族、この挙に随はば、前に敵無からむ。方に今、天下憂へ苦みて、居宅定まること無く、乗路に哭叫びて、怨歎くこと実に多し。是に縁りて議謀らば、事、必ず成るべし。相随はむや以否、と。全成答へて曰はく、全成が先祖は、清く明く時を佐けき。全成、愚なりと雖も、何ぞ先迹を失はむ。実に事成れりと雖も、相従はむことを欲はず、と。奈良麻呂が云はく、天下の愁を見て、思ふ所を述ぶるのみ。他人に導ふこと莫れ、と。言畢りて辞り去りぬ。厥の後、大嘗の歳に、奈良麻呂が云はく、前歳に語りし事、今時発さむとす。如何、と。全成答へて曰はく、朝庭、全成に高爵・重禄を賜ふ。何ぞ敢へて天に違ひて悪逆の事を発さむや。是の言、前歳に已に忌む。何ぞ更に発さむ、と。奈良麻呂が云はく、汝と吾とは同じ心の友なり。此に由りて、談説りぬ。願はくは、他に導ふこと莫れ、と。また、去年四月、全成、金を賷ちて京に入りき。時に、奈良麻呂、全成に語りて曰はく、大伴古麻呂に相見えしや以否、と。全成答へて曰はく、未だ相見ゆること得ず、と。是の時に奈良麻呂が云はく、願はくは、汝とともに古麻呂に相見えむと欲ふ、と。共に弁官の曹司に至りて、相見えて語話る。良久しくして、奈良麻呂が云はく、聖体、宜しきに乖けること、多く歳序を経たり。消息を闚ひ看るに、一日に過ぎず。今、天下乱れて、人の心定まること無し。若し他氏の、王を立つる者有らば、吾が族徒に滅亡びむ。願はくは、大伴・佐伯の宿禰を率ゐ、黄文を立てて君として、他氏に先にせば、万世の基と為らむ、と。古麻呂が曰はく、右大臣・大納言、是の両箇の人は、勢に乗りて権を握れり。汝、君を立つと雖も、人豈従ふべけむや。願はくは、これを言ふこと勿れ、と。全成が曰はく、この事無道し。実に事成れりと雖も、豈明けき名を得むや、と。言ひ畢りて帰り去ぬ。奈良麻呂・古麻呂は便ち彼の曹に留れり。後の語を聞かず、と。勘問畢りて自ら経りぬ。

庚戌、詔、更遣㆓中納言藤原朝臣永手等㆒、窮㆓問東人等㆒。款云、毎㆑事実也。無㆑異㆓斐太都語㆒。去六月中、期会謀㆑事三度。始於㆓奈良麻呂家㆒、次於㆓図書蔵辺庭㆒、後於㆓太政官院庭㆒。其衆者、安宿王・黄文王・橘奈良麻呂・大伴古麻呂・多治比犢養・多治比礼麻呂・大伴池主・多治比鷹主・大伴兄人。自餘衆者、闇裏不㆑見㆓其面㆒。庭中礼㆓拝天地四方㆒、共歃㆓塩汁㆒、誓曰、将㆘以㆓七月二日闇頭㆒、発㆑兵囲㆓内相宅㆒、殺劫、即囲㆓大殿㆒、退㆗皇太子㆖。次傾㆓皇太后宮㆒而取㆓鈴璽㆒。即召㆓右大臣㆒、将㆑使㆓号令㆒。然後廃㆑帝、簡㆓四王中㆒、立以為㆑君。於㆑是、追㆓被㆑告人等㆒、随㆑来悉禁着、各置㆓別処㆒、一々勘問。始問㆓安宿㆒。款云、去六月廿九日黄昏、黄文来云、奈良麻呂欲㆑得㆓語言㆒云㆑爾。安宿即従往、至㆓太政官院内㆒。先有㆓廿許人㆒。一人迎来礼揖。近着看㆑顔、是奈良麻呂也。又有㆓素服者一人㆒。熟看㆑此、小野東人也。登時、衆人共云、時既応㆑過。宜須㆓立拝㆒。安宿問云、未㆑知、何拝耶。答云、拝㆓天地㆒而已云㆑爾。安宿雖㆑不㆑知㆑情、随㆑人立拝。被㆑欺往耳。又問㆓黄文・奈良麻呂・古麻呂・多治比犢養等㆒。辞雖㆓頗異㆒、略皆大同。勅使又問㆓奈良麻呂㆒云、逆謀縁㆑何而起。款云、内相行㆑政、甚多㆓無道㆒。故先発㆑兵、請㆓得其人㆒、後将㆑陳㆑状。又問、政称㆓無道㆒、謂㆓何等事㆒。款云、造㆓東大寺㆒、人民苦辛。氏々人等、亦是為㆑憂。又置㆓剗奈羅㆒、為㆓已大憂㆒。問、所㆑称氏々、指㆓何等氏㆒。又造㆑寺、元起㆑自㆓汝父時㆒。今噵㆓人憂㆒。其言不㆑似。於㆑是、奈良麻呂辞屈而服。又問㆓佐伯古比奈㆒。款云、賀茂角足請㆓高麗福信・奈貴王・坂上苅田麻呂・巨勢苗麻呂・牡鹿嶋足㆒、於㆓額田部宅㆒飲㆑酒。其意者、為㆑令㆓此等人莫㆒㆑会㆓発逆之期㆒也。又角足与㆓逆賊㆒謀、造㆓田村宮図㆒、指授入㆑道。於㆑是、一皆下㆑獄。又分㆓遣諸衛㆒、掩㆓捕逆党㆒。更遣㆓出雲守従三位百済王敬福・大宰帥正四位下船王等五人㆒、率㆓諸衛人等㆒、防㆓衛獄囚㆒、拷掠窮問。黄文改㆓名多夫礼㆒。・道祖改㆓名麻度比㆒。・大伴古麻呂・多治比犢養・小野東人・賀茂角足改㆓姓乃呂志㆒。等、並杖下死。安

天平宝字元年七月五日

宿王及妻子配二流佐渡一。信濃国守佐伯大成・土左国守大伴古慈斐二人、並便流二任国一。其支党人等、或死二獄中一。自外悉依レ法配流。又遣レ使、追二召遠江守多治比国人一勘問。所レ款亦同。配二流於伊豆国一。又勅二陸奥国一、令レ勘二問守佐伯全成一。款云、去天平十七年、先帝陛下行二幸難波一、寝膳乖レ宜。于レ時、奈良麻呂謂二全成一曰、陛下枕席不レ安、殆至二大漸一。然猶無レ立二皇嗣一。恐有レ変乎。願率二多治比国人・多治比犢養・小野東人一、立二黄文一而為レ君、以答二百姓之望一。大伴・佐伯之族、随二於此挙一、前将レ無レ敵。方今、天下憂苦、居宅無レ定、乗路哭叫、怨歎実多。縁レ是議謀、事可二必成一。相随以否。全成答曰、全成先祖、清明佐レ時。全成雖レ愚、何失二先迹一。実雖二事成一、不レ欲二相従一。奈良麻呂云、見二天下愁一、而述レ所レ思耳。莫レ導二他人一。言畢辞去。厥後、大嘗之歳、奈良麻呂云、前歳所レ語之事、今時欲レ発。如何。全成答曰、朝庭賜二全成高爵・重禄一。何敢違レ天発二悪逆事一。是言、前歳已忌。何更発耶。奈良麻呂云、汝与レ吾同心之友也。由レ此談説。願莫レ導レ他。又去年四月、全成賷レ金入レ京。于レ時、奈良麻呂語二全成一曰、相二見大伴古麻呂一以否。全成答曰、未レ得二相見一。是時、奈良麻呂云、願与レ汝欲レ相二見古麻呂一。共至二弁官曹司一、相見語話。良久、奈良麻呂云、聖体乖レ宜、多経二歳序一。闚二看消息一、不レ過二一日一。今天下乱、人心無レ定。若有二他氏立レ王者一、吾族徒将二滅亡一。願率二大伴・佐伯宿禰一、立二黄文一而為レ君、以先二他氏一、為二万世基一。古麻呂曰、右大臣・大納言、是両箇人、乗レ勢握レ権。汝雖レ立レ君、人豈合レ従。願勿レ言レ之。全成曰、此事無道。実雖二事成一、豈得二明名一。言畢帰去。奈良麻呂・古麻呂便留二彼曹一。不レ聞二後語一。勘問畢而自経。

橘奈良麻呂に不軌ありと密告した上道臣斐太都らに叙位し、斐太都を吉備国造とす。

【続日本紀】天平宝字元年七月辛亥（五日）

辛亥（五日）、従四位上山背王・巨勢朝臣堺麻呂に並に従三位を授く。従八位上上道臣斐太都に従四位下。正七位下県犬養宿禰佐美麻呂、従八位上佐味朝臣宮守に並に従五位下。並に是れ、密《みそかごと》を告げし人なり。また、上道臣斐太都に姓朝臣を賜ふ。

閏八月癸丑（八日）、従四位上上道朝臣斐太都を吉備国造とす。

辛亥、授㆓従四位上山背王・巨勢朝臣堺麻呂並従三位、従八位上上道臣斐太都従四位下、正七位下県犬養宿禰佐美麻呂・従八位上佐味朝臣宮守並従五位下㆒。並是告㆑密人也。又上道臣斐太都賜㆓姓朝臣㆒。

閏八月癸丑、以㆓従四位上上道朝臣斐太都㆒為㆓吉備国造㆒。

天平宝字元年七月八日
逆徒の亡魂《なきたま》に託した浮言を禁じ、反逆人の自由を勧告せしむ。

【続日本紀】天平宝字元年七月甲寅（八日）

甲寅、正六位上藤原朝臣朝獦に従五位下を授く。従五位下忌部宿禰鳥麻呂を信濃守とす。従五位下藤原朝臣朝獦を陸奥守。勅して曰はく、比者、頑なる奴、潜に反逆けむことを図る。皇天遠からず、羅して誅に伏はしむ。民間、或は仮りて亡魂に託して、浮言紛紜として、郷邑を擾し乱す者有らば、軽重を論せず、皆、与同罪。普く遐邇に告げて、妖源を絶つべし、と。また、勅して曰はく、百姓の間に若し逆人の輩有らば、京畿は十日の内に、遠き処は卅日の内に首し訖れ。若し限の内に能く首さば、並にその罪を寛さむ。限の内に首さずして、人に告げ言はれば、必ず本罪を科さむ。その首す人等は並に本部の官司に首せ。官司知り訖らば、その姓名を抄して奏上せよ、と。

甲寅、授二正六位上藤原朝臣朝獦従五位下一。以二従五位下忌部宿禰鳥麻呂一為二信濃守一。従五位下藤原朝臣朝獦為二陸奥守一。勅曰、比者、頑奴潜図二反逆一。皇天不レ遠、羅令レ伏レ誅。民間或有下仮託二亡魂一、浮言紛紜、擾二乱郷邑一者上、不レ論二軽重一、皆与同罪。普告二遐邇一、宜レ絶二妖源一。又勅曰、百姓之間、若有二逆人之輩一、京畿十日内、遠処卅日内首訖。若限内能首、並寛二其罪一。限内不レ首、被二人告言一、必科二本罪一。其首人等、並首二本部官司一。官司知訖、抄二其姓名一奏上。

天平宝字元年七月九日

九日、藤原豊成に、反逆に関わる男乙縄の引渡を命ず。

十二日、豊成自身が賊徒に付き、大乱を構えるを知りながら奏上せざるにより、太宰員外帥に左降す。

【続日本紀】天平宝字元年七月乙卯（九日）

乙卯（九日）、中納言藤原朝臣永手、左衛士督坂上忌寸犬養らを遣し、右大臣藤原朝臣豊成が第に就きて、勅を宣らしめて曰はく、汝が男乙縄、兇逆しき事に関れり。禁め進るべし、と。即ち、肱禁を加へて勅使に寄せて進る。紫微少弼従三位巨勢朝臣堺麻呂を兼左大弁とす。従四位上紀朝臣飯麻呂を右大弁。春宮大夫従四位下佐伯宿禰毛人を兼右京大夫。従四位下上道朝臣斐太都を中衛少将。

戊午（十二日）、従五位下小野朝臣田守を刑部少輔とす。正六位上藤原朝臣乙縄を日向員外掾。従五位下奈賀王を讃岐守。勅して曰はく、右大臣豊成は、君に事へて忠ならず、臣として義しからず。私に賊党に附きて、潜に内相を忌む。大乱を構ふることを知りて、敢へて奏上すること無く、事発覚れぬるに及びても亦、肯へて究めず。若し怠りて日を延べば、殆と天宗を滅してむ。嗚乎、宰輔の任、豈此の如くなるべけむや。右大臣の任を停め、大宰員外帥に左降すべし、と。

乙卯、遣二中納言藤原朝臣永手・左衛士督坂上忌寸犬養等一、就二右大臣藤原朝臣豊成第一、宣レ勅曰、汝男乙縄関二兇逆之事一。宜二禁進一者。即加二肱禁一、寄二勅使一進。以二紫微少弼従三位巨勢朝臣堺麻呂一為二兼左大弁一。従四位上紀朝臣飯麻呂為二右大弁一。春宮大夫従四位下佐伯宿禰毛人為二兼右京大夫一。従四位下上道朝臣斐太都為二中衛少将一。

戊午、以二従五位下小野朝臣田守一為二刑部少輔一。正六位上藤原朝臣乙縄為二日向員外掾一。従五位下奈賀王為二讃岐守一。勅曰、右大臣豊成者、事レ君不レ忠、為レ臣不レ義。私附二賊党一、潜忌二内相一。知レ構二大乱一、無二敢奏上一、及二事発覚一、亦不二肯究一。若怠延レ日、殆滅二天宗一。嗚呼、宰輔之任、豈合レ如レ此。宜下停二右大臣任一、左中降大宰員外帥上。

天平宝字元年七月十二日

是の日、天皇、南院に御し、諸司并びに京・畿内の村長以上を召して、橘奈良麻呂の変の経緯を述ぶ。

【続日本紀】天平宝字元年七月戊午（十二日）

戊午、是の日、南院に御しまして、諸司、并せて京・畿内の百姓の村長以上を追し集へて詔して曰はく、明神と大八洲知らしめす倭根子天皇が大命らまと宣りたまふ大命を、親王・王・臣・百官人等、天下公民、衆聞きたまへ、と。高天原に神積り坐す皇親神魯岐・神魯弥命の定め賜ひける天日嗣高御座の次をかそび奪ひ盗まむとして悪しく逆に在る奴久奈多夫礼・麻度比・奈良麻呂・古麻呂等い逆党をいざなひ率ゐて、先づ内相の家を囲みて其を殺して、即ち大殿を囲みて皇太子を退けて、次には皇太后の朝を傾け、鈴・印・契を取りて、右大臣を召して天下に号令せしめむ。然る後に帝を廃けて、四王の中に簡ひて君と為さむと謀りて、六月の廿九日の夜、太政官坊に入りて塩汁を飲みて誓ひ、天地四方を礼みて、七月二日に兵を発さむと謀り定めて、二日の未の時に小野東人、中衛舎人備前国上道郡の人上道朝臣斐太都を喚びて誂へて云はく、此の事倶にせ、といざなふに依りて、倶にせむ、と事は許して、其の日の亥の時に具に奏し賜ひつ。此に由りて勘へ問ひ賜ふに、事毎に実と申して皆罪に伏しぬ。是を以て法を勘ふるに、皆死罪に当れり。如此あれども慈び賜ふとして一等軽め賜ひて、姓名易へて遠流罪に治め賜ひつ。

此れ誠に天地の神の慈び賜ひ護り賜ひ、挂けまくも畏き開闢已来御宇しし天皇が大御霊たちの穢き奴等をきらひ賜ひ弃て賜ふに依りて、また、盧舎那如来、観世音菩薩、護法の梵王・帝釈・四大天王の不可思議威神の力に依りてし、此の逆に在る悪しき奴等は顕れ出でて、悉く罪に伏しぬらしとなも、神ながらも念し行すと宣りたまふ天皇が大命を、衆聞きたまへと宣る。

事別きて宣りたまはく、久奈多夫礼らに詿誤えたる百姓は、京の土履まむ事穢み、出羽国小勝村の柵戸に移し賜はくと宣りたまふ天皇が大命を、衆聞きたまへと宣る、と。

戊午、是日、御二南院一、追二集諸司并京畿内百姓村長以上一而詔曰、明神大八洲所知倭根子天皇大命良麻止宣大命乎、親王・王・臣・百官人等、天下公民、衆聞宣。高天原神積坐須皇親神魯岐・神魯弥命乃定賜来流天日嗣高御座次乎加蘇毗奪将盗止為而悪逆在奴久奈多夫礼・麻度比・奈良麻呂・古麻呂等伊、逆党乎伊射奈比率而、先内相家乎囲而其乎殺而、即大殿乎囲而皇太子乎退而、次者皇太后朝乎傾、鈴印契乎取而、召右大臣而天下尓号令使為牟。然後廃帝、四王之中尓簡而為君牟止謀而、六月廿九日乃夜、入太政官坊而、飲塩汁而誓、礼天地四方而、七月二日、発兵牟止謀定而、二日未時、小野東人、喚中衛舎人備前国上道郡人上道朝臣斐太都而誂云久、此事倶仁西止伊射奈布尓依而、倶仁西牟止事者許而、其日亥時、具奏賜都。由此勘問賜尓、毎事実止申而皆罪尓伏奴。是以、勘法尓、皆当死罪在。如此雖在、慈賜止為而、一等軽賜而、姓名易而、遠流罪尓治賜都。

此誠天地神乃慈賜比護賜比、挂畏開闢已来御宇天皇大御霊多知乃穢奴等乎伎良比賜弃賜布尓依弖、又盧舎那如来、観世音菩薩、護法梵王・帝釈・四大天王乃不可思議威神之力尓依弖志、此逆在悪奴等者顕出而、悉罪尓伏奴良志止奈母、神奈賀良母所念行須止宣天皇大命乎、衆聞食宣。

事別宣久、久奈多夫礼良尓所詿誤百姓波、京土履牟事穢弥、出羽国小勝村乃柵戸尓移賜久止宣天皇大命乎、衆聞食宣。

天平宝字元年七月十六日

兇逆《きょうぎゃく》の徒が不軌を謀るにより、隠匿の武器の申告を命ず。

【続日本紀】天平宝字元年七月壬戌（十六日）

壬戌、勅して曰はく、兇逆の徒、潜に不軌を謀る。その言発覚して、辺軍に流配さる。但し、支ふる兵仗を民間に蔵隠して官司に首さず。情を原ぬるに、責むべし。職、知委して、勅出でて後、十日の内を限りて、悉く首し尽さしむべし。若し限満ちて首さず、人に言告げられば、一ら逆人と科を同じくせむ、と。

壬戌、勅曰、兇逆之徒、潜謀二不軌一。其言発覚、流二配辺軍一。但所レ支兵仗、蔵二隠民間一、未レ首二官司一。

原レ情可レ責。職宜下知委勅出之後、限二十日内一、悉令中首尽上。若限満不レ首、被二人言告一、一与二逆人一同レ科。

天平宝字元年七月二十七日

塩焼王は橘奈良麻呂の変に関わるも罪を許さる。そのほか兄弟の四王ら、父新田部親王は浄き明き心を以て仕え奉るにより家門を絶やさず。朝廷に仕えるべしと詔す。

【続日本紀】 天平宝字元年七月癸酉（二十七日）

癸酉、詔して曰はく、塩焼王は唯四王の列に預れり。然るに謀れる庭に会らず、亦告げらえねども、道祖王に縁れれば遠流罪に配むべし。然れども其の父新田部親王は清き明き心を以て仕へ奉れる親王なり。其の家門絶つべしやとしてなも、此般の罪免し給ふ。今より往く前は明き直き心を以て朝庭に仕へ奉れと詔りたまふ、と。

癸酉、詔曰、塩焼王者、唯預四王之列。然不会謀庭、亦不被告、而縁道祖王者、応配遠流罪。然其父新田部親王、以清明心仕奉親王也。可絶其家門夜止為奈母、此般罪免給。自今往前者以明直心仕奉朝庭止詔。

天平宝字元年八月二日

乳母の山田三井宿禰比売嶋に賜う宿禰姓は、奈良麻呂の変に加担するにより、旧姓山田史とす。

【続日本紀】 天平宝字元年八月戊寅（二日）

八月戊寅、勅したまはく、故従五位下山田三井宿禰比売嶋は、阿嬭の労有るに縁りて、褒めて宿禰の姓を賜へり。恩波枉激して餘は傍親に及ぶ。而るに人の悖る語を聴きて、丹誠を奉らず。同悪に相招かれて、故に蔽匿す。今、この事を聞きて、為に寒毛を竪つ。凶痛已に深し。理、追し責むべし。御母の名を除き、宿禰の姓を奪ひて、旧に依りて山田史に従ふべし、と。

八月戊寅、勅、故従五位下山田三井宿禰比売嶋、縁レ有二阿嬭之労一、襃賜二宿禰之姓一。恩波枉激、餘及二傍親一。而聴二人悖語一、不レ奉二丹誠一。同悪相招、故為二蔽匿一。今聞二此事一、為竪二寒毛一。凶痛已深。理宜二追責一。可下除二御母之名一、奪二宿禰之姓一、依レ旧従中山田史上。

天平宝字元年八月四日

謀反に加担せる秦氏を配流し、関わらざる秦氏は清明の心を以て仕えるべし。また明く浄く仕へる者の一、二に冠位を上げるべし。

【続日本紀】天平宝字元年八月庚辰（四日）

庚辰、詔して曰はく、今宣りたまはく、奈良麿が兵起すに雇はえたりし秦等をば遠く流し賜ひつ。今遺れる秦等は悪しき心無くして清き明き心を持ちて仕へ奉れと宣りたまふ、と。また、詔して曰はく、此遍の政、明く浄く仕へ奉れるに依りて治め賜ふ人も在り。また愛の盛りに一、二人等に冠位上げ賜ひ治め賜はくと宣りたまふ、と。

庚辰、詔曰、今宣久、奈良麿我兵起尓被雇多利志秦等乎波遠流賜都。今遺秦等者、悪心無而清明心乎持而仕奉止宣。又詔曰、此遍乃政、明浄久仕奉礼留尓依而治賜人母在。又愛盛尓一二人等尓冠位上賜治賜久止宣。

天平宝字元年八月四日

多治比真人広足年の老いたるにより姪たちに教えず、悉く賊徒となる。よって中納言の任を解き、帰第とす。

【続日本紀】天平宝字元年八月庚辰（四日）

庚辰、勅したまはく、中納言多治比真人広足、年耄ならむとするに臨み、力弱くして列に就く。諸姪を教へずして悉く賊徒と為る。此の如き人、何ぞ宰輔に居らむ。中納言を解き、散位を以て第に帰るべし、と。

庚辰、勅、中納言多治比真人広足、年臨レ将レ耄、力弱就レ列。不レ教二諸姪一、悉為二賊徒一。如レ此之人、何居二宰輔一。宜下解二中納言一、以二散位一帰上レ第焉。

天平宝字元年八月十三日

十三日、駿河国益頭郡金刺舎人麻自、蚕産みて字を成すを献上。

十八日、此の日、改元す。

【続日本紀】天平宝字元年八月己丑（十三日）

己丑（十三日）、駿河国益頭郡の人金刺舎人麻自、蚕産みて字を成すを献る。

甲午（十八日）、勅して曰はく、朕、寡薄を以て、忝くも洪基を継ぎ、八方に君として臨みて、茲に九載。曾て善政無く、日夜憂へ思ふ。危きこと淵に臨めるが若く、慎むこと氷を履めるが如し。是に、去ぬる三月廿日、皇天、我に賜ふに天下大平の四字を以てし、区宇の安寧を表し、歴数の永く固きことを示す。爾るに、賊臣廃皇子道祖と安宿・黄文・橘奈良麻呂・大伴古麻呂・大伴古慈斐・多治比国人・鴨角足・多治比犢養・佐伯全成・小野東人・大伴駿河麻呂・答本忠節らとは、稟性兇頑、昏心転虐にして、君臣の道を顧みず、幽顕の資を畏れず、潜に逆徒を結び、謀りて宗社を傾けむとして、悉くに天嘖を受け、咸、罪釁に伏へり。是を以て、二叔の流言、遂に蕭墻に輟み、四凶の群類、遠く辺裔に放たる。京師粛々として、已に痴民無く、朝堂蓼廓として、更に賢輔有り。窃に恐るらくは、徳は虞舜に非ずして、運は時艱に属し、武は殷湯よりも拙くして、任は撥乱に当れるを。昼に思ひ夜に想ひて、寝と食とを廃む。民を仁寿に登げ、化を興平に致さむとす。爰に、駿河国益頭郡の人金刺舎人麻自が献れる蚕児の字を成せるを得。その文に云はく、五月八日開下帝釈標知天皇命百年息、と。国内、茲の祥を頂戴き、踊躍歓喜して、進退を知らず。悚息交懐けり。即ち群臣に下して議らしむ。便ち奏して云はく、維れ天平勝宝九歳歳丁酉に次る夏五月八日は、是れ陛下、太上天皇の周忌の奉為に設斎して悔過する終の日なり。是に、帝釈、皇帝・皇后の至誠に感でて、天門を開き通し、下、勝れる業を鑒みて、陛下の御宇を標し、百年の遠期を授く。日月の臨む所に、咸く聖胤の繁息を看る。乾坤の載する所、悉く宝祚の延長を知る。仁化滂流して寓内安息に、慈風遠洽くして、国家全平ならむ験なり。謹みて案ふるに、蚕の物と為る、虎の文ありて時に蛻くること有り、馬の吻ありて相争はず。室の中に生長りて、天下に衣被ふ。錦繍の麗しき、是に出でたり。朝祭の服、是に生れり。故、神虫をして、字を作り、用て神異を表さしむ。而して今、蓄息の間、自ら霊字を呈し、戈を止むる日、已に丹墀に奏す。実に是れ、天より祐く。吉くして利あらずといふこと無し。五八数を双べて、宝寿の不惑に応へ、日月明を共にして、紫宮の永配に象れり、と。朕祗みて嘉符を承けて、還りて寡徳を恐る。豈朕が力の致す所ならむや。是れ賢佐の成功なり。王公と共に斯の貺を辱くすべし。但し、景命爰に集りて、隆慶伊れ始れり。思ふに、恵沢をして天下に被らしめむことを。天平勝宝九歳八月十八日を改めて、天平宝字元年とすべし。

其れ先の勅に依るに、天下の諸国の調・庸、年毎に一郡を免せ、と。遺れる諸の郡には今年倶に免さしむべし。その掠取める賊徒の資財は、士庶と共に遍く均しく分つべし。また、令に准ふるに、雑徭は六十日なり、と。頃年之間、国郡司ら、法の意を存たず、必ず役使を満たしむ。平民の苦、略、此に由れり。今より已後、皆、半を減すべし。其れ、公私の物を負ひて、未だ備へ償はぬは、是れ家の道の貧乏に由りてなり。実に姧欺の為す所に非ず。古人言へること有り。有餘を損ひ、足らぬを補ふは、天の道なり、と。天平勝宝八年より已前の物を挙せる利は、悉く除免すべし。また、今年の晩稲は稍く亢旱に逢へり。天下の諸国の田租の半を免すべし。寺・神の封はこの例に在らず。その瑞を献れる人白丁金刺舎人麻自は、従六位上に叙し、絁廿疋、調綿卌屯、調布八十端、正税二千束を賜ふべし。執り持ちて参上れる駅使中衛舎人少初位上賀茂君継手は、従八位下に叙し、絁十疋、調綿廿屯、調布廿端を賜ふべし。その奏上せぬ国郡司らは、恩の限に在らず。但し、当郡の百姓には復一年を賜ふ、と。

己丑、駿河国益頭郡人金刺舎人麻自、献二蚕産成レ字。

甲午、勅曰、朕以二寡薄一、忝継二洪基一、君二臨八方一、于レ兹九載。曾無二善政一、日夜憂思。危若レ臨レ淵、慎如レ履レ氷。於レ是、去三月廿日、皇天賜レ我、以二天下大平四字一、表二区宇之安寧一、示二歴数之永固一。爾乃賊臣廃皇子道祖、及安宿・黄文・橘奈良麻呂・大伴古麻呂・大伴古慈斐・多治比国人・鴨角足・多治比犢養・佐伯全成・小野東人・大伴駿河麻呂・答本忠節等、稟性兇頑、昏心転虐、不レ顧二君臣之道一、不レ畏二幽顕之資一、潜結二逆徒一、謀傾二宗社一、悉受二天噴一、咸伏二罪疊一。是以、二叔流言、遂輟二蕭墻一、四凶群類、遠放二辺裔一。京師粛々、已無二痴民一、朝堂寥廓、更有二賢輔一。窃恐、徳非二虞舜一、運属二時艱一、武拙二殷湯一、任当二撥乱一。昼思夜想、廃二寝与レ食。登二民仁寿一、致二化興平一。爰得二駿河国益頭郡人金刺舎人麻自献蚕児成レ字。其文云、五月八日開下帝釈標知天皇命百年息。国内、頂二戴茲祥一、踊躍歓喜、不レ知二進退一。悚息交懐。即下二群臣一議。便奏云、維天平勝宝九歳々次二丁酉一夏五月八日者、是陛下奉二為太上天皇周忌一、設斎悔過之終日也。於レ是、帝釈感二皇帝・皇后之至誠一、開二通天門一、下二鑒勝業一、標二陛下之御宇一、授二百年之遠期一。日月所レ臨、咸看二聖胤繁息一。乾坤所レ載、悉知二宝祚延長一。仁化滂流、寓内安息、慈風遠洽、国家全平之験也。謹案、蚕之為レ物、虎文而有二時蛻一、馬吻而不二相争一。生二長室中一、衣二被天下一。錦繍之麗、於レ是出焉。朝祭之服、於レ是生矣。故令三神虫作レ字、用表二神異一。而今蓄息之間、自呈二霊字一、止レ戈之日、已奏二丹墀一。実是自レ天祐之。吉無レ不レ利。五八双レ数、応二宝寿之不惑一、日月共レ明、象二紫宮之永配一。朕祇承二嘉符一、還恐二寡徳一。豈朕力之所レ致。是賢佐之成功。宜下与二王公一共辱中斯貺上。但景命爰集、隆慶伊始。思俾三恵沢被二於天下一。宜下改二天平勝宝九歳八月十八日一、以為中天平宝字元年上。其依二先勅一、天下諸国調庸、毎レ年免二一郡一者。宜レ令三所レ遺諸郡今年倶免一。其所二掠取一賊徒資財、宜下与二士庶一共遍均分上。又准レ令、雑徭六十日者。頃年之間、国郡司等、不レ存二法意一、必満二役使一。平民之苦、略由二於此一。自レ今已後、皆可レ減レ半。其負二公私物一、未二備償一者、是由二家道貧乏一。実非二奸欺所レ為。古人有レ言。損二有余一補レ不レ足、天之道也。宜自二天平勝宝八年一已前挙レ物之利、悉応二除免一。又今年晩稲稍逢二亢旱一。宜レ免二天下諸国田租之半一。寺神之封、不レ在二此例一。其献レ瑞人白丁金刺舎人麻自、宜下叙二従六位上一、賜中絁廿疋、調綿卌屯、調布八十端、正税二千束上。執持参上駅使中衛舎人少初位上賀茂君継手、応下叙二従八位下一、賜中絁十疋、調綿廿屯、調布廿端上。其不二奏上一国郡司等、不レ在二恩限一。担当郡百姓賜二復一年一。

天平宝字元年八月二十三日

勅して曰はく、人民を統治することは礼楽《らいがく》より善きはなく、礼楽は大学寮と雅楽寮の二寮による。二寮の寮生の苦しむは衣と食となり、天文・陰陽・暦・竿・医・針の学は国家の要なるにより、公廨《くげ》の田を置きて大学寮生供給に用いる。よりて大学・典楽寮に公廨を置く。

【続日本紀】天平宝字元年八月己亥（二十三日）

己亥、勅して曰はく、上を安し民を治むるは、礼より善きは莫し。風を移し俗を易ふるは、楽より善きは莫し。礼楽興るは、惟り二寮に在り。門徒の苦むは、倶衣と食となり。亦是れ天文・陰陽・暦・竿・医・針等の学は、国家の要とする所なり。並に公廨の田を置きて、諸生の供給に用ゐるべし。その大学寮に卅町、雅楽寮に十町、陰陽寮に十町、内薬司に八町、典薬寮に十町。

己亥、勅曰、安レ上治レ民、莫レ善二於礼一。移レ風易レ俗、莫レ善二於楽一。礼楽所レ興、惟在二二寮一。門徒所レ苦、倶衣与食。亦是天文・陰陽・暦・竿・医・針等学、国家所レ要。並置二公廨之田一、応レ用二諸生供給一。其大学寮卅町、雅楽寮十町、陰陽寮十町、内薬司八町、典薬寮十町。

天平宝字元年八月二十五日

勅して曰はく、国を治める大綱は文武にあり。とくに六衛府に射騎田《しゃきでん》を置く。

【続日本紀】天平宝字元年八月辛丑（二十五日）

辛丑、勅して曰はく、国を治むる大綱は、文と武とに在り。一をだに廃むるは可からず。言、前の経に著し。向来、勅を放して文の才を勧めむが為に、職の閑要に随ひて量りて公田を置く。但、武を脩むるに至りては、処分有らず。今故に六衛に射騎田を置き、毎年季冬に、優劣を試みて超群に給ひ、武藝を興さしむべし。その中衛府に卅町、衛門府・左右衛士府・左右兵衛府に各十町、と。

辛丑、勅曰、治レ国大綱、在二文与レ武。廃レ一不レ可。言著二前経一。向来放レ勅、為レ勧二文才一、随二職閑要一、量置二公田一。但至レ脩レ武、未レ有二処分一。今故六衛置二射騎田一、毎年季冬、宜下試二優劣一以給二超群一、令上レ興二武藝一。其中衛府卅町、衛門府・左右衛士府・左右兵衛府各十町。

天平宝字元年閏八月十七日

藤原仲麻呂、祖父鎌足の功田を山階寺に施入して維摩会の復興を請う。山階寺の維摩会は鎌足の創設したるものなり。

【続日本紀】天平宝字元年閏八月壬戌（十七日）

壬戌、紫微内相藤原朝臣仲麻呂ら言さく、臣聞かく、功を不朽に旌すは、国を有つ通規、孝を無窮に思ふは、家を承ぐ大業なり、と。緬に古記を尋ぬるに、淡海大津宮に御宇しし皇帝は、天の縦せる聖君、聡明なる睿主なり。制度を考へ正し、章程を創り立てたまひき。時に、功田一百町を臣が曾祖藤原内大臣に賜ひて、宇内を壱匡せる績を裒め愍げたまふ。世々に絶えず、伝りて今に至れり。爾来、臣ら、祖の勲に因籍りて、冠蓋門を連ね、公卿世を奕ねたり。方に恐るらくは、富貴久しきこと難く、栄華凋み易きことを。是を以て、安くして危きを忘れず、夕に惕れ、厲ぐが如し。忽ち、慮はぬ間に、兇徒の逆を作すこと有り。殆と皇室を傾けて、臣宗を滅さむとす。先の恩を報いぬに、芝蘭幾と敗はれむとす。冀はくは、冥福を修め、長く顕栄を保たむことを。今、山階寺に有る維摩会は、是れ内大臣の起せるなり。願主、化を垂れてより三十年の間に、人の紹ぎ興すこと無くして、この会中廃みぬ。藤原朝庭に至りて、胤子太政大臣、構堂の墜ちむとするを傷み、為山の成らぬを歎く。更に弘誓を発して追ひて先行を継ぐ。年毎の冬十月十日に、始めて勝筵を闢き、内大臣の忌辰に至りて、講を為すことを終へ了る。此は是れ、皇宗を奉翼り、仏法を住持ち、尊霊を引導き、学徒を催勧むるなり。伏して願はくは、この功田を永くその寺に施して、維摩会を助け、弥興り隆えしめて、遂に内大臣の洪業をして、天地と与に長く伝らしめ、皇太后の英声をして、日月と倶に遠く照さしめむことを。天恩、曲に垂れて、儻し臣が見を允したまはば、請ふ、主者に下して、早に施行せしめむことを。微願に任へずして、軽しく聖聴を煩す。戦々兢々として、深きに臨み薄きを履む、と。勅し報へて曰はく、来表を脩め省るに、徳に報ゆること、惟れ深し。勧学の津梁、崇法の師範、朕、卿等と共に茲の因を植ゑむ。所司に告げて施行せしむべし、と。

壬戌、紫微内相藤原朝臣仲麻呂等言、臣聞、旌二功不朽一、有レ国之通規、思二孝無窮一、承レ家之大業。緬尋二古記一、淡海大津宮御宇皇帝、天縦聖君、聡明睿主。考二正制度一、創二立章程一。于レ時、功田一百町、賜二臣曾祖藤原内大臣一、褒下勠壹二匡宇内一之績上。世々不レ絶、伝至二于今一。爾来、臣等因二藉祖勲一、冠蓋連レ門、公卿奕レ世。方恐、富貴難レ久、栄華易レ凋。是以、安不レ忘レ危、夕惕如レ厲。忽有二不レ慮之間、兇徒作レ逆。殆傾二皇室一、将レ滅二臣宗一。未レ報二先恩一、芝蘭幾敗。冀修二冥福一、長保二顕栄一。今有二山階寺一維摩会者、是内大臣之所レ起也。願主垂レ化、三十年間、無二人紹興一、此会中廃。乃至二藤原朝庭一、胤子太政大臣、傷二構堂之将レ墜、歎二為山之未レ成。更発二弘誓一、追継二先行一。則以二毎レ年冬十月十日一、始闢二勝筵一、至二於内大臣忌辰一、終レ為レ講了。此是、奉二翼皇宗一、住二持仏法一、引二導尊霊一、催二勧学徒一者也。伏願、以二此功田一、永施二其寺一、助二維摩会一、弥令二興隆一、遂使下内大臣之洪業、与二天地一而長伝、皇太后之英声、倶二日月一而遠照上。天恩曲垂、儻允二臣見一、請、下二主者一、早令二施行一。不レ任二微願一、軽煩二聖聴一。戦々兢々、臨レ深履レ薄。勅報曰、脩二省来表一、報レ徳惟深。勧学津梁、崇法師範、朕与二卿等一共植二茲因一。宜下告二所司一令中施行上。

天平宝字元年閏八月十八日

夫人橘朝臣古那可智ら橘姓の女性の本姓を改め、広岡朝臣を賜う。また出雲王らの姓を改めて豊野真人と賜う。

【続日本紀】天平宝字元年閏八月癸亥（十八日）

癸亥、夫人正二位橘朝臣古那可智・无位橘朝臣宮子・橘朝臣麻都賀、また正六位上橘朝臣綿裳・橘朝臣真姪に、本の姓を改めて、広岡朝臣を賜ふ。従五位下出雲王・篠原王・尾張王、无位奄智王・猪名部王、姓を豊野真人と賜ふ。

癸亥、夫人正二位橘朝臣古那可智・无位橘朝臣宮子・橘朝臣麻都賀、又正六位上橘朝臣綿裳・橘朝臣真姪、改二本姓一、賜二広岡朝臣一。従五位下出雲王・篠原王・尾張王、无位奄智王・猪名部王、賜二姓豊野真人一。

天平宝字元年閏八月二十一日

勅して、官大寺に戒本師《かいほんし》の田を置き、布薩《ふさち》ごとに、此の物を以て布施に充てる如く、僧綱に告げしむ。

【続日本紀】天平宝字元年閏八月丙寅（二十一日）

丙寅、勅して曰はく、如聞らく、仏法を護持することは、木叉に尚ふること無し。尸羅を勧導くは、実に礼を施すに在り、と。是を以て、官の大寺には別に永く戒本師の田十町を置く。今より已後、布薩を為す毎に、恒にこの物を以て、布施に量り用ゐよ。庶はくは、怠慢の徒をして日にその志を厲しめ、精勤の士をして弥その行を進めしめむことを。僧綱に告げて朕が意を知らしむべし、と。

丙寅、勅曰、如聞、護二持仏法一、無レ尚二木叉一。勧二導尸羅一、実在レ施レ礼。是以、官大寺、別永置二戒本師田十町一。自レ今已後、毎レ為二布薩一、恒以二此物一、量二用布施一。庶使下怠慢之徒日厲二其志一、精勤之士弥進中其行上。宜下告二僧綱一、知中朕意上焉。

天平宝字元年閏八月二十七日
東国からの防人の派遣を停む。

【続日本紀】天平宝字元年閏八月壬申（二十七日）

壬申、勅して曰はく、大宰府の防人に、頃年、坂東の諸国の兵士を差して発遣せり。是に由りて、路次の国、皆、供給に苦みて、防人の産業も亦、弁済し難し。今より已後は、西海道の七国の兵士合せて一千人を差して、防人司に充て、式に依りて鎮戍らしむべし。その府に集る日は、便ち、五教を習はしめよ、と。事は別式に具なり。

壬申、勅曰、大宰府防人、頃年、差二坂東諸国兵士一発遣。由レ是、路次之国、皆苦二供給一、防人産業、亦難二弁済一。自レ今已後、宜下差二西海道七国兵士合一千人一充二防人司一、依レ式鎮戍上。其集レ府之日、便習二五教一。事具二別式一。

天平宝字元年十月六日

調・庸の脚夫の帰還にあたり、粮食・医薬を給すことを京職及び諸国司に下命す。

【続日本紀】天平宝字元年十月庚戌（六日）

冬十月庚戌、勅して曰はく、如聞らく、諸国の庸・調の脚夫、事畢りて郷に帰るとき、路遠くして粮絶ゆ、と。また、行旅の病人を、親しく恤み養ふこと無く、飢死を免れむと欲て、口を餬ひて生を仮る。並に途中に辛苦みて、遂に横斃を致す、と。朕、此を念ひて、深く憫矜を増す。京国の官司に仰せて、粮食・医薬を量り給ひ、勤めて検校を加へ、本郷に達らしむべし。若し官人怠緩して行はぬ者有らば、違勅の罪に科せむ、と。

冬十月庚戌、勅曰、如聞、諸国庸調脚夫、事畢帰レ郷、路遠粮絶。又行旅病人、無二親恤養一、欲レ免二飢死一、餬レ口仮レ生。並辛二苦途中一、遂致二横斃一。朕念二乎此一、深増二憫矜一。宜下仰二京国官司一、量二給粮食医薬一、勤加二検校一、令上レ達二本郷一。若有二官人怠緩不レ行者一、科二違勅罪一。

天平宝字元年十月十一日

十一日、太政官処分により、凡そ国司の公解《くげ》稲の処分方法を定む。

二十三日、諸国の論定数を定む。

【続日本紀】天平宝字元年十月乙卯（十一日）

乙卯（十一日）、太政官処分すらく、比年、諸国の司等、交替の日に、各公解を貪りて競ひ起ちて争論し、自ら上下の序を失ひ、既に、清廉の風を虧けり。理に於て商量するに、此の如くなるべからず。今、故に式を立つ。凡そ国司、公廨を処分する式は、当年の出せる公廨を捴べ計りて、先づ官物の欠負未納を塡め、次に国内の儲物を割きて、後に見残れるを以て、差を作りて処分せよ。その法は、長官に六分、次官に四分、判官に三分、主典に二分、史生に一分なり。その博士・医師は、史生の例に准へよ。員外の官は各当色に准へよ、と。

丁卯（二十三日）、始めて、諸国の論定数を制む。国の大少に随ひて各差有り。事は別式に具なり。

乙卯、太政官処分、此年、諸国司等、交替之日、各貪二公廨一、競起争論、自失二上下之序一、既虧二清廉之風一。於レ理商量、不レ合レ如レ此。今故立レ式。凡国司処二分公廨一式者、捴二計当年所レ出公廨一、先塡二官物之欠負未納一、次割二国内之儲物一、後以二見残一、作レ差処分。其法者、長官六分、次官四分、判官三分、主典二分、史生一分。其博士・医師、准二史生例一。員外官者、各准二当色一。

丁卯、始制二諸国論定数一。随二国大少一各有レ差。事具二別式一。

天平宝字元年十一月九日

勅して、国博士・国医師の任用法を定め、各分野の教科書を指摘する。

【続日本紀】天平宝字元年十一月癸未（九日）

十一月癸未、勅して曰はく、如聞らく、頃年、諸国の博士・医師、多くその才に非ねども託請して選を得、と。唯に政を損ふのみに非ず、亦民に益無し。今より已後、更に然ること得ざれ。その講くべきは、経生は三経。伝生は三史。医生は大素・甲乙・脈経・本草。針生は素問・針経・明堂・脈決。天文生は天官書・漢晋天文志・三色簿讃・韓楊要集。陰陽生は周易・新撰陰陽書・黄帝金匱・五行大義。暦竿生は漢晋律暦志・大衍暦議・九章・六章・周髀・定天論。並に任用すべし。任せらるる後に、給はる公廨一年の分を、必ず、本、業を受くる師に送らしむべし。此の如くなるときは、尊師の道終に行はれて、教資の業永く継ぐこと有らむ。国家の良政、茲より要なるは莫し。所司に告げて早に施行せしむべし、と。

十一月癸未、勅曰、如聞、頃年、諸国博士・医師、多非二其才一、託請得レ選。非二唯損レ政、亦無レ益レ民。自レ今已後、不レ得二更然一。其須レ講、経生者、三経。伝生者、三史。医生者、大素・甲乙・脈経・本草。針生者、素問・針経・明堂・脈決。天文生者、天官書・漢晋天文志・三色簿讃・韓楊要集。陰陽生者、周易・新撰陰陽書・黄帝金匱・五行大義。暦竿生者、漢晋律暦志・大衍暦議・九章・六章・周髀・定天論。並応二任用一。被レ任之後、所レ給公廨一年之分、必応レ令レ送二本受レ業師一。如レ此、則有二尊師之道終行、教資之業永継一。国家良政、莫レ要二於茲一。宜下告二所司一早令中施行上。

天平宝字元年十一月十八日
内裏において肆宴す。皇太子御製の歌。

【万葉集】四四八六番歌

天平寶字元年十一月十八日於内裏肆宴歌二首

天地を　照らす日月の　極みなくあるべきものを　何をか思はむ

右の一首、皇太子の御歌

いざ子ども　狂わざなせそ　天地の　堅めし国そ　大和島根そ

右の一首、内相藤原朝臣奏す

天平寶字元年十一月十八日於内裏肆宴歌二首

天地乎　弖良須日月能　極奈久　阿流倍伎母能乎　奈爾加於毛波牟

右一首皇太子御歌

伊射子等毛　多波和射奈世會　天地能　加多米之久爾會　夜麻登之麻爾波

右一首内相藤原朝臣奏之

天平宝字元年十一月二十三日

勅して六度目にして漸く中国より渡海し来日した鑑真らに備前国水田一百町を賜い、また故新田部親王の旧宅を賜い、此地に伽藍・唐招提寺を建てる。

【東大寺要録】本願章第一

十一月廿三日。勅施㆓鑒真和上新田部親王舊宅㆒。以為㆓戒院㆒。今招提寺是也。并施㆓備前国水田一百町㆒。

【唐大和上東征伝】

五度装束、渡海艱辛、雖被漂廻、本願不退、至第六度邁日本。卌六人惣無常去、退心道俗二百餘人、唯有大和上・学問僧普照・天台僧思託、始終六度、経逾十二年、遂果本願来傳聖戒、方知濟物慈悲、宿因深厚、不惜身命、所度極多、時有四方来学戒律者。縁無供養、多有退還、此事漏聞于天聴、仍以寶字元年丁酉十一月廿三日、勅施備国水田一百町、大和上以此田、欲立伽藍、時有勅旨、施大和上園地一區、是故一品新田部親王之旧宅、普照思託勧請大和上、以此地為伽藍、長傳四分律蔵・法勵四分律疏・鎮国道〔場〕壇鎊崇義記・

宣律〔師〕鈔、以持戒之力、保護国家、和上言大好、即寶字三年八月一日、私立唐律招提名、後請官額、依此為定、還以此日、請善俊師、講件疏記等、所立寺者、今唐招提寺是。

天平宝字元年十一月二十八日

勅して、東大寺唐禅院の十方衆僧の供養料に備前国の墾田一万町を施入す。

【続日本紀】天平宝字元年十一月壬寅（二十八日）

壬寅、勅したまはく、備前国の墾田一百町を永く東大寺唐禅院の十方衆僧の供養料に施す。伏して願はくは、先帝陛下、この芳因に薫ひて、恒に禅林の定影に蔭はれ、茲の妙福を翼として、速に智海の慧舟に乗り、終に蓮華の宝刹に生れて、自ら等覚の真如に契らむことを。皇帝・皇太后は、日月の照り臨むが如くにして、並に万国を治めたまひ、天地の覆ひ載するが若くにして、長く兆民を育み、遂に出世の良因と為して、菩提の妙果を成さしめむ、と。

壬寅、勅、以二備前国墾田一百町一、永施二東大寺唐禅院十方衆僧供養料一。伏願、先帝陛下、薫二此芳因一、恒蔭二禅林之定影一、翼二茲妙福一、速乗二智海之慧舟一、終生二蓮華之宝刹一、自契二等覚之真如一。皇帝・皇太后、如二日月之照臨一、並治二万国一、若二天地之覆載一、長育二兆民一、遂使下為二出世之良因一成中菩提之妙果上。

【扶桑略記】

十一月壬寅日。勅。以二備前墾田一百町一。永施二東大寺唐禅院十方衆僧供養料一。伏願先帝陛下。薫二此芳因一。恒蔭二禅林之定影一。翼二茲妙福一。速乗二智海之恵舟一。終生二蓮華宝刹一。自契二等覚之真如一。

天平宝字元年十二月八日

山階寺の施薬院に越前国の墾田一百町を施入す。

【続日本紀】天平宝字元年十二月辛亥（八日）

十二月辛亥、勅したまはく、普く疾病と貧乏との徒を救ひ養はむが為に、越前国の墾田一百町を永く山階寺の施薬院に施す。伏して願はくは、この善業に因りて、朕、衆生と与に、三檀の福田を来際に窮め、十身の薬樹、塵区を蔭ひ、永く病苦の憂を滅して、共に延寿の楽を保ち、遂に真妙の深理に契りて、自ら円満の妙身を証さむことを、と。

十二月辛亥、勅、普為レ救二養疾病及貧乏之徒一、以二越前国墾田一百町一、永施二山階寺施薬院一。伏願、因二此善業一、朕与二衆生一、三檀福田窮二於来際一、十身薬樹蔭二於塵区一、永滅二病苦之憂一、共保二延寿之楽一、遂契二真妙之深理一、自証二円満之妙身一。

天平宝字元年十二月九日

太政官奏して曰く、功田の等第を議定し、先朝に定めた等第に、新たに等第を定む。

【続日本紀】天平宝字元年十二月壬子（九日）

壬子、太政官奏して曰はく、功を旌し命を錫ふは、聖典の重する攸、善を褒め封を行ふは、明王の務むる所なり。我が天下、乙巳より以来、人々功を立て、各封賞を得たり。但、大・上・中・下、令条に載すと雖も、功田の記文或はその品を落す。今故に昔今を比校してその品を議り定めしむ。大織藤原内大臣、乙巳の年の功田一百町は大功にして世々に絶えず。贈小紫村国連小依が壬申の年の功田一十町、贈正四位上文忌寸祢磨、贈直大壱丸部臣君手は並に同年の功田各八町、贈直大壱文忌寸智徳が同年の功田四町、贈小錦上置始連菟が同年の功田五町、五人は並に中功にして二世に伝ふべし。正四位下下毛野朝臣古麻呂、贈正五位上調忌寸老人、従五位上伊吉連博徳、従五位下伊余部連馬養は並に大宝二年、律令を修めし功田各十町、四人は並に下功にして、その子に伝ふべし。以上十条は、先朝定むる所。贈大錦上佐伯連古麻呂が乙巳の年の功田卌町六段、他に駈け率ゐられて、力を効し姦を誅す。功推さるる所有れども、大と称ふこと能はず。令に依るに上功なり。三世に伝ふべし。従五位上尾治宿禰大隅が壬申の年の功田卌町、淡海朝庭の諒陰の際、義をもちて興し蹕を驚せしめ、潜に関東に出でたまふ。時に大隅参り迎へて導き奉り、私の第を掃ひ清めて、遂に行宮と作し、軍資を供へ助けき。その功実に重し。大に准ふれば及ばず、中に比ぶれば餘り有り。令に依るに上功なり。三世に伝ふべし。贈大雲星川臣麿が壬申の年の功田四町、贈大錦下坂上直熊毛が同年の功田六町、贈正四位下黄文連大伴が同年の功田八町、贈小錦下文直成覚が同年の功田四町。四人は並に戎場を歴渉りて、忠を輸し事に供ふ。功を立つること異なりと雖も、労効是れ同じ。比校するに一ら村国連小依らに同じ。令に依るに中功なり。二世に伝ふべし。大錦下笠臣志太留、吉野大兄が密を告げし功田廿町。告げたる微言は、尋ぬるに露験に非ず。大事を云ふと雖も、理軽重すべし。令に依るに中功なり。二世に伝ふべし。従四位下上道朝臣斐太都が天平宝字元年の功田廿町、人の反けむとするを知りて、告げて芟り除かしむ。論実に重しと雖も、本、専制に非ず。令に依るに上功なり。三世に伝ふべし。小錦下坂合部宿禰石敷が功田六町、使を唐国に奉けたまはりて賊の洲に漂ひ着く。横斃は矜むべし。功を称すことは愜はず。令に依るに下功なり。その子に伝ふべし。正五位上大和宿禰長岡、従五位下陽胡史真身は、並に養老二年の律令を修むる功田各四町。外従五位下矢集宿禰虫麿、外従五位下塩屋連吉麿は、並に同年の功田各五町。正六位上百済人成が同年の功田四町。五人は並に刀筆を執り持ちて、科条を刪り定む。功を成すこと縦多けれども、事、匡難に匪ず。比校するに一ら下毛野朝臣古麿らに同じ。令に依るに下功なり。その子に伝ふべし。以上一十四条は、当今定むる所。

壬子、太政官奏曰、旌レ功錫レ命、聖典攸レ重、褒レ善行レ封、明王所レ務。我天下也、乙巳以来、人々立レ功、各得二封賞一。但大上中下、雖レ載二令条一、功田記文、或落二其品一。今故比二校昔今一、議二定其品一。大織藤原内大臣乙巳年功田一百町、大功世々不レ絶。贈小紫村国連小依壬申年功田一十町、贈正四位上文忌寸祢麿・贈直大壱丸部臣君手、並同年功田各八町、贈直大壱文忌寸智徳同年功田四町、贈小錦上置始連菟同年功田五町、五人並中功、合レ伝二二世一。正四位下下毛野朝臣古麻呂・贈正五位上調忌寸老人・従五位上伊吉連博徳・従五位下伊余部連馬養、並大宝二年修二律令一功田各十町、四人並下功、合レ伝二其子一。以上、十条先朝所レ定。贈大錦上佐伯連古麻呂乙巳年功田卌町六段、被二他駈率一、効レ力誅レ姦。功有レ所レ推、不レ能レ称レ大。依レ令上功。合レ伝二三世一。従五位上尾治宿禰大隅壬申年功田卌町、淡海朝庭諒陰之際、義興驚レ蹕、潜出二関東一。于レ時、大隅参迎奉レ導、掃二清私第一、遂作二行宮一、供二助軍資一。其功実重。准レ大不レ及、比レ中有レ餘。依レ令上功。合レ伝二三世一。贈大雲星川臣麿壬申年功田四町、贈大錦下坂上直熊毛同年功田六町、贈正四位下黄文連大伴同年功田八町、贈小錦下文直成覚同年功田四町。四人、並歴二渉戎場一、輸レ忠供レ事。立レ功雖レ異、労効是同。比校一同二村国連小依等一。依レ令中功。合レ伝二二世一。大錦下笠臣志太留告二吉野大兄密一功田廿町。所レ告微言、尋非二露験一。雖レ云二大事一、理合二軽重一。依レ令中功。合レ伝二二世一。従四位下上道朝臣斐太都天平宝字元年功田廿町、知二人欲レ反、告令二芟除一。論実雖レ重、本非二専制一。依レ令上功。合レ伝二三世一。小錦下坂合部宿禰石敷功田六町、奉二使唐国一漂二着賊洲一。横斃可レ矜。称レ功未レ愜。依レ令下功。合レ伝二其子一。正五位上大和宿禰長岡・従五位下陽胡史真身、並養老二年修二律令一功田各四町。外従五位下矢集宿禰虫麿・外従五位下塩屋連吉麿、並同年功田各五町。正六位上百済人成同年功田四町。五人、並執二持刀筆一、刪二定科条一。成レ功縦多、事匪二匡難一。比校一同二下毛野朝臣古麿等一。依レ令下功。合レ伝二其子一。以上一十四条、当今所レ定。

天平宝字二年正月三日

内裏において肆宴す。皇太子御製の歌。

【万葉集】四四九三番歌

二年春正月三日に、侍従・竪子・玉臣等を召し、内裏の東の屋の垣下に侍はしめ、即ち玉箒を賜ひて肆宴したまふ。ここに、内相藤原朝臣勅を奉じ宣りたまはく、諸王卿等、堪に随ひ意の任に歌を作り并せて詩を賦せよ、と。仍りて詔旨に応へ、各心緒を陳べ、歌を作り詩を賦す。未だ諸人の賦したる詩并せて作る歌を得ず。

初春の初子の今日の玉箒手に取るからに揺らぐ玉の緒

右の一首、右中辨大伴家持が作。ただし、大蔵の政に依りて奏し堪えず。

二年春正月三日、召二侍従竪子王臣等一、令レ侍二於内裏之東屋垣下一、即賜二玉箒肆宴一。于レ時内相藤原朝臣奉レ勅宣、諸王卿等随レ堪任レ意作歌并賦レ詩。仍應二詔旨各陳二心緒一作レ歌賦レ詩。未レ得二諸人之賦詩并作歌一也

始春乃　波都祢乃家布乃　多麻婆波伎　手爾等流可良尔　由良久多麻能乎

右一首右中辨大伴宿祢家持作　但依二大蔵政一不レ堪レ奏レ之

天平宝字二年正月五日

橘奈良麻呂の変後の社会的動揺を鎮むるため詔を発布す。また問氏苦使を巡遣す。

【続日本紀】天平宝字二年正月戊寅（五日）

二年春正月戊寅、詔して曰はく、朕、庸虚を以て忝くも大位を承く。区宇に母とし臨みて、黎元を子とし育ふ。思ふに、賢良と共に風化を清くし、長く宝暦を固くして、久しく兆民を安せむ。豈意はむや、佷戻の近臣、潜に不軌を懐き、同悪相済し、終に乱階を起さむとは。宗社の威霊に頼りて、遽に殲殄に従ふ。既に是れ逆人・親党、私に懐ひて並に自ら安せず。深き愆を犯すと雖も、尚微貶を加へて、其をして坦然として懼るること無からしめ、その反側の心を息めしむ。如聞らく、百僚位に在るときは、仍憂惶有り、と。朕が懐を悉して、疑慮に労れざらしむべし。昔者、張敞は疊を負ひて、更に朱軒を致し、安国は徒を免れて、重ねて青組を紆ふ。咸く能く心を洗ひて節を励し、款を輸して忠を尽せば、事、一時に美くして、誉を千載に流す。今の志士、豈前賢に謝せむや。過咎を改め滌き、己を勉めて自らに新にせよ。方に冀はくは、瑕、徳を掩はずして、要ず良治を待ち、用、材を弃つること靡くして、以て大廈を成さむことを。凡百の列位、斯の言を鏡みて夙夜怠ること無く、務めて爾の職を脩むべし、と。また、詔して曰はく、朕聞かく、天に則りて化を施すは、聖主の遺章、月に順ひて風を宣ぶるは、先王の嘉令なり、と。故に能く、二儀愆つこと無く、四時和協して、休気、率土に布き、仁寿、群生に致せり。今は三陽既に建ちて、万物初めて萌せり。和景惟れ新にして、人、慶を納るべし。是を以て、使を八道に別ち、民苦を巡り問はしめ、務めて貧病を恤みて、飢寒を矜み救はしむ。冀はくは、撫字の道、神を将ちて仁を合せ、亭育の慈、天と事を通はし、疾疫咸く却き、年穀必ず成り、家に寒窶の憂無く、国に来蘇の楽有らむことを。所司、知りて、清平の使を差して、勉めて賑恤を加へ、朕が意に称へしむべし、と。従五位下石川朝臣豊成を京畿内使とす。録事一人。正六位

下藤原朝臣浄弁を東海東山道使。判官一人、録事二人。正六位上紀朝臣広純を北陸道使。正六位上大伴宿禰潔足を山陰道使。正六位上藤原朝臣倉下麻呂を山陽道使。従六位下阿倍朝臣広人を南海道使。正六位上藤原朝臣楓麻呂を西海道使。道別に録事一人。

二年春正月戊寅、詔曰、朕以二庸虚一、忝承二大位一。母二臨区宇一、子二育黎元一。思与二賢良一共清二風化一、長固二宝暦一、久安二兆民一。豈意、佷戻近臣、潜懐二不軌一、同悪相済、終起二乱階一。頼二宗社威霊一、遽従二殲殄一。既是逆人・親党、私懐並不二自安一。雖レ犯二深愆一、尚加二微貶一、使三其坦然無レ懼、息二其反側之心一。如聞、百僚在レ位、仍有二憂惶一。宜下悉二朕懐一、不上レ労二疑慮一。昔者、張敞負レ釁、更致二朱軒一、安国免レ徒、重紆二青組一。咸能洗レ心励レ節、輸レ款尽レ忠、事美二一時一、誉流二千載一。今之志士、豈謝二前賢一。改二滌過咎一、勉レ己自新。方冀、瑕不レ掩レ徳、要待二良治一、用靡レ弃レ材、以成二大廈一。凡百列位、宜下鏡二斯言一、夙夜無レ怠、務脩中爾職上。又詔曰、朕聞、則レ天施レ化、聖主遺章、順レ月宣レ風、先王嘉令。故能二儀無レ愆、四時和協、休気布二於率土一、仁寿致二於群生一。今者、三陽既建、万物初萌。和景惟新、人宜レ納レ慶。是以、別二使八道一、巡二問民苦一、務恤二貧病一、矜二救飢寒一。所レ冀、撫字之道、将レ神合レ仁、亭育之慈、与レ天通レ事、疾疫咸却、年穀必成、家無二寒窶之憂一、国有二来蘇之楽一。所司宜下知差二清平使一、勉加二賑恤一、称中朕意上焉。以二従五位下石川朝臣豊成一為二京畿内使一。録事一人。正六位下藤原朝臣浄弁為二東海東山道使一。判官一人、録事二人。正六位上紀朝臣広純為二北陸道使一。正六位上大伴宿禰潔足為二山陰道使一。正六位上藤原朝臣倉下麻呂為二山陽道使一。従六位下阿倍朝臣広人為二南海道使一。正六位上藤原朝臣楓麻呂為二西海道使一。道別録事一人。

天平宝字二年正月六日

内庭に樹木を植え、肆宴を催す。

【万葉集】四四九五・四四九四番歌（天平宝字二年正月）

六日に、内庭に仮に樹木を植ゑて林帷と作して、肆宴を為したまふ時の歌

うちなびく　春とも著く　うぐひすは　植ゑ木の木間を　鳴き渡らなむ

右の一首、右中弁大伴宿禰家持奏せず。

水鳥の　鴨の羽色の　青馬を　今日見る人は　限りなしといふ

右の一首、七日の侍宴のために、右中弁大伴宿禰家持予めこの歌を作る。ただし、仁王会の事に依りて、却りて六日を以て内裏に諸王卿等を召し酒を賜ひ、肆宴し禄を給ふ。これに因りて奏せず。

六日内庭假植㆓樹木㆒以作㆓林帷㆒而為㆓肆宴㆒歌

打奈婢久　波流等毛之流久　宇具比須波　宇恵木之樹間乎　奈枳和多良奈牟

右一首右中辨大伴宿祢家持不㆑奏

水鳥乃　可毛能羽伊呂乃　青馬乎　家布美流比等波　可藝利奈之等伊布

右一首為㆓七日侍宴㆒右中辨大伴宿祢家持預作㆓此歌㆒　但依㆓仁王會事㆒却以㆓六日㆒於㆓内裏㆒召㆓諸王卿等㆒賜㆑酒肆宴給㆑禄　因㆑斯不㆑奏也

天平宝字二年二月二十日

詔して、濫りに飲酒することを禁じ、また集会するには許可を得て行うべし。

【続日本紀】天平宝字二年二月壬戌（二十日）

壬戌、詔して曰はく、時に随ひて制を立つるは、国を有つ通規にして、代を議りて権を行ふは、昔王の彝訓なり。頃者、民間宴集して動すれば違愆つこと有り。或は同悪相聚りて、濫に聖化を非り、或は酔乱して節無く、便ち闘争を致す。理に拠りて論ふに甚だ道理に乖けり。今より已後、王公已下、供祭・療患を除く以外は、酒飲むこと得ざれ。その朋友・寮属、内外の親情、暇景に至りて相追ひ訪ふべき者は、先づ官司に申して、然る後に集ふこと聴せ。如し犯すこと有らば、五位已上は一年の封禄を停めむ。六位已下は見任を解かむ。已外は決杖八十。冀はくは、将て風俗を淳にして、能く人の善を成し、礼を未識に習ひて、乱を未然に防かむことを、と。

壬戌、詔曰、随㆑時立㆑制、有㆑国通規、議㆑代行㆑権、昔王彝訓。頃者、民間宴集、動有㆓違愆㆒。或同悪相聚、濫非㆓聖化㆒、或酔乱無㆑節、便致㆓闘争㆒。拠㆑理論之、甚乖㆓道理㆒。自㆑今已後、王公已下、除㆓供祭療患㆒以外、不㆑得㆑飲㆑酒。其朋友・寮属、内外親情、至㆓於暇景㆒、応㆓相追訪㆒者、先申㆓官司㆒、然後聴㆑集。如有㆑犯者、五位已上停㆓一年封禄㆒。六位已下解㆓見任㆒。已外決杖八十。冀将淳㆓風俗㆒、能成㆓人善㆒、習㆓礼於未識㆒、防㆓乱於未然㆒也。

天平宝字二年二月二十七日

大和神山に藤の瑞字を生ず。根に虫の彫りなす十六文字あり。

【続日本紀】天平宝字二年二月己巳（二十七日）

己巳、勅して曰はく、大和国守従四位下大伴宿禰稲公らが奏を得るに偁はく、部下城下郡大和神山に奇しき藤を生せり。その根に虫の彫り成す文十六字、王大則并天下人此内任大平臣守昊命とあり、と。即ち、博士に下して議らしむるに、咸云はく、臣、天下を守り、王の大なる則并す。内をこの人に任せば昊命大平ならむ、と。此に知りぬ、群臣忠を尽して、共に天下を守る。王大に覆ひ載せて、兼ね并せずといふこと無し。聖上賢を挙げて、内をこの人に任せば、昊天徳に報いて、命其れ大平ならむといふことを。加以、地は即ち大和神山、藤は此れ当今の宰輔なり。事已に効有り。更に亦何をか疑はむ。朕恭しく天貺を受け、還りて不徳を恐る。吁哉、卿士、戒めよ、慎しめ。敬ひて神の教に順ひて各爾の職を修め、勤めて撫育を存ち、共に良治を致せ。その大和国には今年の調を免すべし。当郡の司には位一級を加ふ。瑞を貢る人大和雑物には特に従六位下に叙し、絁廿疋、綿卌屯、布六十端、正税二千束を賜ふ、と。

己巳、勅曰、得㆓大和国守従四位下大伴宿禰稲公等奏㆒偁、部下城下郡大和神山生㆓奇藤㆒。其根虫彫成文十六字、王大則并天下人此内任大平臣守昊命。即下㆓博士㆒議之、咸云、臣守㆓天下㆒、王大則并。内任㆓此人㆒、昊命大平。此知、群臣尽㆑忠、共守㆓天下㆒。王大覆載、無㆑不㆓兼并㆒。聖上挙㆑賢、内任㆓此人㆒、昊天報㆑徳、命其大平者也。加以、地即大和神山、藤此当今宰輔。事已有㆑効。更亦何疑。朕恭受㆓天貺㆒、還恐㆓不徳㆒。吁哉、卿士、戒之、慎之。敬順㆓神教㆒、各修㆓爾職㆒、勤存㆓撫育㆒、共致㆓良治㆒。其大和国者、宜㆑免㆓今年調㆒。当郡司者、加㆓位一級㆒。貢㆑瑞人大和雑物者、特叙㆓従六位下㆒、賜㆓絁廿疋、綿卌屯、布六十端、正税二千束㆒。

天平宝字二年三月十日

聖武天皇の忌月により端午の節会を停む。

【続日本紀】天平宝字二年三月辛巳（十日）

三月辛巳、詔して曰はく、朕聞かく、孝子の親を思ふこと、身を終ふるまで極り罔し。言を竹帛に編みて千古刊らず、と。去ぬる天平勝宝八歳五月、先帝登遐したまへり。朕、凶閔に遘ひてより、感傷を懐くと雖も、礼の為に防かれて、俯して吉事に従ふ。但し、端五に臨む毎に、風樹心を驚して、席を設け觴を行ふこと、為すに忍びぬ所なり。今より已後、率土の公私、一ら重陽に准へて、永くこの節を停めよ、と。

三月辛巳、詔曰、朕聞、孝子思レ親、終レ身罔レ極。言編二竹帛一、千古不レ刊。去天平勝宝八歳五月、先帝登遐。朕自レ遘二凶閔一、雖レ懐二感傷一、為レ礼所レ防、俯従二吉事一。但毎レ臨二端五一、風樹驚レ心、設レ席行レ觴、所レ不レ忍レ為也。自レ今已後、率土公私、一准二重陽一、永停二此節一。

天平宝字二年六月十一日

陸奥国の奏上によるに、帰順した蝦夷に種子を支給し、田作りを許し、王民とす。

【続日本紀】天平宝字二年六月辛亥（十一日）

辛亥、陸奥国言さく、去年八月より以来、帰降へる夷俘、男女惣て一千六百九十餘人なり。或は本土を去り離れて、皇化に帰慕し、或は身は戦場に渉りて、賊と怨を結ぶ。惣て是れ新に来りて良に安堵せず。亦、夷の性は狼心にして、猶予して疑多し。望み請はくは、天平十年閏七月十四日の勅に准へて、種子を量り給ひ、田佃ること得しめて、永く王民として、辺軍に充てむことを、と。これを許す。

辛亥、陸奥国言、去年八月以来、帰降夷俘、男女惣一千六百九十餘人。或去二離本土一、帰二慕皇化一、或身渉二戦場一、与レ賊結レ怨。惣是新来、良未二安堵一。亦夷性狼心、猶予多レ疑。望請、准二天平十年閏七月十四日勅㆒、量㆓給種子㆒、令㆑得㆑佃㆑田、永為㆓王民㆒、以充㆓辺軍㆒。許㆑之。

天平宝字二年六月二十五日

大和・近江国の史姓の男女ら、史の姓を避け、史姓の者に直の姓を賜う。

【続日本紀】 天平宝字二年六月乙丑（二十五日）

乙丑、大和国葛上郡の人従八位上桑原史年足ら男女九十六人、近江国神埼郡の人正八位下桑原史人勝ら男女一千一百五十五人、同じく言して曰はく、伏して去ぬる天平勝宝九歳五月廿六日の勅書を奉けたまはるに、偁はく、内大臣・太政大臣の名を称ること得ざれ、と。今、年足・人勝らが先祖、後漢の苗裔鄧言興并せて帝利ら、難波高津宮に御宇しし天皇の世に、高麗より転りて、聖境に帰化けり。本、是れ同祖にして、今、数姓に分る。望み請はくは、勅に依りて、一ら史の字を改めて、因て同じき姓を蒙らむことを、と。是に、桑原史・大友桑原史・大友史・大友部史・桑原史戸・史戸の六氏に、同じく桑原直の姓を賜ふ。船史には船直の姓。

乙丑、大和国葛上郡人従八位上桑原史年足等男女九十六人、近江国神埼郡人正八位下桑原史人勝等男女一千一百五十五人同言曰、伏奉㆓去天平勝宝九歳五月廿六日勅書㆒偁、内大臣・太政大臣之名不㆑得㆑称者。今年足・人勝等先祖、後漢苗裔鄧言興并帝利等、於㆓難波高津宮御宇天皇之世㆒、転㆑自㆓高麗㆒、帰㆓化聖境㆒。本是同祖、今分㆓数姓㆒。望請、依㆑勅、一改㆓史字㆒、因蒙㆓同姓㆒。於㆑是、桑原史・大友桑原史・大友史・大友部史・桑原史戸・史戸六氏、同賜㆓桑原直姓㆒。船史船直姓。

天平宝字二年七月三日

問民苦使の奏言により、老丁の年を六十以上、六十五をもって耆老とする。

【続日本紀】天平宝字二年七月癸酉（三日）

秋七月癸酉、勅したまはく、東海東山道問民苦使正六位上藤原朝臣浄弁ら奏して偁はく、両道の百姓、頭を尽して言して曰はく、去ぬる天平勝宝九歳四月四日の恩詔に依りて、中男・正丁は並に一歳を加ふれども、老丁・耆老は倶に恩私を脱く。望み請はくは、一ら中男・正丁に准へて、非常の洪沢に霑はむと欲ふといふ、と。請ふ所、理に当れり。仍りて憫矜むべし。天下の諸国に告げて、今より以後、六十を老丁とし、六十五を耆老とすべし、と。

秋七月癸酉、勅、東海東山道問民苦使正六位上藤原朝臣浄弁等奏偁、両道百姓尽レ頭言曰、依二去天平勝宝九歳四月四日恩詔一、中男・正丁、並加二一歳一、老丁・耆老、倶脱二恩私一。望請、一准二中男・正丁一、以欲レ霑二非常洪沢一者。所レ請当レ理。仍須二憫矜一。宜下告二天下諸国一、自レ今以後、以二六十一為二老丁一、以二六十五一為中耆老上。

天平宝字二年七月四日

皇太后の病により、諸国に勅して殺生を禁ず。

【続日本紀】天平宝字二年七月甲戌（四日）

甲戌、勅したまはく、比来、皇太后、寝膳安からずして、稍く旬日を経たり。朕思ふに、年を延べ疾を済ふは、仁慈に若くは莫し。天下の諸国をして、今日より始めて今年十二月卅日に迄るまで、殺生を禁断せしむべし。また、猪・鹿の類を永く進御ることを得ざらしむ、と。

甲戌、勅、比来、皇太后寝膳不レ安、稍経二旬日一。朕思、延レ年済レ疾、莫レ若二仁慈一。宜レ令下天下諸国、始レ自二今日一、迄二今年十二月卅日一、禁中断殺生上。又以二猪鹿之類一、永不レ得二進御一。

天平宝字二年七月二十八日

朝廷安寧・天下太平ならんがため、国別に金剛般若経を書写して、国分僧寺・尼寺に安置し、金光明最勝王経に副へて転読せしむ。

【続日本紀】天平宝字二年七月戊戌（二十八日）

戊戌、勅したまはく、朝庭安寧に、天下太平ならしめむが為に、国別に金剛般若経卅巻を写し奉りて、国分僧寺に廿巻、尼寺に十巻を安置きて、恒に金光明最勝王経に副へて、並に転読せしめむ、と。

戊戌、勅、為レ令二朝庭安寧、天下太平一、国別奉レ写二金剛般若経卅巻一、安二置国分僧寺廿巻、尼寺十巻一、恒副二金光明最勝王経一、並令二転読一。

天平宝字二年八月一日

高野天皇、皇太子大炊王に譲位す。

【続日本紀】天平宝字二年八月庚子（一日）

天平宝字二年八月庚子の朔、高野天皇、位を皇太子に禅りたまふ。詔して曰はく、現神と御宇天皇が詔旨らまと宣りたまふ勅を、親王・諸王・諸臣・百官人等、衆聞きたまへと宣る。高天原に神積り坐す皇親神魯弃・神魯美命の吾孫の知らさむ食国天下と、事依さし奉りの任に、遠皇祖の御世を始めて天皇が御世御世聞こし看し来る食国高御座の業となも神ながら念し行さくと宣りたまふ天皇が勅を、衆聞きたまへと宣る。かく聞こし看し来る天日嗣高御座の業は天に坐す神・地に坐す祇の相うづなひ奉り相扶け奉る事に依りてし此の座には平けく安けく御坐まして天下は知らしめす物に在るらしとなも神ながら念し行す。

然れども皇と坐して天下の政を聞こし看す事は労しき重しき事に在りけり。年長く日多く此の座に坐せば、荷重く力弱くして負ひ荷ち堪へず。しかのみにあらず、掛けまくも畏き朕がはは皇太后の朝をも人の子の理にえつかへまつらねば、朕が情も日夜安からず。是を以て此の位避りて間の人に在りてし理の如ははには仕へ奉るべしと念し行してなも日嗣と定め賜へる皇太子に授け賜はくと宣りたまふ天皇が御命を、衆聞きたまへと宣る、と。是の日、皇太子禅を受けて天皇の位に大極殿に即きたまふ。

天平宝字二年八月庚子朔、高野天皇禅二位於皇太子一。詔曰、現神御宇天皇詔旨良麻止宣勅乎、親王・諸王・諸臣・百官人等、衆聞食宣。高天原神積坐皇親神魯弃神魯美命吾孫知食国天下止、事依奉乃任尓、遠皇祖御世始弖天皇御世御世聞看来食国高御座乃業止奈母随神所念行久止宣天皇勅、衆聞食宣。加久聞看来天日嗣高御座乃業波、天坐神・地坐祇乃相宇豆奈比奉相扶奉事尓依弖之此座平安御坐弖、天下者所知物尓在良自止奈母随神所念行須。

然皇止坐弖天下政乎聞看事者、労峻重棄事尓在家利。年長久日多久此座坐波、荷重力弱氏之不堪負荷。加以、掛畏朕婆婆皇太后朝乎母人子之理尓不得定省波、朕情母日夜不安。是以、此位避弖間乃人尓在弖之如理婆婆尓仕奉倍自止所念行弖奈母日嗣止定賜流弊皇太子尓授賜久止宣天皇御命、衆聞食宣。是日、皇太子受レ禅、即二天皇位於大極殿一。

天平宝字二年八月一日

孝謙天皇譲位により百官僧綱ら上表して、上台宝字称徳孝謙皇帝と称される。詔あり。

【孝謙天皇詔勅草】 天平宝字二年八月詔書（正倉院文書）

勅、朕覧卿等所請、鴻業良峻、祖祇畏允深、忝以寡薄何当休名(各か)、而上天降祜、帳字開平、厚地薦祥、蚕文表徳、窃惟此事、天意難違、俯従衆願、敬膺典礼、号曰宝字称徳孝謙皇帝、又見上皇太后之尊号、感喜交懐、日呉忘倦、任公卿之所表、従耆緇之所乞、栄曰天平応真仁正皇太后、受此惟新之号、何無洗奮之令、宜改百官之名、載施寛大之沢、其天下見禁囚徒、罪無軽重、咸従放免、但流人至配所、不在此限、其依先格、放却本土、无故不上之徒、悉還本司、又自天平宝字元年已前、監臨自盗、々所監臨、及官物欠負未納悉免、天下諸国隠於山林清行近(逸士カ)七十年已上皆令得度、其中臣忌部、元預神宮常祀、不供奉久年、宜両氏六位已下加位一級、其大学生、医生、針生、暦日生、算生、天文生、陰陽生、年廿五已上叙位一階、其依犯擯出僧等、戒律無闕、移近一国、其鑒真和上、戒律転潔、白頚(頭カ)不変、遠渉滄波、帰我聖朝、号曰大和上、供敬供養、政事躁煩、不敢労老、宜停之、集諸寺僧尼、欲孝(学カ)戒律者、皆属令習、主者施行、

天平宝字二年八月一日

二日山口伊美吉佐美万呂入内、外従五位下茨田枚野・山口忌寸又・船東人粳手叙位一階、正三位当麻真人山背、従三位河内女王、従四(位脱カ)下奈貴女王、従五位下伊刀女王・垂水女王・内真人糸井・粟田朝臣諸姉・藤原影、外従五位下黄文連白女、上道臣広羽女、爪工宿祢飯足二日叙位、外従五位下忌部黒麻呂、諸司主典已上禄法

内相絁八十匹・綿五裏、中納言絁卅匹・綿一裏、参議三(位脱カ)絁廿匹・綿六十屯、参議四位及三位絁十匹・

綿四十屯、四位位絁八匹・綿卅屯、五位絁六匹・綿廿屯、外五位絁四匹・綿十屯、六位絁二匹・布二端、八位初位絁一匹・布一端、神祇官史生伴部大神宮内人祝各布三端、但祢宜准本位、諸社祢宜祝各布二端、女禄法、井上親王絁卅匹・綿二裹、不破親王及夫人絁卅匹・綿一裹、尚蔵絁廿匹・綿六十屯、自余准男僧尼施法、僧正絁廿匹・綿六十屯、大小僧都絁十匹・綿四十屯、律師絁八匹・綿卅屯、諸寺師位僧尼各絁二匹・綿屯(四屯カ)四正三位石川朝臣・従三位船王・池田王・氷上真人・正四上白壁王・従四位上佐伯(令脱カ)毛人・藤原巨勢万呂・従四位下藤原御楯本名千尋・正五位上粟田奈勢万呂・従五位下管(菅カ)生王・従五位上紀五百・阿倍子島・石川豊成・藤原真先(光カ)弓取・当麻浄成・従五位下文馬甘・藤原楓万呂・藤原久須万呂浄弁・紀牛甘佐伯三方・穂積小東人・大野広栖・笠真足・県犬甘吉男・石川広成・中臣毛人・阿倍於宇万呂・大伴東人・管(菅カ)生島足・外宍人倭万呂・広田連小床・宇自可山道大和・斐太万呂・山辺小笠、参議文屋真人智奴・藤原巨勢万呂

現神御宇天皇詔旨良奈麻止宣勅乎、親王諸王諸臣百官人等衆聞食宣、高天原神積坐皇親神魯弃神魯美命、吾孫将知食国天下止、事依奉乃任尓、遠皇祖御世始弖、天皇御世御世聞者来食国高御座乃葉止奈母、随神所念行久止宣天皇勅衆聞食宣、加久聞者来天日嗣高御座乃業波、天坐神地坐祇乃相宇豆奈比奉相扶奉事尓依弖之、此座平安御坐弖、天下者所知物尓在自止奈母、随神所念行須、然皇止坐弖天下政乎聞者事者、労岐重棄事尓在家利、年長久日多久此座坐波、荷重力弱之弖不堪負担、加以挂畏朕婆々皇太后朝乎母人子之理尓不得定省(者カ)波、聖情母日夜不安、是以此位避弖間(聞カ)乃人尓在弖之、如理婆々尓波仕奉倍自止所念行弖奈母、日嗣止定賜弊流皇太子尓授賜久止宣天皇御命、衆聞食宣、内召五位已上宣命

天平宝字二年八月一日

百官・僧綱ら朝堂に詣でて、孝謙天皇と光明皇太后に尊号を上る。

【続日本紀】天平宝字二年八月庚子（一日）

天平宝字二年八月庚子の朔、是の日、百官と僧綱とは朝堂に詣でて表を上り、上臺・中臺の尊号を上る。その百官の表に曰はく、臣仲麻呂ら言す。臣聞くならく、星廻り日薄り、懸象著明なる、これを天と謂ふ。震に出で乾に登り、時に乗して首として出づる、これを聖と謂ふ。天は不言を以て徳とすれども、言に非ずはその神を暢ぶること無し。聖は無名を以て道に体すれども、名に非ずは安にぞその用を詮むべけむ。冬穴夏巣の世、猶典章に昧く、雲官火紀の君、方に徽号を崇ぶ、と。寔に乃ち功業を発揮して尊名を闡揚せり。名の義と為ること、その来ること尚し。伏して惟みるに、皇帝陛下、天下に臨馭したまふこと十有餘年、海内清平にして朝庭に事無し。祥瑞頻に至り、宝字荐に臻れり。乃ち聖、乃ち神、允に文、允に武、諒に得て称ふること無し。国皇嗣を絶つに曁びて、人、彼此を懐ふ。天尊を人願に降して鳴謙克く光れり。乾徳を坤儀に損ひて、鴻基遂に固し。誠敬を展べて遠きを追ひ、攀慕惟れ深し。温清を勤めて顔を承くれば、因心懇に至る。故、九服心を宅して、咸く望雲の慶を荷ひ、万方首を傾けて、倶に就日の輝を承くること有り。皇太后、睿徳、上は昇りて善く儷天の位を穆し、深仁、下は済はれて爰に法地の猷を昭らかにす。日月是に於て貞明に、乾坤これを以て交泰せり。遂に乃ち欽みて顧命を承けて、皇儲を譲り定む。親を弃て疎を挙げて、心公正に在り。実に天下に志存りて、永く一己に私すること無し。既にして神を慧苑に遊ばしめて三空の玄宗を体し、迹を禅林に降して一真の妙覚を開けり。大慈至りて深くして、薬院を建てて普く済ふ。弘願潜に運りて、悲田を設けて広く救ふ。是を以て、煙宸幄に浮きて宝籙祥を呈し、虫藤枝を彫りて禎文徳を告ぐ。

遂に百神協ひ賛けて天平の化窮らず、黎元楽推して地成の徳逾に遠からしむ。臣ら入りては帷扆に参り、出でては周行に廁る。鳴珮曳綸して綿く年祀を積めり。斯の盛徳を観、斯の昌化を戴きて、臣子の義何ぞ称賛すること無けむ。人欲すれば天必ず従ひ、狂ひ言へども聖尚択ふ。謹みて典策に拠りて、敢へて尊号を上る。伏して乞はくは、上臺は宝字称徳孝謙皇帝と称し奉り、中臺は天平応真仁正皇太后と称し奉らむことを。上天休に協ひて鴻名を万歳に伝へ、下人望に従ひて雅称を千秋に揚ぐ。至懇踊躍の甚しきに勝へず。謹みて朝堂に詣で、表を奉りて聞す、と。

僧綱の表に曰はく、沙門菩提ら言す。菩提聞くならく、乾坤は高大に覆載し、これを以て功を顕す。日月は貞明に照臨し、其に由りて用を甄にす。群有を混して饒益し、万物を撫して曲に成すに至る。独り十号の尊を標して、式て四大の極を崇ぶ、と。故能く、徽猷は前古を歴て朽ちず、妙迹は後葉に流れて恒に新なり。然れば徳を表し功を称すことは、名号に由らずといふこと莫し。伏して惟みるに、皇帝陛下、乃ち聖は聖を継ぎ、六合を括りて基を承く。乃ち神は神を襲ね、四溟を環りて光宅す。政道を刑措に期し、懐生を仁宜に駈く。追遠の孝尤も重く、錫類の徳弥厚し。逸遊を念とせず。俯して以みるに、謙卑懐に在り、瑞蚕の藻文は聖寿の瑕祉を薦め、宝字の結象は皇基の永昌を開く。皇太后、心を五乗に遊ばしめ、襟を八正に棲ましむ。化応供に侔しく、道至真に双ぶ。神化の丹青を発揮して、陶甄の鎔範を抑揚せり。正慮独断にして離明を舜浜に捜り、深仁幽覃にして赤文を尭渚に浮ぶ。故、遠きを能くし近きを安くして、至治は成康より美しく、治定まり功成りて、無為は軒昊より盛なり。固に、顕号を垂れ嘉名を建て、三五を軼ぎて英を飛し、八九を超えて茂を騰ぐるに足る者なり。陛下謙譲にして、推せども居らず。菩提ら窃に疑へり。菩提ら逖に前徽を察して、緬く瑕載を鏡るに、時に随ひて制を立て、代を権りて宜に適ふことは、皇王殊なりと雖も、その揆一なり。菩提ら丹款の誠に勝へず。謹みて尊号を上りて、陛下を称して宝字称徳孝謙皇帝と曰し、皇太后を称して天平応真仁正皇太后と曰さむ。伏して願はくは、陛下・皇太后、謙光の小節を抑へて、梵侶の讜言に従ひたまはむことを。庶はくは、蟠木の郷、燭龍の地をして号を問ひ沢を仰ぎ、声を聴き光を傾けしめむことを。凡そ、厥の生に在る、誰か幸甚ならざらむ。沙門菩提ら下情に任へず。謹みて表を奉りて聞す、と。詔し報へて曰はく、朕、卿等の請ふ所を覧るに、鴻業良に峻く、祇畏允に深し。忝く寡薄を以て何ぞ休名に当らむ。而して上天祐を降して帳字平を開き、厚地祥を薦めて蚕文徳を表せり。窃にこの事を惟みるに、天意違き難し。俯して衆願に従ひ、敬ひて典礼に膺らむ。号して宝字称徳孝謙皇帝と曰さむ。また、皇太后に上る尊号を見るに、感喜交懐き、日に興りて倦むことを忘れたり。公卿の表する所に任せ、耆緇の乞ふ所に従ひ、策して天平応真仁正皇太后と曰さむ。この惟新しき号を受けて、何ぞ旧きを洗ふ令無けむ。百官の名を改めて、載ち寛大の沢を施すべし。其れ天下の見禁囚徒は、罪軽重と無く咸く放免に従へ。その先格に依りて本土に放ち却せる无故不上の徒は悉く本司に還せ。また、天平宝字元年より已前の監臨の自ら盗せると、監臨する所に盗せると、官物の欠負未納とは悉く免せ。天下の諸国の山林に隠る清行の近士、十年已上は皆得度せしめよ。其れ中臣・忌部は元より神官の常祀に預りて、供奉を闕かぬこと久年なり。両氏の六位已下に位一級を加ふべし。其れ大学生・医針生・暦筭生・天文生・陰陽生の、年廿五已上に位一階を授けよ。其れ犯に依りて擯出せる僧らの戒律闕くること無きは、移して一国を近くせよ。其れ大僧都鑒真和上は戒行転た潔くして白頭まで変せず。遠く滄波を渉りて、我が聖の朝に帰す。号して大和上と曰して恭敬供養し、政事の躁煩に敢へて老を労せざれ。僧綱の任を停むべし。諸寺の僧尼を集めて戒律を学ばむとする者は、皆属して習はしめよ、と。また勅して曰はく、内相は国に於て功勲已に高し。然れども猶報効行はず、名字加へず。参議、八省の卿、博士らに下し、古に准へて正議奏聞すべし。言ふ所を空しくすること得ず。聴覧を濫に汚すこと無れ、と。

是日、百官及僧綱詣二朝堂一上レ表、上二上臺・中臺尊号一。其百官表曰、臣仲麻呂等言。臣聞、星廻日薄、懸象著明、之謂レ天。出レ震登レ乾、乗レ時首出、之謂レ聖。天以二不言一為レ徳、非レ言無三以暢二其神一。聖以二無名一体レ道、非レ名安可レ詮二其用一。冬穴夏巣之世、猶昧二典章一、雲官火紀之君、方崇二徽号一。寔乃発二揮功業一、闡二揚尊名一。名之為レ義、其来尚矣。伏惟、皇帝陛下、臨二馭天下一、十有餘年、海内清平、朝庭無レ事。祥瑞頻至、宝字荐臻。乃聖乃神、允文允武、諒無二得而称一焉。暨三乎国絶二皇嗣一、人懐二彼此一。降二天尊於人願一、鳴謙克光。損二乾徳於坤儀一、鴻基遂固。展二誠敬一而追レ遠、攀慕惟深。勤二温清一以承レ顔、因心懇至。故有下九服宅レ心、咸荷二望雲之慶一、万方傾レ首、倶承中就日之輝上。皇太后、睿徳上昇、善穆二儷天之位一、深仁下済、爰昭二法地之猷一。日月於レ是貞明、乾坤以レ之交泰。遂乃欽承二顧命一、議二定皇儲一。弁レ親挙レ疎、心在二公正一。実存レ志二於天下一、永無レ私二於一己一。既而遊二神慧苑一、体二三空之玄宗一、降二迹禅林一、開二一真之妙覚一。大慈至深、建二薬院一而普済。弘願潜運、設二悲田一而広救。是以煙浮二宸幄一、宝籙呈レ祥、虫彫二藤枝一、禎文告レ徳。遂使二百神協賛、天平之化不レ窮、黎元楽推、地成之徳逾遠一。臣等入参二帷扆一、出廁二周行一。鳴珮曳綸、綿積二年祀一。観二斯盛徳一、戴二斯昌化一、臣子之義、何無二称賛一。人欲而天必従、狂言而聖尚択。謹拠二典策一、敢上二尊号一。伏乞、奉レ称二上臺宝字称徳孝謙皇帝一、奉レ称二中臺天平真仁正皇太后一。上協二天休一、伝二鴻名於万歳一、下従二人望一、揚二雅称於千秋一。不レ勝二至懇踊躍之甚一。謹詣二朝堂一、奉レ表以聞。僧綱表曰、沙門菩提等言。菩提聞、乾坤高大覆載、以レ之顕レ功。日月貞明照臨、由レ其甄レ用。至下於混㆓群有㆒而饒益、撫㆓万物㆒而曲成㆖。独標㆓十号之尊㆒、式崇㆓四大之極㆒。故能徽猷歴㆓前古㆒以不レ朽、妙迹流㆓後葉㆒而恒新。然則、表レ徳称レ功、莫レ不レ由㆓於名号㆒。伏惟、皇帝陛下、乃聖継レ聖、括㆓六合㆒而承レ基。乃神襲レ神、環㆓四溟㆒而光宅。期㆓政道於刑措㆒、駈㆓懐生於仁宜㆒。追遠之孝尤重、錫類之徳弥厚。不㆘以㆓逸遊㆒為㆖レ念。俯以、謙卑在レ懐、瑞蚕藻文、膺㆓聖寿之遐祉㆒、宝字結象、開㆓皇基之永昌㆒。皇太后、遊㆓心五乗㆒、棲㆓襟八正㆒。化侔㆓広供㆒、道双㆓至真㆒。発㆓揮神化之丹青㆒、抑㆓揚陶甄之鎔範㆒。正慮独断、捜㆓離明於舜浜㆒、深仁幽覃、浮㆓赤文於尭渚㆒。故能レ遠安レ近、至治美㆓於成康㆒、治定功成、無為盛㆓於軒昊㆒。固足㆘以垂㆓顕号㆒建㆓嘉名㆒、軼㆓三五㆒而飛レ英、超㆓八九㆒而騰㆖レ茂者也。陛下謙譲、推而不レ居。菩提等窃疑焉。菩提等、逖察㆓前徽㆒、緬鏡㆓遐載㆒、随レ時立レ制、権レ代適レ宜、皇王雖レ殊、其揆一也。菩提等、不レ勝㆓丹款之誠㆒。謹上㆓尊号㆒、陛下称曰㆓宝字称徳孝謙皇帝㆒、皇太后称曰㆓天平応真仁正皇太后㆒。伏願、陛下・皇太后、抑㆓謙光之小節㆒、従㆓梵侶之讜言㆒。庶使㆓蟠木之郷、燭龍之地、問レ号仰レ沢、聴レ声傾㆒レ光。凡厥在レ生、誰不㆓幸甚㆒。沙門菩提等、不レ任㆓下情㆒。謹奉レ表以聞。詔報曰、朕覧㆓卿等所㆒レ請、鴻業良峻、祗畏允深。忝以㆓寡薄㆒、何当㆓休名㆒。而上天降レ祐、帳字開レ平、厚地薦レ祥、蚕文表レ徳。窃惟㆓此事㆒、天意難レ違。俯従㆓衆願㆒、敬膺㆓典礼㆒。号曰㆓宝字称徳孝謙皇帝㆒。又見㆘上㆓皇太后㆒之尊号㆖、感喜交懐、日興忘レ倦。任㆓公卿之所㆒レ表、従㆓耆緇之所㆒レ乞、策曰㆓天平応真仁正皇太后㆒。受㆓此惟新之号㆒、何無㆓洗レ旧之令㆒。宜㆘改㆓百官之名㆒、載施㆗寛大之沢㆖。其天下見禁囚徒、罪無㆓軽重㆒、咸従㆓放免㆒。其依㆓先格㆒、放㆓却本土㆒、无故不上之徒、悉還㆓本司㆒。又自㆓天平宝字元年㆒已前監臨自盗、盗レ所㆓監臨㆒、及官物欠負未納悉免。天下諸国隠㆓於山林㆒清行近士十年已上、皆令㆓得度㆒。其中臣・忌部、元預㆓神官常祀㆒、不レ闕㆓供奉㆒久年。宜㆔両氏六位已下加㆓位一級㆒。其大学生・医針生・暦竿生・天文生・陰陽生、年廿五已上授二位一階一。其依レ犯擯出僧等、戒律無レ闕、移近二一国一。其大僧都鑒真和上、戒行転潔、白頭不レ変。遠渉二滄波一、帰二我聖朝一。号曰二大和上一、恭敬供養、政事躁煩、不二敢労レ老。宜レ停二僧綱之任一。集二諸寺僧尼、欲レ学二戒律一者、皆属令レ習。又勅曰、内相於レ国、功勲已高。然猶報効未レ行、名字未レ加。宜下下二参議・八省卿・博士等一、准レ古正議奏聞上。不レ得レ空二言所一。無レ濫二汚聴覧一。

天平宝字四年正月四日

高野天皇（孝謙太上天皇）**と淳仁天皇、内安殿に御し、藤原恵美朝臣押勝に従一位を授く。また高野天皇勅を述べ、恵美押勝を大師に任じ、太師を召して随身の契を賜う。**

【続日本紀】天平宝字四年正月丙寅（四日）

丙寅、高野天皇と帝と、内安殿に御しまして、大保従二位藤原恵美朝臣押勝に従一位を授けたまふ。事畢りて、高野天皇、口づから勅して曰はく、乾政官の大臣には、敢へて仕へ奉るべき人無き時は空しく置きて在る官にあり。然るに今大保は必ず仕へ奉るべしと念しませ、多の遍重ねて勅りたまへども、敢ふましじと為て辞び申し、復、受け賜はるべき物なりせば祖父仕へ奉りてまし、然有る物を、知れることも無く、怯く劣き押勝がえ仕へ奉るべき官には在らず、恐し、と。かく申すを、皆人にしも、いなと申すに依りて此の官をば授け給はずと知らしむる事得ず。また祖父大臣の明く浄き心を以て御世累ねて天下申し給ひ、朝庭助け仕へ奉りたぶ事を、うむがしみ辱しと念し行して、挂けまくも畏き聖の天皇が朝、太政大臣として仕へ奉れと勅りたまひけれど、数数辞び申したぶに依りて受け賜はりたばず成りにし事も悔しと念すが故に、今此の藤原恵美朝臣の大保を大師の官に仕へ奉れと授け賜ふ天皇が御命を、衆聞きたまへと宣る、と。即ち、太師を召して随身の契を賜ふ。

丙寅、高野天皇及帝御二内安殿一、授二大保従二位藤原恵美朝臣押勝従一位一。事畢、高野天皇口勅曰、乾政官大臣仁方、敢天仕奉倍伎人無時波空久置弖在官尓阿利。然今大保方必可仕奉之止所念坐せ、多能遍重天勅止毛、敢末之時止為弖辞備申、復可受賜物奈利せ波祖父仕奉天麻自、然有物乎、知所毛無久、怯久劣岐押勝我得仕奉倍岐官尓波不在、恐止申。可久申須乎、皆人仁之モ辞止申仁依天此官乎波授不給止令知流事不得。又祖父大臣乃明久浄岐心以弖御世累弖天下申給比、朝庭助仕奉利多夫事乎、宇牟我自弥辱止念行弖、挂久毛畏岐聖天皇朝、太政大臣止之弖仕奉止勅祁礼止、数数辞備申多夫仁依弖受賜多波受成尓志事毛悔止念賀故仁、今此藤原恵美朝臣能大保乎大師乃官仁仕奉止授賜夫天皇御命、衆聞食宣。即召二太師一賜二随身契一。

天平宝字四年七月二十三日

さきに東大寺に賜える封戸五千戸につき、寺の造営終了したるにより、改めてその用途を定む。

【続日本紀】天平宝字四年七月庚戌（二十三日）

庚戌、また勅して曰はく、東大寺の封五千戸は、平城宮に御宇しし後太上天皇・皇帝・皇太后、去ぬる天平勝宝二年二月廿三日を以て専ら自ら東大寺に参向したまひて、永く件の封を用ゐて寺家に入れ訖りぬ。而して寺を造り了へて後、種々の用事分明なることを宣べず。茲に因りて今追ひて塔寺精舎を営造修理する分一千戸、三宝并せて常住の僧を供養する分二千戸、官家の諸の仏事を修行する分二千戸を議定す、と。

庚戌、又勅曰、東大寺封五千戸者、平城宮御宇後太上天皇・皇帝・皇太后、以二去天平勝宝二年二月廿三日一、専自参二向於東大寺一、永用二件封一入二寺家一訖。而造レ寺了後、種々用事、未レ宣二分明一。因レ茲、今追議下定宮二造修三理塔寺精舎一分一千戸、供二養三宝并常住僧一分二千戸、官家修二行諸仏事一分二千戸上。

天平宝字五年八月三日

高野天皇、淳仁天皇と共に薬師寺に行幸し、呉楽《くれがく》を奏《つかえまつ》る。

【続日本紀】天平宝字五年八月甲子（三日）

甲子、高野天皇と帝と、薬師寺に幸して礼仏したまふ。呉楽を庭に奏る。綿一千屯を施す。

甲子、高野天皇及帝幸二薬師寺一礼仏。奏二呉楽於庭一。施二綿一千屯一。

天平宝字六年五月二十三日

二十三日、高野天皇、淳仁天皇と不和。平城京への帰還にあたり、天皇は中宮院に、高野天皇は法華寺に御したまう。

六月三日、淳仁天皇、五位已上を朝堂に集め、孝謙天皇は国家の大事と賞罰を、常の祀小事は淳仁天皇が行い給うと政柄二分を説く。

【続日本紀】天平宝字六年五月辛丑（二十三日）

辛丑（二十三日）、高野天皇と帝と、隙有り。是に、車駕、平城宮に還りたまふ。帝、中宮院に御しまして、高野天皇は法華寺に御します。

六月庚戌（三日）、五位已上を朝堂に喚し集へて、詔して曰はく、太上天皇の御命以て卿等諸に語らへと宣りたまはく。朕が御祖太皇后の御命以て朕に告りたまひしに、岡宮に御宇しし天皇の日継は、かくて絶えなむとす。女子の継には在れども嗣がしめむと宣りたまひて、此の政行ひ給ひき。かく為て今の帝と立ててすまひくる間に、うやうやしく相従ふ事は无くして、とひとの仇の在る言のごとく、言ふましじき辞も言ひぬ、為ましじき行も為ぬ。凡そかくいはるべき朕には在らず。別宮に御坐坐さむ時、しかえ言はめや。此は朕が劣きに依りてし、かく言ふらしと念し召せば、愧しみいとほしみなも念す。また一つには朕が菩提心発すべき縁に在るらしとなも念す。是を以て出家して仏の弟子と成りぬ。但し政事は、常の祀小事は今の帝行ひ給へ。国家の大事賞罰二つの柄は朕行はむ。かくの状聞きたまへ悟れと宣りたまふ御命を、衆聞きたまへと宣る、と。

辛丑、高野天皇与レ帝有レ隙。於レ是、車駕還二平城宮一。帝御二于中宮院一、高野天皇御二于法華寺一。六月庚戌、喚二集五位已上於朝堂一、詔曰、太上天皇御命以弖卿等諸語部止宣久、朕御祖太皇后乃御命以弖朕尓告之尓、岡宮御宇天皇乃日継波、加久弖絶奈牟止為。女子能継尓波在止母欲令嗣止宣弖、此政行給岐。加久為弖今帝止立弖須麻比久流間尓、宇夜宇也自久相従事波无之弖、斗卑等乃仇能在言期等久、不言岐辞母言奴、不為伎行母為奴。凡加久伊波流倍枳朕尓波不在。別宮尓御坐坐牟時、自加得言也。此波朕劣尓依弖之、加久言良之止念召波、愧自弥伊等保自弥奈母念須。又一尓波朕応発菩提心縁尓在良之止奈母念須。是以、出家弖仏弟子止成奴。但政事波、常祀利小事波今帝行給部。国家大事賞罰二柄波朕行牟。加久能状聞食悟止宣御命、衆聞食宣。

天平宝字七年十月十七日

藤原朝臣弟貞薨ず。天平元年長屋王が自尽の時、その子膳夫王らも父長屋王の子で、母が藤原氏出身の安宿王らは不死を賜う。弟貞の母は藤原氏出身で、奈良麻呂の謀反の由を告げたるにより、高野天皇、これを嘉して姓を藤原、名を弟貞と賜う。

【続日本紀】天平宝字七年十月丙戌（十七日）

丙戌、参議礼部卿従三位藤原朝臣弟貞薨しぬ。弟貞は平城朝の左大臣正二位長屋王の子なり。天平元年、長屋王、罪有りて自ら尽にき。その男従四位下膳夫王、无位桑田王・葛木王・鉤取王も亦皆自ら経りき。時に、安宿王・黄文王・山背王、并せて女教勝も復、坐に従ふべけれども、藤原太政大臣の女が生めるを以て、特に不死を賜ふ。勝宝八歳、安宿・黄文謀反せしとき、山背王陰にその変を上ぐ。高野天皇、これを嘉したまひて、姓を藤原と賜ひ、名を弟貞と曰ふ。

丙戌、参議礼部卿従三位藤原朝臣弟貞薨。弟貞者、平城朝左大臣正二位長屋王子也。天平元年、長屋王有レ罪自尽。其男従四位下膳夫王、无位桑田王・葛木王・鉤取王、亦皆自経。時安宿王・黄文王・山背王、并女教勝、復合レ従レ坐、以二藤原太政大臣之女所一レ生、特賜二不死一。勝宝八歳、安宿・黄文謀反、山背王陰上二其変一。高野天皇嘉レ之、賜二姓藤原一、名曰二弟貞一。

天平宝字八年九月十一日

藤原恵美朝臣押勝謀反す。高野天皇、少納言山村工を遣わして中宮院の鈴印を収めんと、押勝もまたその男訓儒麻呂をして奪わしめんとす。高野天皇、押勝の官位を止め、藤原姓を除き、職分・功封田を収公す。

【続日本紀】天平宝字八年九月乙巳（十一日）

乙巳、太師藤原恵美朝臣押勝の逆謀、頗る泄れたり。高野天皇、少納言山村王を遣して中宮院の鈴・印を収めしむ。押勝これを聞きて、その男訓儒麻呂らをして邀へて奪はしむ。天皇、授刀少尉坂上苅田麻呂・将曹牡鹿嶋足らを遣して、射て殺さしむ。押勝また中衛将監矢田部老を遣して、甲を被り馬に騎り、且詔使を却さしむ。授刀紀船守、亦射殺す。勅して曰はく、太師正一位藤原恵美朝臣押勝并せて子孫は兵を起して逆を作す。仍て官位を解免し、并せて藤原の姓字を除くこと已に畢りぬ。その職分・功封等の雑物は悉く収むべし、と。即ち使を遣して三関を固く守らしむ。

是の夜、押勝、近江に走る。官軍、追討す。

乙巳、太師藤原恵美朝臣押勝逆謀頗泄。高野天皇、遣㆓少納言山村王㆒、収㆓中宮院鈴・印㆒。押勝聞㆑之、令㆓其男訓儒麻呂等邀而奪㆒之。天皇遣㆓授刀少尉坂上苅田麻呂・将曹牡鹿嶋足等㆒射而殺之。押勝又遣㆓中衛将監矢田部老㆒、被㆑甲騎㆑馬、且劫㆓詔使㆒。授刀紀船守亦射殺之。勅曰、太師正一位藤原恵美朝臣押勝并子孫、起㆑兵作㆑逆。仍解㆓免官位㆒、并除㆓藤原姓字㆒已畢。其職分・功封等雑物、宜㆓悉収㆒之。即遣㆑使、固㆓守三関㆒。

是夜、押勝走㆓近江㆒。官軍追討。

天平宝字八年九月十二日

高野天皇、恵美仲麻呂ら官印を盗みて逃去と聞く。北陸道の諸国は太政官の印を捺して用いるべからずと宣う。

【続日本紀】天平宝字八年九月丙午（十二日）

丙午、高野天皇勅したまはく、今聞かく、逆臣恵美仲麻呂、官印を盗み取りて逃げ去りぬ、と。忝くも人臣と為りて飽くまで厚寵を承け、寵極り禍満ちて自ら深刑に陥る。仍て復愚民を劫略して僥倖を為さむと欲ふ。若し勇士有りて自ら謀計を能くし、急に剪除を為さば、即ち重く賞すべし。また、北陸道の諸国は太政官の印を承け用ゐるべからず、と。

丙午、高野天皇勅、今聞、逆臣恵美仲麻呂、盗二取官印一逃去者。忝為二人臣一、飽承二厚寵一、寵極禍満、自陥二深刑一。仍復劫二略愚民一、欲レ為二僥倖一。若有二勇士一、自能二謀計一、急為二剪除一者、即当二重賞一。又北陸道諸国、不レ須レ承二用太政官印一。

天平宝字八年九月十八日

恵美押勝（藤原仲麻呂）の略伝。

天平宝字元年以降、紫微内相・大保・大師を経て、独り権威を擅《ほしきまにま》にするも、時に道鏡禁掖《きんえき》に侍り、寵愛せらる。押勝これを憂いて、高野天皇に諷して、都督使となり、兵《いくさ》を掌りて自ら衛《まも》る。太政官印を用いて行下《あてくだ》す。然して高野天皇と押勝、中宮院の鈴・印の争奪を企てたるにより兵乱起こり、是の日押勝、斬首され、首を京師に伝う。

【続日本紀】 天平宝字八年九月壬子（十八日）

壬子、軍士石村村主石楯、押勝を斬りて、首を京師に伝ふ。押勝は近江朝の内大臣藤原朝臣鎌足の曾孫、平城朝の贈太政大臣武智麻呂の第二子なり。率性聡敏にして略書記に渉る。大納言阿倍少麻呂に従ひて筭を学び、尤もその術に精し。内舎人より大学少允に遷る。天平六年、従五位下を授けられ、任を歴ること通顕なり。勝宝元年、正三位大納言兼紫微令中衛大将に至る。枢機の政独り掌握より出づ。是に由りて豪宗右族皆その勢を妬む。宝字元年、橘奈良麻呂ら謀りてこれを除かむと欲ふ。事廃立に渉りて、反りて為に滅さる。その年、紫微内相に任せらる。二年、大保を拝す。優勅ありて、姓の中に恵美の二字を加へ、名を押勝と曰ふ。功封三千戸・田一百町を賜はり、特に鋳銭・挙稲と恵美の家印を用ゐることとを聴さる。四年、太師に転す。その男正四位上真先、従四位下訓儒麻呂・朝獦を並に参議とし、従五位上少湯麻呂、従五位下薩雄・辛加知・執棹を皆衛府・関国司に任す。その餘の顕要の官も姻戚ならずといふこと莫し。独り権威を擅にして猜防日に甚し。時に道鏡常に禁掖に侍ひて甚だ寵愛せらる。押勝これを患へて懐自ら安からず。乃ち高野天皇に諷して都督使と為り、兵を掌りて自ら衛る。諸国の試兵の法に准拠して、管内の兵士国毎に廿人、五日を番とし、都督衙に集めて武藝を簡閲す。奏聞し畢りて後、私にその数を益し、太政官の印を用ゐて行下す。大外記高丘比良麻呂、禍の己に及ばむことを懼りて、密にその事を奏す。中宮院の鈴・印を収むるに及びて、遂に兵を起して反く。その夜、党与を相招き、道きて宇治より近江に奔り拠る。山背守日下部子麻呂・衛門少尉佐伯伊多智ら、直に田原道を取り、先に近江に至りて勢多橋を焼く。押勝これを見て色を失ひ、即便ち高嶋郡に走りて前少領角家足が宅に宿る。是の夜、星有りて押勝が臥せる屋の上に落つ。その大きさ甕の如し。伊多智ら馳せて越前国に到りて、守辛加知を斬る。押勝知らずして、偽りて塩焼を立てて今帝とし、真先・朝獦らを皆三品とす。餘は各差有り。精兵数十を遣して愛発関に入らしめむとす。授刀物部広成ら拒きてこれを却く。押勝、進退拠を失ひ、即ち船に乗りて浅井郡塩津に向ふ。急に逆風有りて、船漂没せむとす。是に於て、更に山道を取りて直に愛発を指せども、伊多智らこれを拒く。八九人箭に中りて亡せぬ。押勝即ちまた還りて高嶋郡三尾埼に到り、佐伯三野・大野真本らと相戦ふこと、午より申に及ぶ。官軍の疲頓なり。時に従五位下藤原朝臣蔵下麻呂、兵を将ゐて急に至る。真先衆を引きて退く。三野ら、これに乗して、殺し傷ること稍く多し。押勝遥に衆の敗るるを望み、船に乗りて亡ぐ。諸の将、水陸両道より攻む。押勝、勝野の鬼江を阻とし、鋭を尽して拒き戦ふ。官軍これを攻め撃ち、押勝が衆潰ゆ。独り妻子三四人と船に乗りて江に浮ぶ。石楯獲て斬り、及その妻子徒党卅四人皆江の頭に斬る。独り第六子刷雄、少きより禅行を修むるを以て、その死を免れて隠岐国に流さる。

壬子、軍士石村々主石楯斬二押勝一、伝二首京師一。押勝者、近江朝内大臣藤原朝臣鎌足曾孫、平城朝贈太政大臣武智麻呂之第二子也。率性聡敏、略渉二書記一。従二大納言阿倍少麻呂一学レ筭、尤精二其術一。自二内舎人一遷二大学少允一。天平六年、授二従五位下一、歴レ任通顕。勝宝元年、至二正三位大納言兼紫微令中衛大将一。枢機之政、独出二掌握一。由レ是、豪宗右族皆妬二其勢一。宝字元年、橘奈良麻呂等謀欲レ除レ之。事渉二廃立一、反為所レ滅。其年、任二紫微内相一。二年、拝二大保一。優勅、加二姓中恵美二字一、名曰二押勝一。賜二功封三千戸・田一百町一、特聴三鋳銭・挙稲及用二恵美家印一。四年、転二太師一。其男正四位上真先、従四位下訓儒麻呂・朝獦並為二参議一、従五位上少湯麻呂、従五位下薩雄・辛加知・執棹、皆任二衛府・関国司一。其餘顕要之官、莫レ不二姻戚一。独擅二権威一、猜防日甚。時道鏡、常侍二禁掖一、甚被二寵愛一。押勝患レ之、懐不二自安一。乃諷二高野天皇一、為二都督使一、掌レ兵自衛。准二拠諸国試兵之法一、管内兵士毎レ国廿人、五日為レ番、集二都督衙一、簡二閲武藝一。奏聞畢後、私益二其数一、用二太政官印一而行下之。大外記高丘比良麻呂、懼二禍及レ己、密奏二其事一。及レ収二中宮院鈴・印一、遂起レ兵反。其夜、相二招党与一、道自二宇治一奔二拠近江一。山背守早部子麻呂・衛門少尉佐伯伊多智等、直取二田原道一、先至二近江一、焼二勢多橋一。押勝、見レ之失レ色、即便走二高嶋郡一、而宿二前少領角家足之宅一。是夜、有レ星落二于押勝臥屋之上一。

其大如レ甕。伊多智等、馳二到越前国一、斬二守辛加知一。押勝不レ知、而偽立二塩焼一為二今帝一、真先・朝獦等、皆為二三品一。餘各有レ差。遣二精兵数十一、而入二愛発関一。授刀物部広成等拒而却レ之。押勝進退失レ拠、即乗レ船向二浅井郡塩津一。急有二逆風一、船欲二漂没一。於レ是、更取二山道一、直指二愛発一、伊多智等拒レ之。八九人中レ箭而亡。押勝即又還、到二高嶋郡三尾埼一、与二佐伯三野・大野真本等一相戦、従レ午及レ申。官軍疲頓。于レ時、従五位下藤原朝臣蔵下麻呂将レ兵急至。真先引レ衆而退。三野等乗レ之、殺傷稍多。押勝遥望二衆敗一、乗レ船而亡。諸将水陸両道攻之。押勝阻二勝野鬼江一、尽レ鋭拒戦。官軍攻二撃之一、押勝衆潰。独与二妻子三四人一乗レ船浮レ江。石楯獲而斬之、及其妻子徒党卅四人、皆斬二之於江頭一。独第六子刷雄、以三少修二禅行一、免二其死一而流二隠岐国一。

天平宝字八年九月二十日

仲麻呂、自ら擁立した皇太子道祖王を廃し、兄の塩焼王を皇位に即けんとす。然れども官印を押して、その旨を諸国に散布するは詐りなり。

高野天皇、仲麻呂の乱の経緯を整理し、仲麻呂に追放された兄藤原豊成を本官に復し、また諸氏のうち、乱の鎮圧に貢献した人々に叙位す。ついで道鏡を大臣禅師とす。

【続日本紀】 天平宝字八年九月甲寅（二十日）

甲寅、美濃少掾正六位上村国連嶋主、逆党に坐せられて誅せらる。是の日、討賊将軍従五位下藤原朝臣蔵下麻呂ら凱旋して捷を献す。詔して曰はく、逆に穢き奴仲末呂い詐り奸める心を以て兵を発し朝庭を傾け動かさむとして鈴・印を奪ひ、復皇位を掠ひて、先に捨てきらひ賜ひてし道祖が兄塩焼を、皇位には定めつ、と云ひて官印を押して天下の諸国に書を散ちて告げ知らしむ。復云はく、今の勅を承け用ゐよ、先に詐りて勅と称ひて在る事を承け用ゐること得ざれ、と、諸人の心を惑乱はし、三つの関に使を遣りて窃に関を閇ぢ、一つ二つの国に軍丁を乞ひ兵発さしむ。此を見るに仲末呂が心の逆に悪しき状は知りぬ。然れば先に之が奏しし事は毎事に奸み諂ひて在りけり。此を念へば唯己独りのみ朝庭の勢力を得て賞罰の事を一に己が欲しきまにまに行はむと念ひて、兄豊成朝臣を詐りて讒ぢ奏し賜へるに依りて位を退けたまひて、是の年の年ごろ在りつ。然るに今は明らかに仲末呂が詐に在りけりと知りて、本の大臣の位に仕へ奉らしむる事を諸聞きたまへ、と。

復勅りたまはく、悪しく奸しき奴の政の柄を執りて奏したまふ事を以て諸氏の氏人等をも進めつかはすこと理の如も在らずありつ。是を以て、今より後は仕へ奉らむ相のまにまに進め用ゐ賜はむ。然るに之が奏ししく、此の禅師の昼夜朝庭を護り仕へ奉るを見るに、先祖の大臣として仕へ奉りし位名を継がむと念ひて在る人なり、と云ひて、退け賜へ、と奏ししかども、此の禅師の行ひを見るに至りて浄し。仏の御法を継ぎ隆めむと念行しまし朕をも導き護ります己が師をやたやすく退けまつらむと念ひて在りつ。然るに朕は髪をそりて仏の御袈裟を服て在れども、国家の政を行はずあること得ず。仏も経に勅りたまはく、国王い王位に坐す時は菩薩の浄戒を受けよ、と勅りたまひて在り。此に依りて念へば、出家しても政を行ふに豈障るべき物には在らず。故、是を以て、帝の出家しています世には、出家して在る大臣も在るべしと念ひて、楽ひます位にはあらねども、此の道鏡禅師を大臣禅師と位は授けまつる事を諸聞きたまへ、と。

復勅りたまはく、天下の人誰そ君の臣に在らずあらむ。心浄くして仕へ奉らむ、此し実の朕が臣には在らむ。夫れ人として己が先祖の名を興し継ぎひろめむと念はずあるは在らず。是を以て、明く浄き心を以て仕へ奉らむをば氏々の門は絶ちたまはず治め賜はむと勅りたまふ御命を、諸聞きたまへと勅る。また宣りたまはく、仕へ奉る状に随ひて冠位あげ賜ひ治め賜はくと宣る、と。また勅したまはく、道鏡禅師を大臣禅師とす。所司この状を知るべし。職分封戸は大臣に准へて施行せよ、と。正二位藤原朝臣豊成に従一位を授く。従四位上和気王、正五位下山村王に並に従三位。従五位上藤原朝臣浜足・津連秋主に並に正五位下。正四位下池上女王、正五位上藤原朝臣百能に並に従三位。无位藤原朝臣玄信に従五位下。

甲寅、美濃少掾正六位上村国連嶋主、坐㆓逆党㆒被㆑誅。是日、討賊将軍従五位下藤原朝臣蔵下麻呂等凱旋献㆑捷。詔曰、逆仁穢岐奴仲末呂伊詐奸流心乎以天兵乎発朝庭乎傾動武止之天鈴・印乎奪、復皇位乎掠天、先仁捨岐良比賜天之道祖我兄塩焼乎皇位仁方定止云天、官印乎押天天下乃諸国仁書乎散天告知之米。復云久、今乃勅乎承用与、先仁詐天勅止称天在事乎承用流己止不得止云天、諸人乃心乎惑乱三関仁使乎遣天窃仁関乎閇一二乃国仁軍丁乎乞兵発之武。此乎見流仁仲末呂可心乃逆仁悪状方知奴。然先仁之我奏之事方毎事仁奸美諂天在家利。此乎念方唯己独乃未朝庭乃勢力乎得天賞罰事乎一仁己可欲末仁末仁行止念天兄豊成朝臣乎詐天讒治奏賜流尔依天位乎退多末比天是乃年乃年己呂在都。然今方明仁仲末呂可詐在家利止知天本乃大臣乃位仁仕奉之武流事乎諸聞食止宣。復勅久、悪久奸岐奴乃政乃柄乎執天奏多末不事乎以天諸氏々人乎毛進都可方須己止理乃如毛不在阿利都。是以天、今与利後方仕奉良武相乃末仁末仁進用賜武。然之我奏之久、此禅師乃昼夜朝庭乎護仕奉乎見流仁、先祖乃大臣止之天仕奉之位名乎継止念天在人奈利止云天退賜止奏之可止毛、此禅師乃行乎見尔至天浄之。仏乃御法乎継隆武止念行末之朕乎毛導護末須己師乎夜多夜須久退末都良武止念天在都。然朕方髪乎曾利天仏乃御袈裟乎服天在止毛、国家乃政乎不行阿流己止不得。仏毛経仁勅久、国王伊王位仁坐時方菩薩乃浄戒乎受与止勅天在。此仁依天念倍方出家天毛政乎行仁豈障倍岐物仁方不在。故是以天、帝乃出家之天伊末須仁方、出家之天在大臣毛在倍之止念天楽末須位仁方阿良禰止毛、此道鏡禅師乎大臣禅師止位方授末都流事乎諸聞食止宣。復勅久、天下乃人誰曾君乃臣仁不在安良武。心浄久之天仕奉良武、此乃実乃朕臣尓方在武。夫人止之天己我先祖乃名乎興継比呂米武止不念阿流方不在。是以天明久浄峻心以天仕奉乎方氏々門方絶多末方須治賜止勅御命乎、諸聞食止勅。又宣、仕奉状尓随天冠位阿気賜治賜久止宣。又勅、以二道鏡禅師一為二大臣禅師一。所司宜レ知二此状一。職分封戸准二大臣一施行。授二正二位藤原朝臣豊成従一位、従四位上和気王・正五位下山村王並従三位、従五位上藤原朝臣浜足・津連秋主並正五位下、正四位下池上女王・正五位上藤原朝臣百能並従三位、无位藤原朝臣玄信従五位下一。

天平宝字八年九月二十二日

先に制定したる官号改易を廃止し、旧名に復す。

【続日本紀】天平宝字八年九月丙辰（二十二日）

丙辰、勅したまはく、逆人仲麻呂、政を執り、奏して官の名を改む。旧に復すべし、と。

丙辰、勅、逆人仲麻呂執レ政、奏改二官名一。宜レ復レ旧焉。

天平宝字八年九月二十八日

勅して、道鏡の大臣禅師の辞退の表を受けず。改めて前に下せる勅によって大臣禅師となすべしと仰す。先に制定したる官号改易を廃止し、旧名に復す。

【続日本紀】天平宝字八年九月壬戌（二十八日）

壬戌、勅して曰はく、今月廿八日に大臣禅師の位を譲る表を覧て、具に来意を知る。唯沖虚を守りて確けく退譲を陳ぶ。然れども、仏の教を隆にせむと欲ふに、高き位無くは衆を服すること得じ。緇徒を勧奨するに、顕栄に非ずは速に進ましむること難からむ。今この位を施すことは、豈禅師を煩すに俗務を以てせむや。斯の意を昭にして即ち来表を断り、所司一ら前の勅に依りて施行すべし、と。

壬戌、勅曰、今月廿八日、覧二大臣禅師譲レ位表一、具知二来意一。唯守二沖虚一、確陳二退譲一。然欲レ隆二仏教一、無二高位一則不レ得レ服レ衆。勧二奨緇徒一、非二顕栄一則難レ令二速進一。今施二此位一者、豈煩二禅師一以二俗務一哉。宜下昭二斯意一、即断二来表一、所司一依二前勅一施行上。

天平宝字八年九月二十九日

恵美押勝の誅殺されたると告げ、先日、押勝の下せる勅書・官符は悉く焼却すべしと宣い、押勝の乱の終結を天下に知らせる。

【続日本紀】天平宝字八年九月癸亥（二十九日）

癸亥、勅したまはく、逆賊恵美仲麻呂、為性凶悖にして、威福日に久し。然れども含容して、その自ら悛めむことを冀ふ。而るに寵極りて勢凌ぎ、遂に非望を窺ふ。乃ち今月十一日を以て兵を起し逆を作して、鈴・印を掠め奪ひ、窃に氷上塩焼を立てて今皇とす。乾政官の符を造り偽りて兵を三関の諸国に発し、近江国に奔り拠りて越前関に亡げ入る。官軍賁赫として道を分ちて追ひ討つ。同月十八日に、既に仲麻呂并せて子孫と同悪相従ふ氷上塩焼・恵美巨勢麻呂・仲石伴・石川氏人・大伴古薩・阿倍少路らを斬る。逆賊を剪り除けて天人慶を同じくす。遐邇に布れ告げて咸く聞き知らしむべし、と。また勅して曰はく、逆進仲麻呂・右大臣藤原朝臣豊成の不忠を奏す。故に即ち左降す。今既に譏詐なるを知りてその官位を復す。先日下せる勅書・官符等の類は悉く皆焼き却つべし、と。

癸亥、勅、逆賊恵美仲麻呂、為性凶悖、威福日久。然含容冀二其自悛一。而寵極勢凌、遂窺二非望一。乃以二今月十一日一、起レ兵作レ逆、掠二奪鈴・印一、窃立二氷上塩焼一為二今皇一。造二偽乾政官符一、発二兵三関諸国一、奔二拠近江国一、亡二入越前関一。官軍責赫、分レ道追討。同月十八日、既斬二仲麻呂并子孫、同悪相従氷上塩焼・恵美巨勢麻呂・仲石伴・石川氏人・大伴古薩・阿倍少路等一、剪二除逆賊一、天人同レ慶。宜下布二告遐邇一、咸令中聞知上。又勅曰、逆臣仲麻呂、奏二右大臣藤原朝臣豊成不忠一。故即左降。今既知二讒詐一、復二其官位一。宜二先日所レ下勅書・官符等類悉皆焼却一。

天平宝字八年十月七日

押勝を追討せる功労者に位階を加う。

【続日本紀】天平宝字八年十月庚午（七日）

庚午、詔して、親王・大臣の胤と、逆徒を討つに預れる諸氏の人等とに位階を加へ賜ふ。無位諱今上・矢口王・三関王・大宅王・若江王・当麻王・坂上王に並に従五位下を授く。正五位下藤原朝臣浜足に従四位下。

庚午、詔、加下賜親王・大臣之胤及預レ討二逆徒一諸氏人等位階上。無位諱今上・矢口王・三関王・大宅王・若江王・当麻王・坂上王並授二従五位下一。正五位下藤原朝臣浜足従四位下。

天平宝字八年十月九日

高野天皇、和気王・山村王の兵を派遣して中宮院を囲ませ、淳仁天皇を廃し、淡路に幽閉す。

【続日本紀】天平宝字八年十月壬申（九日）

壬申、高野天皇、兵部卿和気王・左兵衛の督山村王・外衛大将百済王敬福らを遣して、兵数百を率ゐて中宮院を囲ましむ。時に帝遽にして衣履に及ばず。使者これを促す。数輩の侍衛奔散して、人の従ふべきもの無し。僅に母家三両人と、歩みて図書寮の西北の地に到りたまふ。山村王詔を宣りて曰はく、挂けまくも畏き朕が天の先帝の御命以て朕に勅りたまひしく、天下は朕が子いましに授け給ふ。事をし云はば、王を奴と成すとも、奴を王と云ふとも、汝の為むまにまに。仮令後に帝と立ちて在る人い、立ちの後に汝のために无礼して従はず、なめく在らむ人をば帝の位に置くことは得ずあれ。また君臣の理に従ひて、貞しく浄き心を以て助け奉侍らむし帝と在ることは得む、と勅りたまひき。かく在る御命を朕また一二の竪子等と侍りて聞きたまへて在り。然るに今の帝として侍る人を此の年ごろ見るに其の位にも堪へず。是のみに在らず。今聞くに、仲麻呂と心を同じくして窃に朕を掃はむと謀りけり。また窃に六千の兵を発しととのひ、また七人のみして関に入れむとも謀りけり。精兵をして押ししひて壊り乱りて、罰ち滅さむと云ひけり。故、是を以て、帝の位をば退け賜ひて、親王の位賜ひて淡路国の公と退け賜ふと勅りたまふ御命を聞きたまへと宣る、と。事畢りて、公とその母とを将ゐて小子門に到り、道路の鞍馬を処めて騎せしむ。右兵衛督藤原朝臣蔵下麻呂、配所に衛り送りて一院に幽む。勅して曰はく、淡路国を大炊親王に賜ふ。国内に有てる官物調庸等の類はその用ゐる所に任す。但し出挙の官稲は一ら常の例に依れ、と。

壬申、高野天皇、遣二兵部卿和気王・左兵衛督山村王・外衛大将百済王敬福等一、率二兵数百一囲二中宮院一。時帝遽而未レ及二衣履一。使者促レ之。数輩侍衛奔散、無二人可一レ従。僅与二母家三両人一、歩到二図書寮西北之地一。山村王宣レ詔曰、挂末久毛畏朕我天先帝乃御命以天朕仁勅之久、天下方朕子伊末之仁授給。事乎之云方、王乎奴止成止毛、奴乎王止云止毛、汝乃為牟末仁末仁。仮令後尓帝止立天在人伊、立乃後仁汝乃多米仁无礼之天不従、奈米久在牟人乎方帝乃位仁置許止方不得。又君臣乃理仁従天、貞久浄岐心乎以天助奉侍牟之帝止在己止方得止勅岐。可久在御命乎朕又一二乃堅子等止侍天聞食天在。然今帝止之天侍人乎此年巳呂見仁其位仁毛不堪。是乃味仁不在。今聞仁、仲麻呂止同心之天窃朕乎掃止謀家利。又窃六千乃兵乎発之等々乃比、又七人乃味之天関仁入牟止毛謀介利。精兵乎之天押之非天壊乱天、罰滅止云介利。故是以、帝位乎方退賜天、親王乃位賜天淡路国乃公止退賜止勅御命乎聞食止宣。事畢将二公及其母一到二小子門一、処二道路鞍馬一騎之。右兵衛督藤原朝臣蔵下麻呂、衛二送配所一、幽二于一院一。勅曰、以二淡路国一賜二大炊親王一。国内所レ有官物調庸等類、任二其所一レ用。但出挙官稲、一依二常例一。

天平宝字八年十月九日

船親王は仲麻呂と通じ、池田親王は馬を多く集めて謀を企てるにより、それぞれ隠岐と土佐に配流す。

【続日本紀】天平宝字八年十月壬申（九日）

壬申、また詔して曰はく、船親王は九月五日に仲麻呂と二人謀りけらく、書作りて朝庭の咎計へて進らむと謀りけり。また仲麻呂が家の物計ふるに書の中に仲麻呂と通はしける謀の文有り。是を以て、親王の名は下して諸王と成して隠岐国に流し賜ふ。また池田親王は此の夏馬多く集へて事謀ると聞しめしき。如是在る事あまたたび奏せり。是を以て、親王の名は下し賜ひて諸王として土左国に流し賜ふと詔りたまふ大命を聞きたまへと宣る、と。

壬申、又詔曰、船親王波九月五日尓仲麻呂止二人謀介良久、書作弖朝庭乃咎計弖将進等謀介利。又仲麻呂何家物計夫流尓書中尓仲麻呂等通家流謀乃文有。是以親王乃名波下弖諸王等成弖隠岐国尓流賜布。又池田親王波此夏馬多集天事謀止所聞支。如是在事阿麻多太比所奏。是以親王乃名波下賜天諸王等志弖土左国尓流賜布止詔大命乎聞食止宣。

【扶桑略記】

天平宝字八年甲辰。十月九日壬申。四十七即位。同日宣命。詔曰。船親王波九月五日爾仲麿止二人謀家良久。書作弖朝庭乃咎計弖。将レ進等謀家利。又仲麿何家物計夫流爾。書中尓仲麿等通家流謀乃文有。是以親王乃名波下弖。諸王等成弖。隠岐国爾流賜布。又池田親王波。此夏馬多集天。事謀止所聞支。如レ是在事阿麻多太比所レ奏。是以親王乃名波下賜天。諸王等志弖。土左国尓流賜布等詔大命乎聞食止宣。

称徳天皇御伝

在位：天平宝字八年十月九日〜神護景雲四年八月四日

天平宝字八年十月九日
称徳天皇即位す。
【扶桑略記】天平宝字八年十月壬申（九日）
称徳天皇　四十九代高野天皇是也　前ニ謂孝謙天皇一　治五年前後合十四年
天平宝字八年甲辰。十月九日壬申。四十七即位。

天平宝字八年十月十四日
称徳天皇、皇太子を定めた故を宣する。即ちその位、人の授くるものでも力づくで競いとるものでもなく、天の授けるものなり。
【続日本紀】天平宝字八年十月丁丑（十四日）
丁丑、詔して曰はく、諸奉侍る上中下の人等の念へらまく、国の鎮とは皇太子を置き定めてし心も安くおだひに在りと、常人の念ひ云へる所に在り。然るに今の間此の太子を定め賜はず在る故は、人の能けむと念ひて定むるも必ず能くしも在らず。天の授けぬを得て在る人は、受けても全く坐す物にも在らず、後に壊れぬ。故、是を以て念へば、人の授くるに依りても得ず、力を以て競ふべき物にも在らず。猶天のゆるして授くべき人は在らむと念ひて定め賜はぬにこそあれ。此の天つ日継の位を朕一り貪りて後の継を定めじとには在らず。今しきの間は念ひ見定めむに天の授け賜はむところは漸漸に現れなむと念てなも定め賜はぬと勅りたまふ御命を、諸聞きたまへ、と。
復勅りたまはく、人人己がひきひき此の人を立てて我が功と成さむと念ひて君の位を謀り、窃に心を通はして人をいざなひすすむこと莫かれ。己がえし成さぬ事を謀るとそ先祖の門も滅し継も絶ちぬる。今より以後には明らかに貞しき心を以てかにかくにと念ひさまたぐ事なくして教へ賜ひのまにま奉侍れと勅りたまふ御命を、諸聞きたまへと勅る、と。

丁丑、詔曰、諸奉侍上中下乃人等乃念良末久、国乃鎮止方皇太子乎置定天之心毛安久於多比仁在止、常人乃念云所仁在。然今乃間此太子乎定不賜在故方、人乃能介武止念天定流毛必能之毛不在。天乃不授所乎得天在人方、受天毛全久坐物仁毛不在、後仁壊。故是以天念方、人乃授流尓依毛不得、力乎以天競倍伎物仁毛不在。猶天乃由流之天授倍伎人方在良牟止念天定不賜奴仁曾阿礼己。此天津日継位乎朕一利貪天後乃継乎不定止仁方不在。今之紀乃間方念見定牟仁天乃授賜方武所方漸漸現奈武止念天奈毛定不賜勅御命乎、諸聞食止勅。復勅久、人人己比岐比岐此人乎立天我功成止念天君位乎謀、窃仁心乎通天人乎伊佐奈比須々牟己止莫。己可衣之不成事乎謀止曾先祖乃門毛滅継毛絶。自今以後仁方明仁貞岐心乎以天可仁可久仁止念佐末多久事奈久之天教賜乃末仁末奉侍止勅御命乎、諸聞食止勅。

天平宝字八年十月十六日

勅して天下に大赦す。また今年の租を免す。

【続日本紀】天平宝字八年十月己卯（十六日）

己卯、勅して曰はく、朕忝く万邦に臨みて、慮を一物に軫む。昧旦より治を思ひ、夕まで惕兢る。而るに賊臣仲麻呂、昏凶狂悖にして逆を作して逋亡す。天網高く張りて咸く誅戮に伏す。朕念はくは、黎庶旧悪を洗滌して新美に遷善せむことを。天下に大赦すべし。今月十六日の昧爽より已前の大辟已下、罪軽重と無く、未発覚も已発覚も、未結正も已結正も、皆赦除せ。但し、仲麻呂が支党と、常赦の免さぬとは、赦の限に在らず。亦頃年水旱して荐に豊稔を失ひ、民或は飢乏して仍て軍興れり。天下の今年の租を免すべし。遐邇に布れ告げて朕が意を知らしめよ、と。

己卯、勅曰、朕忝臨㆓万邦㆒、軫㆓慮一物㆒。昧旦思㆑治、夕惕兢。而賊臣仲麻呂、昏凶狂悖、作㆑逆逋亡。天網高張、咸伏㆓誅戮㆒。朕念、黎庶洗㆓滌旧悪㆒、遷㆓善新美㆒。宜㆑大㆓赦天下㆒。自㆓今月十六日昧爽㆒已前大辟已下、罪無㆓軽重㆒、未発覚・已発覚、未結正・已結正、皆赦除之。但仲麻呂支党及常赦所㆑不㆑免者、不㆑在㆓赦限㆒。亦頃年水旱、荐失㆓豊稔㆒、民或飢乏、仍以軍興。宜㆑免㆓天下今年租㆒。布㆓告遐邇㆒、知㆓朕意㆒焉。

天平宝字八年十月二十一日

在京の囚徒の大辟已下を悉く許すも、逆賊仲麻呂・淡路公・船王・池田王等に関わる者は赦の限りあらず。

【続日本紀】天平宝字八年十月甲申（二十一日）

甲申、勅して曰はく、京に在る見禁囚徒、大辟已下、悉く皆赦除せ。但し、逆賊仲麻呂と淡路公・船王・池田王等との支党は赦の限に在らず、と。

甲申、勅曰、在㆑京見禁囚徒、大辟已下、悉皆赦除。但逆賊仲麻呂及淡路公・船王・池田王等支党、不㆑在㆓赦限㆒。

天平宝字八年十一月二十日

近江の名神に奉幣せしむ。

【続日本紀】天平宝字八年十一月癸丑（二十日）

癸丑、使を遣して、幣を近江国の名神の社に奉らしむ。是より先、仲麻呂が近江に走り拠るや、朝廷遥に望みて国神に禱み請ふ。而して境内を出づること莫くして、即ちその誅に伏す。所以に宿禱を賽す。

癸丑、遣レ使奉二幣於近江国名神社一。先レ是、仲麻呂之走二拠近江一也、朝庭遥望、禱二請国神一。而莫レ出二境内一、即伏二其誅一。所以賽二宿禱一也。

天平宝字八年十二月二十八日

称徳天皇、刑に関わる者、勅して大赦す。

【続日本紀】天平宝字八年十二月庚寅（二十八日）

庚寅、勅して曰はく、朕、寡徳を以て万民に君として臨み、善化未だ宣べず、刑辟猶衆し。宜しく天下に赦すべし、と。

庚寅、勅曰、朕以二寡徳一、君二臨万民一、善化未レ宣、刑辟猶衆。宜司レ赦二天下一。

天平神護元年正月一日

即位す。

【扶桑略記】天平神護元年正月癸巳（一日）

九年乙巳正月一日癸巳。天皇即位。

天平神護元年正月一日

南宮前殿に御して朝を受けさせらる。

【続日本紀】天平神護元年正月癸巳（一日）

天平神護元年春正月癸巳の朔、南宮の前殿に御しまして朝を受けたまふ。

天平神護元年春正月癸巳朔、御二南宮前殿一受レ朝。

天平神護元年正月七日

天平宝字九年正月七日を改めて天平神護元年正月七日とす。また押勝の乱の鎮定に功績のあった者に特別の叙位を行う。

【続日本紀】天平神護元年正月己亥（七日）

己亥、天平神護と改元す。勅して曰はく、朕、眇身を以て、忝くも宝祚を承く。徳化を聞くこと無く、屢奸回を見る。また疫癘荐に臻りて、頻年稔らず。物を傷り所を失ふこと、深隍に納るが如し。その賊臣仲麻呂は外戚の近臣にして、先朝に用ゐらる。委ね寄することを収り勘めて、更に猜疑せず。何ぞ期せむ、禍逆の意を苞蔵して、鴆毒、天下に潜行し、人神の心を犯し怒らしめて、怨気、上玄を感動せしめむとは。幸に神霊の国を護り、風雨の軍を助くるに頼りて、旬日に盈たずして咸く誅戮に伏しぬ。今、元悪已に除きて、同じく遷善に帰せしめ、旧穢を洗滌して、物と与に更に新にせむとす。年号を改めて、天平宝字九年を天平神護元年とすべし。其れ諸国の神祝には、各位一階を加ふべし。その去ぬる九月十一日より十八日に至るまでの、職事と諸司の番上との六位已下の事に供れる者にも、亦各一階を加ふべし。唯正六位上には、例に依りて物を賜ふ。その京中の年七十已上の者には階一級を賜ふ。遐邇に布れ告げて朕が意を知らしめよ、と。また、詔して曰はく、天皇が大御命らまと勅りたまふ大御命を、衆聞きたまへと勅る。仕へ奉る人等の中に、其の仕へ奉る状の随に治め給ふ人も在り。また御軍に仕へ奉れるに依りて治め給ふ人も在り。然るに此のたび賜ふ位冠、常よりは異に在り。かく賜ふ故は、平けき時に奉侍ることは誰しの人か奉侍らず在らむ、如此くうぢはやき時に身命を惜まずして貞しく明く浄き心を以て朝庭を護り奉侍る人等をこそは、治め賜ひ哀み賜ふべき物に在れとなも念す。故、是を以て、今ゆく前にも緩ひ怠る事无くして、諸の劣けむ人等をも教へいざなひ進め、常よりも益す益す勤め結り奉侍れとしてなも、冠位上げ給ひ治め給はくと宣りたまふ御命を、諸聞きたまへと宣る、と。

己亥、改二元天平神護一。勅曰、朕以二眇身一、忝承二宝祚一。無レ聞二徳化一、屢見二姧回一。又疫癘荐臻、頻年不レ稔。傷レ物失レ所、如レ納二深隍一。其賊臣仲麻呂、外戚近臣、先朝所レ用。収二勘委寄一、更不二猜疑一。何期、苞二蔵禍逆之意一、而鴆毒潜二行於天下一、犯二怒人神之心一、而怨気感二動於上玄一。幸頼二神霊護レ国、風雨助レ軍、不レ盈二旬日一、咸伏二誅戮一。今元悪已除、同帰二遷善一、洗二滌旧穢一、与レ物更新。宜下改二年号一、以二天平宝字九年一為中天平神護元年上。其諸国神祝、宜三各加二位一階一。其従二去九月十一日一至二十八日一職事及諸司番上六位已下供レ事者、宜三亦各加二一階一。唯正六位上、依レ例賜レ物。其京中年七十已上者、賜二階一級一。布二告遐邇一、知二朕意一焉。又詔曰、天皇何大御命良麻止勅大御命乎、衆聞食止勅。仕奉人等中尓、其仕奉随状治給人毛在。又御軍尓仕奉尓礼留依弖治給人毛在。然此多比賜位冠、常方与利異仁在。可久賜故方、平支時仁奉侍己止方誰人可不奉侍在牟、如此久宇治方夜支時仁身命乎不惜之天貞久明久浄心乎以天朝庭乎護奉侍流人等乎己曾方、治賜比哀賜倍支物仁在止奈毛念。故是以、今由久前仁毛緩怠事无之天、諸能劣家牟人等乎毛教伊佐奈比進、常与利毛益須益須勤結理奉侍止之天奈毛、冠位上給治給久止宣御命乎、諸聞食止宣。

【扶桑略記】

七日己亥。改㆓天平神護元年㆒。

天平神護元年二月十四日

淡路の廃帝に不穏な動きあり。国司らに警戒を促す。

【続日本紀】天平神護元年二月乙亥（十四日）

乙亥、淡路守国従五位下佐伯宿禰助に勅したまはく、風に聞かく、彼の国に配流せる罪人、稍く逃亡を致せり、と。事、如し実有らば、何を以てか奏せぬ。汝、朕が心に簡ひて、往きて彼の事の動静を監て、必ず早に奏すべし。また聞かく、諸人等、詐りて商人と称りて、多く彼の部に向ふ。国司察らずして、遂に群を成す、と。今より以後、一切に禁断せよ、と。

乙亥、勅㆓淡路国守従五位下佐伯宿禰助㆒、風聞、配㆓流彼国㆒罪人、稍致㆓逃亡㆒。事如有㆑実、何以不㆑奏。汝簡㆓朕心㆒、往監㆓於彼之事動静㆒、必須㆓早奏㆒。又聞、諸人等詐称㆓商人㆒、多向㆓彼部㆒。国司不㆑察、遂以成㆑群。自㆑今以後、一切禁断。

天平神護元年二月二十九日

左右京の籾、各二千斛を東西市に糶《う》る。

【続日本紀】天平神護元年二月庚寅（二十九日）

庚寅、左右京の籾、各二千斛を東西市に糶る。籾、斗ごとに百銭。

庚寅、左右京籾各二千斛、糶二於東西市一。籾斗百銭。

天平神護元年三月二日

多年、不作の備前・備中・備後の三国に天平宝字八年より以前の官稲の未納を免す。

【続日本紀】天平神護元年三月癸巳（二日）

三月癸巳、勅したまはく、比年、旱に遭ひて、歳穀登らず。朕、茲を念ひて、情に甚だ愍惻ぶ。その去年熟らぬ国は、今年、稔むことを得ば、始めて徴り納むべし。若し今年もまた、熟らぬこと有らば、秋時に至るまで、勅処分を待て。その備前・備中・備後の三国は、多年亢旱して、荒弊尤も深し。茲に因りて、負へる正税、進り納むること得ず。天平宝字八年より以前の官稲の未納は咸悉く免すべし、と。

三月癸巳、勅、比年遭レ旱、歳穀不レ登。朕念二於茲一、情甚愍惻。其去年不レ熟之国、今年得レ稔、始須二徴納一。若有二今年又不レ熟者、至二於秋時一、待二勅処分一。其備前・備中・備後三国、多年亢旱、荒弊尤深。因レ茲、所レ負正税、不レ得二進納一。宜二天平宝字八年以前官稲未納咸悉免一之。

天平神護元年三月四日

参河・下総・常陸・上野・下野等の五国旱す。故に、今年の調・庸を減ず。

【続日本紀】天平神護元年三月乙未（四日）

乙未、参河・下総・常陸・上野・下野等の五国旱す。詔して、今年の調・庸十分が七八を復したまふ。

乙未、参河・下総・常陸・上野・下野等五国旱。詔、復二今年調庸十分之七八一。

天平神護元年三月五日

天平十五年の格により、三世一身法に拘わらず、墾田開墾を止めしむ。また王臣家の武器私有を禁じ、三関国から資人の採用を禁ず。政事は天皇の勅にあるも、皇太子を定むるは天地の徴候によるもの、授くべき人の必ず出づるによる。また淡路に侍りし人を擁立せんとするは、志愚かにして天下を治めるは相応しからず。この謀は止むべし。

【続日本紀】天平神護元年三月丙申（五日）

丙申、勅したまはく、今聞かく、墾田は、天平十五年の格に縁るに、今より以後、任に私の財として、三世一身を論ふこと無く、咸悉く永年に取ること莫れ、と。是に由りて、天下の諸人、競ひて墾田を為りて、勢力ある家は百姓を駈役し、貧窮の百姓は自在するに暇無し、と。今より以後、一切に禁断して加墾せしむること勿れ。但し、寺の先来定むる地、開墾の次は禁むる限に在らず。また、当土の百姓、一二町は亦許すべし、と。また、詔したまはく、王臣の中に、心を執ること貞浄ならむ者は、私の家の内に兵器を貯ふべからず。その有てる所は皆官に進れ。また、伊勢・美濃・越前は是れ守関の国なり。その関国の百姓と、餘国の有力の人とは、王臣の資人に宛つべからず。如し違犯すること有らば、国司・資人、同じく違勅の罪に科せむ、と。復、詔して曰はく、天下の政は、君の勅に在るを、己が心のひきひき、太子を立てむと念ひて功を欲する物には在らず。然れども此の位は、天地の置き賜ひ授け賜ふ位に在り。故、是を以て、朕も天地の明らけき奇しき徴の授け賜ふ人は出でなむと念ひて在り。猶今の間は、明らかに清き心を以て、人にもいざなはれず、人をもともなはずして、おのもおのも貞かに能く浄き心を以て奉仕れと詔り賜ふことを聞きたまへ、と。

復有る人は、淡路に侍り坐す人を率て来て、さらに帝と立てて天下を治めしめむと念ひて在る人も在るらしとなも念す。然れども其の人は、天地のうべなみゆるして授け賜へる人にも在らず。何を以てか知るとならば、志愚に、心善からずして天下を治むるに足らず。然のみに在らず、逆に悪しき仲末呂と心を同じくして朝廷を動かし傾けむと謀りて在る人に在り。何ぞ此の人を復立てむと念はむ。今より以後には如此く念ひて謀ること止めよと詔り賜ふ大命を聞きたまへと宣る、と。

丙申、勅、今聞、墾田、縁二天平十五年格一、自レ今以後、任為二私財一、無レ論二三世一身一、咸悉永年莫レ取。由レ是、天下諸人、競為二墾田一、勢力之家、駈二役百姓一、貧窮百姓、無レ暇二自在一。自レ今以後、一切禁断、勿レ令二加墾一。但寺先来定地、開墾之次、不レ在二禁限一。又当土百姓一二町者、亦宜レ許之。又詔、王臣之中、執レ心貞浄者、私家之内、不レ可レ貯二兵器一。其所レ有者、皆以進レ官。又伊勢・美濃・越前者、是守関之国也。宜其関国百姓及餘国有力之人、不レ可三以宛二王臣資人一。如有二違犯一、国司・資人、同科二違勅之罪一。復詔曰、天下政方、君乃勅仁在乎、己可心乃比岐比岐、太子乎立止念天功乎欲須流物仁方不在。然此位方、天地乃置賜比授賜布位尓在。故是以、朕毛天地乃明伎奇岐徴乃授賜人方出奈牟止念天在。猶今乃間方、明仁清支心乎以天、人仁毛伊佐奈方礼須、人乎毛止毛奈方須之天、於乃毛於乃毛貞仁能久浄支心乎以天奉仕止詔己止乎、聞食記《へ》止詔。

復有人方、淡路仁侍坐須人乎率来天、佐良仁帝止立天天下乎治之米无止念天在人毛在良之止奈毛念。然其人方、天地乃宇倍奈弥由流之天授賜流人仁毛不在。何乎以天可知止奈良波、志愚仁、心不善之天天下乎治仁不足。然乃味仁不在、逆悪支仲末呂止同心之天朝廷乎動之傾无止謀天在人仁在。何曾此人乎復立无止念无。自今以後仁方如此久念天謀己止止詔大命乎聞食《へ》止宣。

天平神護元年四月十五日

藤原豊成、先代の賜いたる功封を奉還す。弟仲麻呂の朝廷に謀反を起こすによる。

【続日本紀】天平神護元年四月丙子（十五日）

丙子、右大臣従一位藤原朝臣豊成ら表を上りて言さく、臣らが曾祖大織冠内大臣、義を蹈み忠を懐ひて、身を許して国に奉りき。皇朝、その不世の勲に藉りて、錫ふに無窮の賞を以てしたまへり。胤子正一位太政大臣、罄けく丹誠を陳べ、表を抗げて固辞す。天朝、即ち二千戸を割き賜ひて、伝へて子孫に及べり。臣ら以みるに、累世の家門、久しく栄寵に沐せり。豈悟らむ、逆賊仲麻呂近く臣が族に出でて凶を極め逆を肆にすること、斯の若く甚だしけむとは。今臣ら既に凶逆の囚族を以て、猶忠概の餘封に霑ふ。何の面目を以てか叨に殊厚に近かむ。伏して願はくは、先代の賜はれる功封を納れ奉りて、少しく天下の責を塞がむ。兢惶の至に任ふること無し。表を奉りて聞す、と。詔してこれを許したまふ。

丙子、右大臣従一位藤原朝臣豊成等上レ表言、臣等曾祖大織冠内大臣、蹈レ義懐レ忠、許レ身奉レ国。皇朝、藉二其不世之勲一、錫以二無窮之賞一。胤子正一位太政大臣、罄陳二丹誠一、抗レ表固辞。天朝、即割二賜二千戸一、伝及二子孫一。臣等以、累世家門、久沐二栄寵一。豈悟、逆賊仲麻呂、近出二臣族一、極レ凶肆レ逆、若レ斯之甚。今臣等、既以二凶逆之囚族一、猶霑二忠概之餘封一。以二何面目一、叨近二殊厚一。伏願、奉レ納二先代所レ賜功封一、少塞二天下之責一。無レ任二兢惶之至一。奉レ表以聞。詔許レ之。

天平神護元年四月十六日

左右京の穀各一千石を東西市に糶せしむ。

【続日本紀】天平神護元年四月丁丑（十六日）

丁丑、左右京の穀各一千石を東西市に糶る。米の価踊貴れるを以てなり。

丁丑、左右京穀各一千石、糶二於東西市一。以二米価踊貴一也。

天平神護元年五月二十六日

左右京の穀各一千石を貧民に糶す。

【続日本紀】天平神護元年五月丙辰（二十六日）

丙辰、左右京の籾各一千石を貧しき民に糶る。

丙辰、左右京籾各一千石、糶二於貧民一。

天平神護元年六月十日

左右京の籾各一千石、大膳職の塩一百石を貧しき民に糶す。

【続日本紀】天平神護元年六月庚午（十日）
庚午、左右京の籾各一千石、大膳職の塩一百石を、貧しき民に糶る。
庚午、左右京籾各一千石、大膳職塩一百石、糶㆓於貧民㆒。

天平神護元年七月十四日
左右京の籾三千三百餘石を諸司の官人に糶る。

【続日本紀】天平神護元年七月甲辰（十四日）
庚午、左右京の籾三千三百餘石を諸司の官人に糶る。
庚午、糶㆓左右京籾三千三百餘石於諸司官人㆒。

天平神護元年八月一日
和気王、謀反に坐せられて誅せらる。

【続日本紀】天平神護元年八月庚申（一日）
八月庚申の朔、従三位和気王、謀反に坐せられて乃ち誅せらる。詔して曰はく、今和気に勅りたまはく、先に奈良麻呂らが謀反の事起りて在りし時には、仲麻呂い忠臣として侍りつ。然るに後に逆心を以て朝庭を動かし傾けむとて兵を備ふる時に和気い申して在り。此に依りて官位を昇げ賜ひ治め賜ひつ。かくはあれども仲麻呂も和気も後には猶逆心を以て在りけり。復己が先霊に祈り願へる書を見るに云ひて在らく、己が心に念ひ求むる事をし成し給ひてば、尊き霊の子孫の遠く流して在るをば京都に召し上げて臣と成さむ、と。復、己が怨男女二人在り。此を殺し賜へ、と云ひて在り。是の書を見るに謀反の心在りとは明らかに見つ。是を以て法のまにまに治め賜ふと宣る、と。和気は、一品舎人親王の孫、正三位御原王の子なり。勝宝七歳、姓を岡真人と賜ふ。因幡掾に任す。宝字二年、舎人親王を追ひ尊びて、崇道尽敬皇帝と曰す。是に至りて、属籍を復し、従四位下を授く。八年、参議従三位兵部卿に至る。時に皇統嗣無くして、その人有らず。而して紀朝臣益女、巫鬼を以て著れて、和気に幸せらるることを得たり。心に窺窬を挟みて厚く幣物を賂ふ。参議従四位下近衛員外中将兼勅旨員外大輔式部大輔因幡守粟田朝臣道麻呂、兵部大輔兼美作守従四位上大津宿禰大浦、式部員外少輔従五位下石川朝臣永年等、和気と善くして数その宅に飲む。道麻呂、時に和気と密語す。而して道麻呂が佩ける刀、門の扉に触れて折れき。和気、即ち遺るに装刀を以てしき。是に、人士、心に疑ひて、頗るその事を泄せり。和気これを知りて、その夜、逃げ竄れり。率川社の中に索め獲て、伊豆国に流す。山背国相楽郡に到りて、これを絞りて狛野に埋めり。また、益女を綴喜郡松井村に絞る。是の日、また、詔を下して曰はく、粟田道麻呂、大津大浦、石川長年等に勅りたまはく、朕が師大臣禅師の宣りたまはく、愚痴に在る奴は思ひわく事も無くして、人の不当く无礼しと見咎むるをも知らずして、悪しき友に引率はるる物に在り。是を以て此の奴等し如是く逆に穢き心を発して在りけりとは、既に明らかに知りぬ。此に由りて理は法のまにまに治め給ふべく在り。然れども此の遍は猶道鏡い賜はりて彼等が惑へる心をば教へ導きて貞しく浄き心を以て朝庭の御奴と奉仕らしめむ、と宣りたまふに依りて汝等が罪は免し給ふ。但し官は解き給ふ。散位として奉仕れと勅りたまふ御命を聞きたまへ、と。また勅りたまはく、今より往く前に小けき過も在らむ人に率はるとし聞しめさば、必ず法のまにまに罪なひ給ひきらひ給はむと勅りたまふ御命を聞きたまへと宣る、と。居ること十餘日にして、道麻呂を飛驒員外介とす。その怨家従四位下上道朝臣斐太都を守とす。斐太都、任に到りて即ち道麻呂夫婦を一院に幽む。往来を通さぬこと月を積み日を餘して、並に院中にして死ぬ。従四位上大津連大浦を日向守とし、その位封を奪ふ。従五位下石川朝臣永年を隠伎員外介とす。任に到りて数年にして自ら縊りて死ぬ。

八月庚申朔、従三位和気王坐二謀反一乃誅。詔曰、今和気仁勅久、先尓奈良麻呂等我謀反乃事起天在之時仁方、仲麻呂伊忠臣止之天侍都。然後仁逆心乎以天朝庭乎動傾止天兵乎備流時仁、和気伊申天在。此尓依天官位乎昇賜治賜都。可久方阿礼止毛仲麻呂毛和気毛後仁方猶逆心以天在家利。復己我先霊仁祈願幣留書乎見流仁云天在良久、己我心仁念求流事乎之成給天波、尊霊乃子孫乃遠流天在乎方京都仁召上天臣止成无止云利。復、己怨男女二人在。此乎殺賜幣止云天在。是書乎見流尓謀反乃心在止波明仁見都。是以天法乃末尓末尓治賜止宣。和気者一品舎人親王之孫、正三位御原王之子也。勝宝七歳、賜二姓岡真人一。任二因幡掾一。宝字二年、追二尊舎人親王一、曰二崇道尽敬皇帝一。至レ是、復二属籍一、授二従四位下一。八年、至二参議従三位兵部卿一。于レ時、皇統無レ嗣、未レ有二其人一。而紀朝臣益女以二巫鬼一著、得レ幸二和気一。心挟二窺窬一、厚賂二幣物一。参議従四位下近衛員外中将兼勅旨員外大輔式部大輔因幡守粟田朝臣道麻呂・兵部大輔兼美作守従四上大津宿禰大浦・式部員外少補従五位下石川朝臣永年等、与二和気一善、数飲二其宅一。道麻呂、時与二和気一密語。而道麻呂佩刀、触二門屏一折。和気、即遺以二装刀一。於レ是、人士心疑、頗泄二其事一。和気知レ之、其夜逃竄。索二獲於率川社中一、流二伊豆国一。到二于山背国相楽郡一、絞レ之埋二于狛野一。又絞二益女於綴喜郡松井村一。是日、又下レ詔曰、粟田道麻呂・大津大浦・石川長年等尓勅久、朕師大臣禅師乃宣久、愚痴仁在奴方思和久事毛無之天、人乃不当无礼止見咎牟流乎毛不知之天、悪友尓所引率流物在。是以此奴等之如是久逆穢心乎発天在計利止方、既明仁知ぬ。由此天理波法乃末尓末尓治給倍久在。然此遍方猶道鏡伊所賜天彼等我惑心乎方教導天貞久浄支心乎以天朝庭乃御奴止奉仕之米无止宣尓依天、汝等我罪方免給。

但官方解給不。散位止之天奉仕止勅御命乎、聞食へ止宣。又勅久、従今往前仁小過毛在人仁所率流止之所聞波、必法乃末尓末仁罪奈比給岐良此給止勅御命乎、聞食倍止宣。居十餘日、以㆓道麻呂㆒為㆓飛驒員外介㆒。以㆓其怨家従四位下上道朝臣斐太都㆒為㆑守。斐太都到㆑任、即幽㆓道麻呂夫婦於一院㆒。不㆑通㆓往来㆒、積㆑月餘㆑日、並死㆓院中㆒。従四位上大津連大浦為㆓日向守㆒、奪㆓其位封㆒。従五位下石川朝臣永年為㆓隠伎員外介㆒。到㆑任数年、自縊而死。

天平神護元年九月八日

新しき銭を造り、神后開宝と曰う。

【続日本紀】天平神護元年九月丁酉（八日）

丁酉、更に新しき銭を鋳る。文を神功開宝と曰ふ。前の新しき銭と並に世に行はしむ。

丁酉、更鋳㆓新銭㆒。文曰㆓神功開宝㆒。与㆓前新銭㆒並行㆓於世㆒。

天平神護元年九月二十一日

紀伊国に幸せむと思い、大和・河内・和泉等の国に行宮を造らしむ。

【続日本紀】天平神護元年九月庚戌（二十一日）

庚戌、使を遣して、行宮を大和・河内・和泉等の国に造らしむ。紀伊国に幸せむと欲たまふを以てなり。

庚戌、遣㆑使造㆓行宮於大和・河内・和泉等国㆒。以㆑欲㆑幸㆓紀伊国㆒也。

天平神護元年十月十三日

十三日、紀伊国に行幸す。

十九日、玉津嶋に市鄽《いちくら》を置きて、陪従と当国の百姓等とをして任に交関せしむ。

三十日、弓削寺に幸し仏を礼み、庭にて唐・高麗の楽を奏す。


【続日本紀】天平神護元年十月辛未（十三日）

辛未（十三日）、紀伊国に行幸したまふ。是の日、大和国高市郡の小治田宮に到りたまふ。

壬申（十四日）、車駕、大原・長岡を巡り歴、明日川に臨みて還りたまふ。

癸酉（十五日）、檀の山陵を過ぐるときに、陪従の百官に詔して、悉く下馬せしめて、儀衛にその旗幟を巻かしめたまふ。是の日、宇智郡に到りたまふ。

甲戌（十六日）、進みて紀伊国伊都郡に到りたまふ。

乙亥（十七日）、那賀郡鎌垣行宮に到りたまふ。通夜雨堕る。

丙子（十八日）、天晴る。進みて玉津嶋に到りたまふ。

丁丑（十九日）、南の浜、海を望む楼に御しまして、雅楽と雑伎とを奏らしめたまふ。権に市鄽を置きて、陪従と当国の百姓等とをして任に交関せしめたまふ。

庚辰（二十二日）、淡路公、幽憤に勝へず、垣を踰えて逃ぐ。守佐伯宿禰助、掾高屋連並木ら兵を率ゐてこれを邀る。公還りて明くる日に院中に薨しぬ。

癸未（二十五日）、還りて海部郡岸村行宮に到りたまふ。

甲申（二十六日）、和泉国日根郡深日行宮に到りたまふ。

乙酉（二十七日）、同じき郡新治行宮に到りたまふ。

丙戌（二十八日）、河内国丹比郡に到りたまふ。

丁亥（二十九日）、弓削行宮に到りたまふ。

戊子（三十日）、弓削寺に幸して仏を礼みたまふ。唐・高麗の楽を庭に奏る。刑部卿従三位百済王敬福らも亦、本国の儛を奏る。


辛未、行二幸紀伊国一。以二正三位諱一為二御前次第司長官一。是日、到二大和国高市郡小治田宮一。

壬申、車駕、巡二歴大原・長岡一、臨二明日川一而還。

癸酉、過二檀山陵一、詔二陪従百官一、悉令二下馬一、儀衛巻二其旗幟一。是日、到二宇智郡一。

甲戌、進到二紀伊国伊都郡一。

乙亥、到二那賀郡鎌垣行宮一。通夜雨堕。

丙子、天晴。進到二玉津嶋一。

丁丑、御二南浜望レ海楼一、奏二雅楽及雑伎一。権置二市鄽一、令三陪徒及当国百姓等任為二交関一。

庚辰、淡路公、不レ勝二幽憤一、踰レ垣而逃。守佐伯宿禰助・掾高屋連並木等、率レ兵邀レ之。公還明日、薨二於院中一。

癸未、還到二海部郡岸村行宮一。

甲申、到二和泉国日根郡深日行宮一。

乙酉、到二同郡新治行宮一。

丙戌、到二河内国丹比郡一。

丁亥、到二弓削行宮一。
戊子、幸二弓削寺一礼レ仏。奏二唐・高麗楽於庭一。刑部卿従三位百済王敬福等、亦奏二本国儛一。

天平神護元年閏十月一日

弓削寺に食封二百戸、知識寺に五十戸を捨《ほどこ》す。

【続日本紀】天平神護元年閏十月己丑（一日）

閏十月己丑の朔、弓削寺に食封二百戸、知識寺に五十戸を捨す。

閏十月己丑朔、捨二弓削寺食封二百戸、知識寺五十戸一。

天平神護元年閏十月二日

道鏡を太政大臣禅師とす。

【続日本紀】天平神護元年閏十月庚寅（二日）

庚寅、詔して曰はく、今勅りたまはく、太政官の大臣は、奉仕るべき人の侍り坐す時には、必ず其の官を授け賜ふ物に在り。是を以て朕が師大臣禅師の朕を守りたび助け賜ぶを見れば、内外二種の人等に置きて其の理に慈哀《うつくし》びて過无くも奉仕らしめてしかと念ほしめしてかたらひのりたぶ言を聞くに、是の太政大臣の官を授けまつるには敢へたびなむかとなも念す。故、是を以て、太政大臣禅師の位を授けまつると勅りたまふ御命を、諸聞きたまへ、と。

復勅りたまはく、是の位を授けまつらむと申さば必ず敢へじいなと宣りたばむと念してなも、申さずして是の太政大臣禅師の御位を授けまつると勅りたまふ御命を、諸聞きたまへと宣る、と。文武の百官に詔して、太政大臣禅師を拝賀せしめたまふ。事畢りて、弓削寺に幸して仏を礼みたまふ。唐・高麗の楽と黒山・企師部の儛とを奏る。太政大臣禅師に綿一千屯を施したまふ。僧綱と百官の番上已上と、直丁・担夫に至るまで、各差有り。内豎・衛府には特に新しき銭を賜ふ。亦差有り。

庚寅、詔曰、今勅久、太政官能大臣方奉仕倍伎人乃侍坐時仁方、必其官乎授賜物仁在。是以、朕師大臣禅師乃朕乎守多比助賜乎見礼方、内外二種乃人等仁置天其理仁慈哀天過无久毛奉仕之米天志可等念保之米之天可多良比能利多布言乎聞久仁、是乃太政大臣乃官乎授末都流仁方敢多比奈牟可止奈毛念。故是以、太政大臣禅師乃位乎授末都留止勅御命乎、諸聞食止宣。復勅久、是位乎授末津良牟止申佐方必不敢伊奈等宣多方牟止念之天奈毛、不申之天是乃太政大臣禅師乃御位授末都留止勅御命乎、諸聞食止宣。詔㆓文武百官㆒、令㆑拝㆓賀太政大臣禅師㆒。事畢、幸㆓弓削寺㆒礼㆑仏。奏㆓唐・高麗楽及黒山・企師部儛㆒。施㆓太政大臣禅師綿一千屯㆒。僧綱及百官番上已上至㆓直丁・担夫㆒、各有㆑差。内豎・衛府特賜㆓新銭㆒。亦有㆑差。

天平神護元年閏十月三日

詔して、河内・和泉の調を免したまふ。

【続日本紀】天平神護元年閏十月辛卯（三日）

辛卯、詔して、河内・和泉の今年の調は皆原免に従はしめたまふ。その河内国大県・若江の二郡、和泉国の三郡の田租も亦免す。また、行宮の側近の高年七十已上の者に物を賜ふ。死罪已下を犯せるは皆赦除す。十悪と盗とは赦の限に在らず。また、郡司供奉の人等に爵并せて物を賜ふこと差有り。守正五位下石上朝臣息嗣に正五位上を授く。介正六位上石川朝臣望足に従五位下。和泉守従五位下紀朝臣鯖麻呂に従五位上。両国の軍毅四人に各一階を進む。是の日、還りて因幡宮に到りたまふ。

辛卯、詔、河内・和泉今年之調、皆従二原免一。其河内国大県・若江二郡、和泉国三郡田租亦免。又行宮側近高年七十已上者賜レ物。犯二死罪已下一皆赦除。十悪及盗不レ在二赦限一。又郡司供奉人等、賜二爵并物一有レ差。授二守正五位下石上朝臣息嗣正五位上、介正六位上石川朝臣望足従五位下、和泉守従五位下紀朝臣鯖麻呂従五位上一。両国軍毅四人各進二一階一。是日、還到二因幡宮一。

天平神護元年十一月五日

諸国の神社を修造せしむ。

【続日本紀】天平神護元年十一月壬戌（五日）

壬戌、使を遣して、神社を天下の諸国に修造らしむ。

壬戌、遣レ使修二造神社於天下諸国一。

天平神護元年十一月十六日

十六日、重祚するにより大嘗会を行う。美濃国を由機とし、越前国を須伎とす。

二十三日、天皇、既に仏弟子となるも、天社・国社の神々を祭り、親王以下、百官人等、天下公民のために、再び天の下を統治す。また神仏は相触れないものと思われるも、経典には、仏法を守護し、大嘗祭を執り行わんとするものなり。

【続日本紀】天平神護元年十一月癸酉（十六日）

癸酉（十六日）、是より先、廃帝、既に淡路に遷れり。天皇、重ねて万機に臨みたまふ。是に、更に大嘗の事を行ふ。美濃国を由機とし、越前国を須伎とす。

庚辰（二十三日）、詔して曰はく、神祇伯正四位下中臣朝臣清麻呂、その心名の如くして、清慎に勤労きて、累に神祇官に奉る。朕、これを見て誠に嘉すること有り。是を以て、従三位を授く、と。また、詔して曰はく、由紀・須伎二国の守等に命りたまはく、汝たちは、貞かに明き心を以て朝庭の護りとして関に奉供ればこそ、国は多く在れども美濃と越前と御占に合ひて大嘗の政事を取り以て奉供るらしと念し行してなも位冠賜はくと宣る、と。美濃守正五位下小野朝臣竹良に従四位下を授く。介正六位上藤原朝臣家依に従五位下。越前守従五位上藤原朝臣継縄に従四位下。介従五位下弓削宿禰牛養に従五位上。また、詔して曰はく、今勅りたまはく、今日は大新嘗のなほらひの豊明聞し行す日に在り。然るに此の遍の常より別に在る故は、朕は仏の御弟子として菩薩の戒を受け賜はりて在り。此に依りて上つ方は三宝に供奉り、次には天社・国社の神等をもゐやびまつり、次には供奉る親王たち臣たち百官の人等、天下の人民諸を愍み賜ひ慈び賜はむと念ひてなも還りて復天下を治め賜ふ。故、汝等も安らけくおだひに侍りて、由紀・須岐二国の献れる黒紀・白紀の御酒を赤丹のほにたまへゑらき常も賜ふ酒幣の物を賜はり以て退れとしてなも御物賜はく、と。復勅りたまはく、神等をば三宝より離けて触れぬ物ぞとなも人の念ひて在る。然れども経を見まつれば仏の御法を護りまつり尊びまつるは諸の神たちにいましけり。故、是を以て、出家せし人も白衣も相雑はりて供奉るに豈障る事は在らじと念ひてなも、本忌みしが如くは忌まずして、此の大嘗は聞し行すと宣りたまふ御命を、諸聞きたまへと宣る、と。

癸酉、先レ是、廃帝、既遷二淡路一。天皇、重臨二万機一。於レ是、更行二大嘗之事一。以二美濃国一為二由機一、越前国為二須伎一。

庚辰、詔曰、神祇伯正四位下中臣朝臣清麻呂、其心如レ名、清慎勤労、累奉二神祇官一。朕、見レ之誠有レ嘉焉。是以、授二従三位一。又詔曰、由紀・須伎二国守等仁命久、汝多知方、貞仁明伎心乎以天朝庭乃護止之天関仁奉供礼方己曽、国方多久在止毛美濃止越前止御占尓合天大嘗乃政事乎取以天奉供良之止念行天奈毛位冠賜久止宣。授二美濃守正五位下小野朝臣竹良従四位下、介正六位上藤原朝臣家依従五位下、越前守従五位上藤原朝臣継縄従四位下、介従五位下弓削宿禰牛養従五位上一。又詔曰、今勅久、今日方大新嘗乃猶良比乃豊明聞行日仁在。然此遍乃常与利別仁在故方、朕方仏乃御弟子等之天菩薩乃戒乎受賜天在。此仁依天上都方波三宝仁供奉、次仁方天社・国社乃神等乎毛為夜備末都利、次仁方供奉留親王多知臣多知百官乃人等、天下乃人民諸乎愍賜慈賜牟止念天奈毛還天復天下乎治賜。故汝等毛安久於多比仁侍天、由紀・須岐二国乃献礼留黒紀・白紀乃御酒乎赤丹乃保仁多末倍恵良伎常毛賜酒幣乃物乎賜方利以天退止為天奈毛御物賜方久止宣。復勅久、神等乎方三宝余利離天不触物曽止奈毛人乃念天在。然経乎見末都礼方、仏乃御法乎護末都利尊末都流方諸乃神仁多知伊末志家利。故是以、出家人毛白衣毛相雑天供奉仁豈障事波不在止念天奈毛、本忌之可如久方不忌之天、此乃大嘗方聞行止宣御命乎、諸聞食止宣。

天平神護元年十一月二十七日

右大臣従一位藤原朝臣豊成薨しぬ。

【続日本紀】天平神護元年十一月甲申（二十七日）

甲申、右大臣従一位藤原朝臣豊成薨しぬ。

甲申、右大臣従一位藤原朝臣豊成薨。

天平神護元年

是の年、西大寺建立し、金銅四天王像を安置す。

【扶桑略記】天平神護元年

同年。天皇造二西大寺一。安二置供二養七尺金銅四天王像一。件天等像三躰。奉レ鋳如レ意成畢。今一躰。至二于七度一鋳損未レ熟。天王誓曰。朕若依二此功徳一永異二女身一。可レ成二仏道一者。銅沸入レ手。今度鋳成。若願不レ可レ階者。朕手焼損。以レ之為レ験矣。爰御手无レ疵。天像成了。見者聴者称歎罔レ極。

【西大寺資財流記帳巻第一】縁起坊地第一

夫西大寺者　平城宮御宇

寶字称徳孝謙皇帝。去天平寶字八年九月十一日。誓願将下敬造二七尺金銅四王像一。兼建中彼寺上矣。乃以二天平神護元年一。創鑄二件像一。以開二伽藍一也。居地参拾壹町。在二右京一條三四坊一。東限二佐貴路一。除二東北角喪儀寮一。南限二一條南路一。西限二京極路一。除二山陵八町一。北限二京極路一。

【東大寺要録】本願章第一

天平宝字八年九月十一日大発願造二七尺金銅四天王像一兼立二伽藍一。西大寺是也。

【七大寺巡礼私記】西大寺

四王院之金銅四天王像高七尺三寸、等身吉祥天、斯像者平城宮御宇宝字称徳孝謙皇帝、去天平宝字八年九月十

一日誓願造七尺金銅四天像軍《ママ》建此寺、以天平神護元年、創鑄件像以開伽藍云々、見縁起、

天平神護二年正月八日

藤原朝臣永手は、後継者の絶えぬようにとの配慮から、右大臣の官を授けらる。

【続日本紀】天平神護二年正月甲子（八日）

二年春正月甲子、詔して曰はく、今勅りたまはく、掛けまくも畏き近淡海の大津宮に天下知らしめしし天皇が御世に奉侍りましし藤原大臣、復後の藤原大臣に賜ひて在るしのひことの書に勅りたまひて在らく、子孫の浄く明き心を以て朝廷に奉侍らむをば必ず治め賜はむ、其の継は絶ち賜はじと勅りたまひて在るが故に、今藤原永手朝臣に右大臣の官を授け賜ふと勅りたまふ天皇が御命を、諸聞きたまへと宣る、と。

二年春正月甲子、詔曰、今勅久、掛畏岐近淡海乃大津宮仁天下所知行之天皇我御世尓奉侍末之之藤原大臣、復後乃藤原大臣尓賜天在留志乃比己止乃書尓勅天在久、子孫乃浄久明伎心乎以天朝廷尓奉侍牟乎波必治賜牟、其継方絶不賜止勅天在我故尓、今藤原永手朝臣尓右大臣之官授賜止勅天皇御命遠、諸聞食止宣。

天平神護二年正月十七日

右大臣の第に幸し、正二位を授く。

【続日本紀】天平神護二年正月癸酉（十七日）

癸酉、右大臣の第に幸し、正二位を授けたまふ。その室正五位上大野朝臣仲智に従四位下。

癸酉、幸二右大臣第一、授二正二位一。其室正五位上大野朝臣仲智従四位下。

天平神護二年二月二十日

勅して、近江国近郡の稲穀五万斛を、松原倉に貯い納めしむ。

【続日本紀】天平神護二年二月丙午（二十日）

丙午、勅したまはく、夫れ蓄貯は、国を為むる本なり。近江国近郡の稲穀五万斛を募り運びて、松原倉に貯ひ納めしむべし。白丁は、五百斛を運ばば一階を叙せよ。三百五十斛を加ふる毎に一階を進めよ。位有るひとは、三百斛毎に一階を加へ叙せよ。並に正六位上に過ぐること勿れ、と。

丙午、勅、夫蓄貯者、為レ国之本。宜レ令下募二運近江国近郡稲穀五万斛一、貯中納於松原倉上。白丁、運二五百斛一叙二一階一。毎レ加二三百五十斛一進二一階一。有レ位、毎二三百斛一加二叙一階一。並勿レ過二正六位上一。

天平神護二年三月十二日

大納言正三位藤原朝臣真楯薨しぬ。藤原朝臣縄麿・大伴宿禰伯麿を使して弔わしむ。

【続日本紀】天平神護二年三月丁卯（十二日）

丁卯、大納言正三位藤原朝臣真楯薨しぬ。平城朝の贈正一位太政大臣房前の第三子なり。真楯は度量弘深にして、公輔の才有り。春宮大進より起家して、稍く遷りて正五位下式部大輔兼左衛士督に至る。官に在りては公廉にして、慮私に及ばず、感神聖武皇帝の寵遇特に渥し。詔して、特に奏宣吐納に参らしめたまふ。明敏にして時に誉有り。従兄仲満は心にその能を害はむとす。真楯これを知りて、病と称して家居し、頗る書籍を翫へり。天平の末、出でて大和守と為る。勝宝の初、従四位下を授けられて参議を拝し、累に信部卿兼大宰帥に遷さる。時に、渤海使楊承慶、朝礼云に畢りて本蕃に帰らむとす。真楯、宴餞を設く。承慶甚だ称歎す。宝字四年、従三位を授けられ、更に名を真楯と賜はる。本名は八束なり。八年、正三位勲二等兼授刀大将に至る。神護二年、大納言を拝し、式部卿を兼ぬ。薨しぬる時、年五十二。賜ふに大臣の葬を以てす。民部卿正四位下兼勅旨大輔侍従勲三等藤原朝臣縄麿・右少弁従五位上大伴宿禰伯麿を使して弔はしむ。

丁卯、大納言正三位藤原朝臣真楯薨。平城朝贈正一位太政大臣房前之第三子也。真楯、度量弘深、有二公輔之才一。起二家春宮大進一、稍遷至二正五位下式部大輔兼左衛士督一。在レ官公廉、慮不レ及レ私。感神聖武皇帝、寵遇特渥。詔、特令レ参二奏宣吐納一。明敏有レ誉二於時一。従兄仲満、心害二其能一。真楯知レ之、称レ病家居、頗翫二書籍一。天平末、出為二大和守一。勝宝初、授二従四位下一、拝二参議一、累遷二信部卿兼大宰帥一。于レ時、渤海使楊承慶、朝礼云畢、欲レ帰二本蕃一。真楯設二宴餞一焉。承慶甚称歎之。宝字四年、授二従三位一、更賜二名真楯一。本名八束。八年、至二正三位勲二等兼授刀大将一。神護二年、拝二大納言一兼二式部卿一。薨時、年五十二。賜以二大臣之葬一。使二民部卿正四位下兼旨大輔侍従勲三等藤原朝臣縄麿・右少弁従五位上大伴宿禰伯麿一弔之。

天平神護二年四月七日

大宰府、東国の防人を旧の如く戍に配置を求む。勅して、陸奥の城柵を作るに東国の力役を興す。今聞く、東国の防人多く筑紫に留れり。検括を加え、欠如する所を補う。

【続日本紀】天平神護二年四月壬辰（七日）

夏四月壬辰、大宰府言さく、賊を防き辺を戍るは、本より東国の軍に資れり。衆を恃み威を宣ぶるは、是れ筑紫の兵のみに非ず。今筑前等六国の兵士を割きて防人とし、その遺れるを以て分番して上下せしむ。人勇健に非ずは、防守済し難し。望み請はくは、東国の防人旧に依りて戍に配せむことを、と。勅したまはく、陸奥の城柵を修り理むるに、多く東国の力役を興す。事、彼此通融して、各その宜しきを得べし。今聞かく、東国の防人多く筑紫に留れり、と。検括を加へ、且つ戍に配すべし。即ちその数に随ひて六国の点せる防人を簡ひ却けて、状を具にして奏し来れ。その欠けたる所を計りて、東人を差点して三千に塡てむ。斯れ乃ち東国は労軽くして、西辺は兵足らむ、と。

夏四月壬辰、大宰府言、防レ賊戍レ辺、本資二東国之軍一。恃レ衆宣レ威、非二是筑紫之兵一。今割二筑前等六国兵士一、以為二防人一、以二其所レ遺、分番上下。人非二勇健一、防守難レ済。望請、東国防人、依レ旧配レ戍。勅、修二理陸奥城柵一、多興二東国力役一。事須三彼此通融、各得二其宜一。今聞、東国防人、多留二筑紫一。宜下加二検括一、且以配上レ戍。即随二其数一、簡二却六国所レ点防人一、具レ状奏来。計二其所レ欠、差二点東人一、以塡二三千一。斯乃東国労軽、西辺兵足。

天平神護二年四月十一日

十一日、淡路・石見の国に賑給す。

十四日、和泉国に賑給す。

【続日本紀】天平神護二年四月丙申（十一日）

丙申（十一日）、八幡比咩神に封六百戸を奉る。神願なるを以てなり。淡路・石見の二国飢ゑぬ。これに賑給す。

己亥（十四日）、和泉国飢ゑぬ。これに賑給す。

丙申、奉㆓八幡比咩神封六百戸㆒。以㆓神願㆒也。淡路・石見二国飢。賑㆓給之㆒。

己亥、和泉国飢。賑㆓給之㆒。

天平神護二年四月二十二日

仏法に帰依し行道懺悔し、大赦を勅す。

【続日本紀】天平神護二年四月丁未（二十二日）

丁未、勅したまはく、比日之間、念ふ所有るに縁りて、三宝に帰依し行道懺悔す。罪に泣きて網を解くは先聖の仁迹なり。冀はくは、恩恕を施して尽く瑕穢を洗はむことを。宜しく天下に大赦すべし。天平神護二年四月廿八日の昧爽より已前の大辟已下、罪軽重と無く、已発覚も未発覚も、已結正も未結正も、繫囚も見徒も、私鋳銭と八虐も、財を受けて法を枉ぐるも、監臨の自ら盗せるも、監臨する所を盗せるも、強盗・窃盗も、常赦の免さぬも、咸悉く赦除せ。但し、先後の逆党は赦原すこと在らず。普く天下に告げて朕が意を知らしめよ、と。

丁未、勅、比日之間、縁㆑有㆑所㆑念、帰㆓依三宝㆒、行道懺悔。泣㆑罪解㆑網、先聖仁迹。冀施㆓恩恕㆒、尽洗㆓瑕穢㆒。宜可㆑大㆓非赦天下㆒。自㆓天平神護二年四月廿八日昧爽㆒已前大辟已下、罪無㆓軽重㆒、已発覚・未発覚、已結正・未結正、繫囚・見徒、私鋳錢及八虐、受㆑財枉㆑法、監臨自盗、々㆑所㆓監臨㆒、強盗・窃盗、常赦所㆑不㆑免者、咸悉赦除。但先後逆党、不㆑在㆓赦原㆒。普告㆓天下㆒、知㆓朕意㆒焉。

天平神護二年四月二十九日

聖武天皇の落胤を私称する者を遠流に処し、先に謀りて陵戸とせられたる者十七人の籍《じゃく》を除く。

【続日本紀】天平神護二年四月甲寅（二十九日）

甲寅、一の男子有り、自ら聖武皇帝の皇子にして、石上朝臣志斐弖が生む所と称す。勘へ問ふに、果して是れ誣罔なり。詔して遠流に配したまふ。大和国の人高善毗登久美咩ら十七人、諸陵寮に冤枉せられ、没せられて陵戸と為る。是に至りて、披き訴へて雪むことを得。陵戸の籍を除く。

甲寅、有二一男子一、自称二聖武皇帝之皇子、石上朝臣志斐弖之所レ生也。勘問、果是誣罔。詔、配二遠流一。大和国人高善毗登久美咩等十七人、被二諸陵寮冤枉一、没為二陵戸一。至レ是、披訴得レ雪。除二陵戸籍一。

天平神護二年五月十一日

太政官奏により、諸国の史生・博士・医師の定員を定めんとす。しかし、博士・医師の修得者は少く、一方、史生は適任者は多いものの、定員が少なく、十分な任用できず。

【続日本紀】天平神護二年五月乙丑（十一日）

乙丑、太政官奏して曰さく。令に准ふるに、諸国の史生・博士・医師は、国大小と無く、一ら定数を立つ。但し、神亀五年八月九日の格に拠るに、史生の員は国の大小に随ひて各等差有り。その博士は三四国を惣べて一人。医師は国毎に一人。今経術の道は業を成せる者寡くして、空しく職員を設け、擢でて取るに人乏し。繕写の才は任に堪ふる者衆けれども、人多く官少くして、能く遍く用ゐること莫し。朝議平章するに、博士は国を惣ぶること一ら前の格に依り、医師兼任することは更に新しき例を建てよ。職田・事力・公廨の類は並に正国に給ひて兼処に給はず。料有る国は名けて正任と為し、料無き国は名けて兼任と為せ。その史生は、博士・医師の兼任の国は国別に格の外に二人を加へ置け。庶はくは、経術の士をして周遍く宣揚せしめ、功労の人をして普く霑潤を蒙らしめむことを、と。奏するに可としたまふ。

乙丑、太政官奏曰、准レ令、諸国史生・博士・医師、国無二大小一、一立二定数一。但拠二神亀五年八月九日格一、史生之員、随二国大小一、各有二等差一。其博士者、惣二三四国一一人。医師者、毎レ国一人。今経術之道、成レ業者寡、空設二職員一、擢取乏レ人。繕写之才、堪レ任者衆、人多官少、莫二能遍用一。朝議平章、博士惣レ国、一依二前格一、医師兼任、更建二新例一。職田・事力・公廨之類、並給二正国一、不レ給二兼処一。有レ料之国、名為二正任一、無レ料之国、名為二兼任一。其史生者、博士・医師兼任之国、国別格外加二置二人一。庶令三経術之士、周遍宣揚、功労之人、普蒙二霑潤一。奏可。

天平神護二年五月十七日

大和国丹生川上神と五畿内の郡神とに幣帛を奉り、雨を祈る。

【続日本紀】天平神護二年五月辛未（十七日）

辛未、幣帛を大和国丹生川上神と五畿内の郡神とに奉る。澍雨を祈るを以てなり。

辛未、奉二幣帛於大和国丹生川上神及五畿内郡神一。以レ祈二澍雨一也。

天平神護二年五月二十三日

太政官奏して曰く、備前国守石川朝臣名足が解に基づき、同国藤野郡に、邑久・赤坂・上道郡より一

部の郷を割きて併合し、また美作国守巨勢朝臣浄成の解により勝田郡の一部を藤野郡に隷《つ》けむと申す。共に可とす。

【続日本紀】天平神護二年五月丁丑（二十三日）

丁丑、太政官奏して曰さく、備前国守従五位上石川朝臣名足らが解に、藤野郡は、地是れ薄埆にして、人尤も貧寒なり。公役を差し科すること、途に触れて忩劇なり。山陽の駅路を承けて使命絶えず、西海の達道を帯びて迎送相尋げり。馬疲れ人苦しみて交存済せず。加以、頻に旱と疫に遭へり。戸纔に三郷にして、人少く役繁し。何ぞ能く支弁せむ。伏して乞はくは、邑久郡香登郷、赤坂郡珂磨・佐伯の二郷、上道郡物理・肩背・沙石の三郷を割きて、藤野郡に隷けむことを、と。また美作国守従五位上巨勢朝臣浄成らが解に稱はく、勝田郡塩田村の百姓は、治郡に遠闊にして他界に側近なり。差科・供承、極めて艱辛有り。望み請はくは、所住める処に随ひて便ち備前国藤野郡に隷けむことをと、と。奏するに可としたまふ。

丁丑、太政官奏曰、備前国守従五位上石川朝臣名足等解、藤野郡者、地是薄埆、人尤貧寒。差二科公役一、触レ途忩劇。承二山陽之駅路一、使命不レ絶、帯二西海之達道一、迎送相尋。馬疲人苦、交不二存済一。加以頻遭二旱疫一。戸纔三郷、人少役繁。何能支弁。伏乞、割二邑久郡香登郷、赤坂郡珂磨・佐伯二郷、上道郡物理・肩背・沙石三郷一、隷二藤野郡一。又美作国守従五位上巨勢朝臣浄成等解稱、勝田郡塩田村百姓、遠二闊治郡一、側二近他界一。差科・供承、極有二艱辛一。望請、随二所住処一、便隷二備前国藤野郡一者。奏可。

天平神護二年六月三日

日向・大隅・薩摩の三国にて大風吹き、尽く桑・麻が損なわれたため、詔して棚戸の調・庸を免す。

【続日本紀】天平神護二年六月丁亥（三日）

丁亥、日向・大隅・薩摩の三国、大風ふきて、桑・麻損ひ尽けり。詔して柵戸の調・庸を収むること勿からしめたまふ。

丁亥、日向・大隅・薩摩三国大風、桑麻損尽。詔、勿レ収二柵戸調庸一。

天平神護二年六月五日

大隅国にて地震が収まらず、民の多く流冗《るじょう》す。賑恤《しんじゅつ》を加ふ。

【続日本紀】天平神護二年六月己丑（五日）

己丑、大隅国の神造の新嶋、震動りて息まず。故に民多く流冗す。仍て賑恤を加ふ。

己丑、大隅国神造新嶋、震動不レ息。以故民多流冗。仍加二賑恤一。

天平神護二年六月十一日

河内国に賑給す。

【続日本紀】天平神護二年六月乙未（十一日）

乙未、河内国飢ゑぬ。これに賑給す。

乙未、河内国飢。賑二給之一。

天平神護二年六月二十六日

勅して左右京と大和国との税を免す。

【続日本紀】天平神護二年六月庚戌（二十六日）

庚戌、勅したまはく、如聞らく、左右京と大和国との天平神護元年の田租、未だ全くは輸し了らず、と。誠に頻年登らず、百姓乏絶せるが為なり。輸し了るを除く外は悉く原免すべし、と。

庚戌、勅、如聞、左右京及大和国天平神護元年田租、未㆓全輸了㆒。誠為㆓頻年不㆑登、百姓乏絶㆒。宜㆘除㆓輸了㆒外、悉原免㆖。

天平神護二年七月二十三日

丈六の仏像を伊勢大神の寺に造らしむ。

【続日本紀】天平神護二年七月丙子（二十三日）

丙子、使を遣して、丈六の仏像を伊勢大神の寺に造らしむ。

丙子、遣㆑使、造㆓丈六仏像於伊勢大神寺㆒。

天平神護二年七月二十七日

衛士・諸司の丁で二十年以上の勤務者に叙位す。

【続日本紀】天平神護二年七月庚辰（二十七日）

庚辰、詔したまはく、三衛の衛士、諸司の丁の、本司に直して廿年已上を経たる者に、爵人ごとに一級を賜ふ、と。多褹嶋飢ゑぬ。これに賑給す。

庚辰、詔、賜下三衛々士・諸司丁直二本司一而経二廿年已上一者、爵人一級上。多褹嶋飢。賑二給之一。

天平神護二年九月五日

諸国の官舎の修理、倉庫の傷み、収納の稲穀の赤く爛れたるを阻止するため、監査・倉庫の修理状況を、国分二寺の状況もまた此に准ふべし。朝集使に付して毎年報告せしむ。

【続日本紀】天平神護二年九月戊午（五日）

九月戊午、勅したまはく、比伊勢・美濃等の国の奏を見るに、風の為に損はるる官舎数多あり。但毀ち頽るるのみに非ず、亦人の命を亡へり。昔、馬を問はずとは、先達の深仁なり。今、人を傷ふことを以て、朕甚だ悽び歎く。如聞らく、国司等朝委称はず、私利早に著る。倉庫懸磬にして稲穀爛紅なり、と。已に暫労永逸の心を忘れて、遂に雀鼠風雨の恤を致せり。良宰の職に莅むこと、豈此の如くならむや。今より以後、永く斯の弊を革めむ。諸国をして具に歳中に修り理めたる官舎の数を録し、朝集使に付けて毎年に奏聞せしむべし。国分二寺も亦此に准ふべし。事を神異に仮りて人の耳目を驚かすこと得ざれ、と。

九月戊午、勅、比見二伊勢・美濃等国奏一、為レ風被レ損官舎数多。非二但毀頽一、亦亡二人命一。昔不レ問レ馬、先達深仁。今以レ傷レ人、朕甚悽歎。如聞、国司等、朝委未レ称、私利早著。倉庫懸磬、稲穀爛紅。已忘二暫労永逸之心一、遂致二雀鼠風雨之恤一。良宰莅レ職、豈如レ此乎。自レ今以後、永革二斯弊一、宜レ令下諸国具録二歳中修理官舎之数一、付二朝集使一、毎年奏聞上。国分二寺亦宜レ准レ此。不レ得下仮二事神異一、驚中人耳目上。

天平神護二年九月二十三日

巡察使を定め、百姓の疾苦を採り調べ、国司の交替をめぐる紛争、収穫の可否などを調査せしむ。

【続日本紀】天平神護二年十月丙子（二十三日）

丙子、従四位下阿倍朝臣毛人を五畿内巡察使とす。従五位下紀朝臣広名を東海道使。正五位上淡海真人三船を東山道使。従五位上豊野真人出雲を北陸道使。従五位上安倍朝臣御県を山陰道使。正五位下藤原朝臣雄田麿を山陽道使。従五位下高向朝臣家主を南海道使。百姓の疾苦を採訪し、前後交替の訟を判断し、并せて頃畝の損得を検べしむ。その西海道は便ち大宰府をして勘へ検べしむ。

丙子、以二従四位下阿倍朝臣毛人一為二五畿内巡察使一。従五位下紀朝臣広名為二東海道使一。正五位上淡海真人三船為二東山道使一。従五位上豊野真人出雲為二北陸道使一。従五位上安倍朝臣御県為二山陰道使一。正五位下藤原朝臣雄田麿為二山陽道使一。従五位下高向朝臣家主為二南海道使一。採二訪百姓疾苦一、判二断前後交替之訟一、并検二頃畝損得一。其西海道者、便令二大宰府勘検一。

天平神護二年十月二十日

隅寺の毗沙門像から舎利が出現す。これは道鏡を称えるものなり。故に、道鏡を法王とす。ついで円興禅司を法臣に、基真禅師を法参議とす。さらに藤原豊成を左大臣に、吉備真備は今上の師たるにより右大臣に、道鏡の弟御浄浄人は中納言に、道嶋嶋足に正四位上を授く。

【続日本紀】天平神護二年十月壬寅（二十日）

壬寅、隅寺の毗沙門像より現るる舎利を法花寺に請し奉る。氏々の年壮にして容貌有る者を簡ひ点す。五位已上廿三人、六位已下一百七十七人、種々の幡・蓋を捧げ持ちて、前後に行列す。その着る衣服の金・銀・朱・紫は恣に聴す。百官の主典已上に詔して礼拝せしめたまふ。詔して曰はく、今勅りたまはく、上無き仏の御法は、至誠の心を以て拝み尊び献れば、必ず異に奇しき験をあらはし授け賜ふ物にいましけり。然るに今示現れ賜へる如来の尊き大御舎利は、常見奉るよりは大御色も光り照りて甚美し、大御形も円満ひて別に好くおほましませば、特にくすしく奇しき事を思ひ議ること極りて難し。是を以て、意の中に昼も夜も倦み怠ること无く、謹み礼まひ仕へ奉りつつ侍り。是れ実に、化の大御身は縁に随ひて渡し導き賜ふには、時を過さず行ひに相応へて慈び救ひ賜ふと云ふ言に在るらしとなも念す。猶し法を興し隆えしむるには、人に依りて継ぎひろむる物に在り。故、諸の大法師等をひきゐて上といます太政大臣禅師の理の如く勧め行はしめ教へ導き賜ふに依りてし如此く奇しく尊き験は顕し賜へり。然るに此の尊くうれしき事を朕独のみや嘉でむと念してなも、太政大臣朕が大師に法王の位授けまつらくと勅りたまふ天皇が御命を、諸聞きたまへ、と。復勅りたまはく、此の世間の位をば楽ひ求めたる事は都て無く、一道に志して菩薩の行を脩ひ人を度し導かむと云ふに心は定めていちます。かくはあれども猶朕が敬ひ報いまつるわざとしてなも此の位冠を授けまつらくと勅りたまふ天皇が御命を、諸聞きたまへ、と。

次に、諸の大法師が中にも此の二の禅師等い、同じ心を以て相従ひ道を志して世間の位冠をば楽はずいまさへどもなも、猶止むことを得ずて、円興禅師に法臣の位授けまつる。基真禅師に法参議大律師として冠は正四位上を授け、復物部浄之朝臣と云ふ姓を授けまつると勅りたまふ天皇が御命を、諸聞きたまへ、と。復勅りたまはく、此の寺は朕が外祖父先の太政大臣藤原大臣の家に在り。今其の家の名を継ぎて明らかに浄き心を以て朝庭を助け奉り仕へ奉る右大臣藤原朝臣をば左大臣の位授け賜ひ治め賜ふ。復吉備朝臣は朕が太子と坐しし時より師として教へ悟しける多の年歴ぬ。今は身も敢へずあるらむ物を、夜昼退らずして護り助け奉侍るを見ればかたじけなみなも念す。然るに人として恩を知らず恩を報いぬをば聖の御法にも禁め給へる物に在り。是を以て、吉備朝臣に右大臣の位授け賜ふと勅りたまふ天皇が御命を、諸聞きたまへ、と。参議従三位弓削御浄朝臣浄人に正三位を授けて、中納言とす。正四位下道嶋宿禰嶋足に正四位上。

壬寅、奉㆑請㆓隅寺毗沙門像所㆑現舎利於法花寺㆒。簡㆘点氏々年壮有㆓容貌㆒者㆖。五位已上廿三人、六位已下一百七十七人、捧㆓持種々幡蓋㆒、行㆓列前後㆒。其所㆑着衣服、金銀・朱紫者、恣聴之。詔㆓百官主典已上㆒、礼拝。詔曰、今勅久、無上岐仏乃御法波、至誠心乎以天拝尊備献礼波、必異奇験乎阿良波之授賜物尓伊末志家利。然今示現賜弊流如来乃尊岐大御舎利波、常奉見余利波大御色毛光照天甚美之、大御形毛円満天別好久大末之世波末、特尓久須之久奇事乎思議許止極難之。是以、意中尓昼毛夜毛倦怠己止无久、謹美礼末比仕奉都々侍利。是実尓化能大御身波縁尓随天度導賜尓波時乎不過行尓相応天慈備救賜止云言尓在良之止奈毛念須。猶之法乎興隆之牟流尓波、人尓依天継比呂牟流物尓在。故諸乃大法師等乎比岐為天上止伊麻須太政大臣禅師乃如理久勧行波之米教導賜尓依之天、如此久奇久尊岐験波顕賜弊利。然此乃尊久宇礼志岐事乎、朕独乃味夜嘉止念天奈毛、太政大臣朕大師尓法王乃位授末都良久止勅天皇御命乎、諸聞食止宣。

復勅久、此乃世間乃位乎波楽求多布事波都天無、一道尓志天、菩薩乃行乎脩比、人乎度導牟止云尓、心波定天伊末須。可久波阿礼止毛、猶朕我敬報末川流和佐止之天奈毛此乃位冠乎授末川良久止勅天皇我御命乎、諸聞食止宣。

次尓、諸大法師可中仁毛、此二禅師等伊同心乎以相従、道乎志天、世間乃位冠乎波不楽伊末佐倍止毛奈毛猶不得止天、円興禅師尓法臣位授末川流。基真禅師尓法参議大律師止之天冠波正四位上乎授気、復物部浄之乃朝臣止云姓乎授末川流止勅天皇我御命乎、諸聞食止宣。復勅久、此寺方朕外祖父先乃太政大臣藤原大臣之家仁在。今其家之名乎継天明可仁浄岐心乎以天朝庭乎奉助理仕奉流右大臣藤原朝臣遠婆左大臣乃位授賜此治賜。復吉備朝臣波朕我太子等坐之時余利師等之天教悟家留多乃年歴奴。今方身毛不敢阿流良牟物乎、夜昼不退之天護助奉侍遠婆見礼、可多自気奈弥奈毛念須。然人止之天恩乎不知恩乎不報奴乎波聖乃御法仁毛禁給弊流物仁在。是以天、吉備朝臣仁右大臣之位授賜止勅布天皇我御命乎、諸聞食止宣。授二参議従三位弓削御浄朝臣浄人正三位一、為二中納言一。正四位下道嶋宿禰嶋足正四位上。

【扶桑略記】

十月廿日壬寅。奉レ請二隅寺毗沙門像所レ現舎利於法花寺一。簡下点氏々年壮有二容貌一者上。五位已上廿三人。六位已下一百七十七人。捧二持種々幡蓋一。行二列前後一。其所レ着衣服金銀朱紫者忩聴レ之。

天平神護二年十月二十一日

舎利の出現を祝し、文武官の六位以下と内外の有位者に叙位す。殊に唐楽を奏する李元瓌・皇甫東朝らに叙位す。

【続日本紀】天平神護二年十月癸卯（二十一日）

癸卯、勅したまはく、去ぬる六月、思ふ所有るが為に、菩提心を発して無上道に帰す。霊示有るに因りて、緘器に虔み候ふに、遂に則ち舎利三粒緘器に見る。数月感歎して為す所を識ること莫し。朕聞かく、麟鳳五霊は王者の嘉瑞なり、と。至徳の世、史書くことを絶たねども、全身の舎利是の如く形を顕すことを見ず。感有れば必ず通すること良に以有り。朕虚薄を以て兢懼して年を歴、撫育方に乖きて氷谷惕に在り。豈念はめや、至道凝寂にして、微情に応ひて真を示し、円性湛然として霊光を結びて質を表さむとは。孤園跡を絶ちて久しく心を驚かし、双林客を挽きて爛然として目に満つ。玄珪緑字、何を以てか年を同じくせむ。西法東流して、茲の日に在ることを知りぬ。猥に希世の霊宝を荷ひて、蓋ぞ衆庶の歓心を同じくせざらむ。宜しく文武の百官の六位已下と内外の有位とには階一級を加ふべし。但し、正六位上は廻して一子に授け、その五位已上の子孫の年廿已上の者には亦当蔭の階に叙せよ。普く遐邇に告げて朕が意を知らしめよ、と。従五位下李忌寸元瓌に従五位上を授く。正六位上袁晋卿、従六位上皇甫東朝、皇甫昇女に並に従五位下。舎利の会に唐楽を奏るを以てなり。

癸卯、勅、去六月、為レ有レ所レ思、発二菩提心一、帰二無上道一。因レ有二霊示一、緘器虔候、遂則舎利三粒、見二於緘器一。数月感歎、莫レ識レ所レ為。朕聞、麟鳳五霊、王者嘉瑞。至徳之世、史不レ絶レ書、未レ見二全身舎利、如レ是顕レ形。有レ感必通、良有レ以也。朕以二虚薄一、兢懼歴レ年、撫育乖レ方、氷谷在レ惕。豈念、至道凝寂、応二微情一而示レ真、円性湛然、結二霊光一而表レ質。孤園絶レ跡、久矣驚レ心、双林挽レ客、爛然満レ目。玄珪緑字、何以同レ年。西法東流、知レ在二茲日一。猥荷二希世之霊宝一、盍同二衆庶之歓心一。宜可三文武百官六位已下及内外有位加二階一級一。但正六位上者、廻授二一子一、其五位已上子孫年廿已上者、亦叙二当蔭之階一。普告二遐邇一、知二朕意一焉。授二従五位下李忌寸元壞従五位上、正六位上袁晋卿、従六位上皇甫東朝、皇甫昇女並従五位下一。以三舎利之会奏二唐楽一也。

天平神護二年十月二十三日

天皇詔して法王の月料は供御に准へ、以下法臣・法参議の月料を定む。

【続日本紀】天平神護二年十月乙巳（二十三日）

乙巳、詔したまはく、法王の月料は供御に准へよ。法臣大僧都第一修行進守大禅師円興は大納言に准へよ。法参議大律師脩行進守大禅師正四位上基真は参議に准へよ、と。

乙巳、詔、法王月料准㆓供御㆒。法臣大僧都第一修行進守大禅師円興准㆓大納言㆒。法参議大律師脩行進守大禅師正四位上基真准㆓参議㆒。

天平神護二年十一月七日

磐城・宮城の二郡に、焼けたる穀一万六千四百余を賑給《しんごう》す。

【続日本紀】天平神護二年十一月己未（七日）

己未、陸奥国磐城・宮城の二郡の焼けたる穀一万六千四百余斛を貧しき民に賑給す。

己未、以㆓陸奥国磐城・宮城二郡焼穀一万六千四百余斛㆒、賑㆓給貧民㆒。

天平神護二年十二月十二日

称徳天皇、西大寺に行幸し、无位の諸王に従五位下を授け、また従四位下藤原田麿に叙位す。

【続日本紀】天平神護二年十二月癸巳（十二日）

癸巳、西大寺に幸したまふ。无位清原王・気多王・梶嶋王・乙訓王に並に従五位下を授く。従四位下藤原朝臣田麿に従四位上。正五位下大伴宿禰伯麿に正五位上。従五位上豊野真人出雲に正五位下。従五位下豊野真人奄智に従五位上。正六位上豊野真人五十戸に従五位下。従五位下多治比真人若日女に正五位下。外従五位下檜前部老刀自に外従五位上。

癸巳、幸二西大寺一。无位清原王・気多王・梶嶋王・乙訓王並授二従五位下一。従四位下藤原朝臣田麿従四位上。正五位下大伴宿禰伯麿正五位上。従五位上豊野真人出雲正五位下。従五位下豊野真人奄智従五位上。正六位上豊野真人五十戸従五位下。従五位下多治比真人若日女正五位下。外従五位下檜前部老刀自外従五位上。

天平神護三年正月八日

畿内・七道諸国では八日より七日間、各国分寺にて吉祥天悔過《けか》の法を行わしむ。五穀成熟・兆民快楽を願うを以てなり。

【続日本紀】天平神護三年正月己未（八日）

春正月己未、勅したまはく、畿内・七道の諸国は、一七日の間、各国分金光明寺に於て、吉祥天悔過の法を行へ。この功徳に因りて、天下太平に、風雨時に順ひ、五穀成熟し、兆民快楽にして、十方の有情、同じくこの福に霑はむ、と。

春正月己未、勅、畿内七道諸国、一七日間、各於二国分金光明寺一、行二吉祥天悔過之法一。因二此功徳一、天下太平、風雨順レ時、五穀成熟、兆民快楽、十方有情、同霑二此福一。

天平神護三年正月十八日

東院に御しまして、年老いた功績ある者に爵位を授く。

【続日本紀】天平神護三年正月己巳（十八日）

己巳、東院に御しまして、詔して曰はく、今諸王を見るに、年老いたる者衆し。その中に、或は勤労優すべきあり、或は朕が情に憐む所あり。故、その状に随ひて並に爵級を賜はむ。衆諸に告げてこの意を知らしむべし、と。无位依智王・篠嶋王・広川王・浄水王・名方王・調使王・飯野王・鴨王・壱志濃王・田中王・八上王・津守王・名草王・春階王・中村王・池原王・積殖王・高倉王・儀部王・長尾王・浄名王に並に従五位下を授く。従五位上百済王理伯に正五位上。外正五位下大原連家主、外従五位下池原公禾守、正六位上弓削御浄朝臣広方・大野朝臣石本・文室真人忍坂麻呂・三嶋真人嶋麻呂・藤原朝臣雄依・藤原朝臣長道・石川朝臣真人・石川朝臣名継・石上朝臣真足・大原真人年継・石川朝臣人麻呂・巨勢朝臣苗麿・当麻真人永嗣、従六位上安倍朝臣草麿、正六位上佐伯宿禰家主・川辺朝臣東人・吉備朝臣直事・笠朝臣乙麻呂に並に従五位下。正六位上林連雑物・船連庭足・竪部使主人主、従六位上昆解沙弥麿、正六位上高屋連赤麿・秦忌寸蓑守・品治部公嶋麿・難破連足人に並に外従五位下。従四位下藤原朝臣家子に正四位下。

己巳、御二東院一、詔曰、今見二諸王一、年老者衆。其中、或勤労可レ優、或朕情所レ憐。故随二其状一、並賜二爵級一。宜下告二衆諸一令上知二此意一焉。无位依智王・篠嶋王・広川王・浄水王・名方王・調使王・飯野王・鴨王・壱志濃王・田中王・八上王・津守王・名草王・春階王・中村王・池原王・積殖王・高倉王・儀部王・長尾王・浄名王並授二従五位下一。従五位上百済王理伯正五位上。外正五位下大原連家主、外従五位下池原公禾守、正六位上弓削御浄朝臣広方・大野朝臣石本・文室真人忍坂麻呂・三嶋真人嶋麻呂・藤原朝臣雄依・藤原朝臣長道・石川朝臣真人・石川朝臣名継・石上朝臣真足・大原真人年継・石川朝臣人麻呂・巨勢朝臣苗麿・当麻真人永嗣、従六位上安倍朝臣草麿、正六位上佐伯宿禰家主・川辺朝臣東人・吉備朝臣直事・笠朝臣乙麻呂並従五位下。正六位上林連雑物・船連庭足・竪部使主人主、従六位上毘解沙弥麿、正六位上高屋連赤麿・秦忌寸蓑守・品治部公嶋麿・難破連足人並外従五位下。従四位下藤原朝臣家子正四位下。

天平神護三年二月四日

称徳天皇、東大寺に行幸す。造寺に預かれる者に叙位す。

【続日本紀】天平神護三年二月甲申（四日）

二月甲申、東大寺に幸したまふ。正五位下国中連公麿に従四位下を授く。従五位下佐伯宿禰真守に従五位上。外従五位下美奴連奥磨・桑原公足床に並に外従五位上。造寺工正六位上猪名部百世に外従五位下。

二月甲申、幸㆓東大寺㆒。授㆓正五位下国中連公麿従四位下㆒。従五位下佐伯宿禰真守従五位上。外従五位下美奴連奥麿・桑原公足床並外従五位上。造寺工正六位上猪名部百世外従五位下。

天平神護三年二月七日

天皇、大学に行幸して釈奠《しやくでん》す。座主《ざす》直講《じきこう》・音博士・問者《もんしや》・賛引《さんいん》と博士の弟子との十七人に叙位す。

【続日本紀】天平神護三年二月丁亥（七日）

丁亥、大学に幸して釈奠したまふ。座主直講従八位下麻田連真浄に従六位下を授く。音博士従五位下袁晋卿に従五位上。問者大学少允従六位上濃宜公水通に外従五位下。賛引と博士の弟子との十七人に爵人ごとに一級を賜ふ。

丁亥、幸㆓大学㆒釈奠。座主直講従八位下麻田連真浄授㆓従六位下㆒。音博士従五位下袁晋卿従五位上。問者大学少允従六位上濃宜公水通外従五位下。賛引及博士弟子十七人賜二爵人一級一。

【扶桑略記】

三年《神護景雲元年》二月。釈奠。天皇行二幸大学寮一。

天平神護三年二月八日

八日、天皇、山階寺に行幸す。

十四日、東院に行幸。

三月二日、元興寺に幸す。

三日、西大寺の法院に行幸す。

九日、大安寺に行幸す。

十四日、薬師寺に幸したり。

【続日本紀】天平神護三年二月戊子（八日）

戊子（八日）、山階寺に幸したまふ。林邑と呉との楽を奏る。奴婢五人に爵賜ふこと差有り。

甲午（十四日）、東院に幸したまふ。出雲国造外従六位下出雲臣益方、神事を奏す。仍て益方に外従五位下を授く。自餘の祝部等に、位を叙し物賜ふこと差有り。

辛亥（三月二日）、元興寺に幸し、綿八千屯、商布一千段を捨したまふ。奴婢に爵賜ふこと差有り。

壬子（三日）、西大寺の法院に幸して、文士をして曲水を賦はしめたまふ。五位已上と文士とに禄を賜ふ。

戊午（九日）、大安寺に幸したまふ。造寺大工正六位上軽間連鳥麿に外従五位下を授く。

癸亥（十四日）、薬師寺に幸して、調綿一万屯、商布一千段を捨したまふ。長上工以下、奴婢已上の廿六人に爵賜ふこと各差有り。

戊子、幸二山階寺一。奏二林邑及呉楽一。奴婢五人賜レ爵差有。

甲午、幸二東院一。出雲国造外従六位下出雲臣益方奏二神事一。仍授二益方外従五位下一。自餘祝部等、叙レ位賜レ物有レ差。

辛亥、幸二元興寺一、捨二綿八千屯、商布一千段一。賜二奴婢爵一有レ差。

壬子、幸二西大寺法院一、令三文士賦二曲水一。賜二五位已上及文士禄一。

戊午、幸二大安寺一。授二造寺大工正六位上軽間連鳥麿外従五位下一。

癸亥、幸二薬師寺一、捨二調綿一万屯、商布一千段一。賜二長上工以下奴婢已上廿六人爵一各有レ差。

【経国集】

七言。三月三日於二西大寺一。侍レ宴應レ詔。一首（高野大皇在祚）

三昇三月啓二三辰一。三日三陽應二三春一。風蓋凌レ雲臨二覺苑一。鑾輿□日對二禪津一。青絲柳陌鶯歌足。紅藁桃渓蝶舞新。幸属二無爲一梵城賞。還知有戴不レ離レ眞。

天平神護三年二月十一日

十一日、淡路国、旱あり。播磨国加古・印南などから稲を転す。

二十六日、淡路国に賑給す。

十七日、山背国に賑給す。

【続日本紀】天平神護三年二月辛卯（十一日）

辛卯（十一日）、辛卯、淡路国頻に早して種稲に乏し。播磨国加古・印南等の郡の稲四万束を転して百姓に出挙す。左京の人正六位上大伴大田連沙弥麿に姓宿禰を賜ふ。

丙午（二十六日）、淡路国飢ゑぬ。これに賑給す。＊丙申の誤り、日にちの誤りとも判別つかず。

丁酉（十七日）、山背国飢ゑぬ。これに賑給す。


辛卯、淡路国頻旱、乏㆓種稲㆒。転㆓播磨国加古・印南等郡稲四万束㆒、出㆓挙百姓㆒。左京人正六位上大伴大田連沙弥麿賜㆓姓宿禰㆒。

丙午、淡路国飢。賑㆓給之㆒。

丁酉、山背国飢。賑㆓給之㆒。

天平神護三年二月二十八日
西大寺造営にあたり令外官を任命す。

【続日本紀】天平神護三年二月戊申（二十八日）

戊申、従四位下佐伯宿禰今毛人を造西大寺長官。右少弁正五位上大伴宿禰伯麿を兼次官。左中弁侍従内匠頭武蔵介正五位下藤原朝臣雄田麿を兼右兵衛督。従四位下藤原朝臣楓を大宰大弐。

戊申、従四位下佐伯宿禰今毛人為㆓造西大寺長官㆒。右少弁正五位上大伴宿禰伯麿為㆓兼次官㆒。左中弁侍従内匠頭武藏介正五位下藤原朝臣雄田麿為㆓兼右兵衛督㆒。従四位下藤原朝臣楓麿為㆓大宰大弐㆒。

天平神護三年三月二十日

法王宮職を設置し、大夫・亮・大少進・大少属を定む。

【続日本紀】天平神護三年三月己巳（二十日）

己巳、始めて法王宮職を置く。造宮卿但馬守従三位高麗朝臣福信を兼大夫とす。大外記遠江守従四位下高丘連比良麿を兼亮。勅旨大丞従五位上葛井連道依を兼大進。少進一人、大属一人、少属二人。

己巳、始置㆓法王宮職㆒。以㆓造宮卿但馬守従三位高麗朝臣福信㆒為㆓兼大夫㆒。大外記遠江守従四位下高丘連比良麿為㆓兼亮㆒。勅旨大丞従五位上葛井連道依為㆓兼大進㆒。少進一人、大属一人、少属二人。

天平神護三年四月十四日

東院の玉殿成る。瑠璃の瓦を葺き、画くに藻繢《そうき》の文を以てす。

【続日本紀】天平神護三年四月癸巳（十四日）

癸巳、東院の玉殿新に成る。群臣畢く会す。その殿、葺くに瑠璃の瓦を以てし、画くに藻繢の文を以てす。時の人、これを玉宮と謂ふ。

癸巳、東院玉殿新成。群臣畢会。其殿葺以㆓瑠璃之瓦㆒、画以㆓藻繢之文㆒。時人謂㆓之玉宮㆒。

天平神護三年四月二十四日

この頃、年穀らざるにより、勧農の郡司を郡別に選び専当とし録上せしむ。

【続日本紀】天平神護三年四月癸卯（二十四日）

癸卯、勅したまはく、夫れ、農は天下の本なり。吏は民の父母なり。農桑を勧め課すること、常の制有らしめよ。比来、諸国頻年登らず。唯り天道の宜しきに乖けるのみに匪ず、抑亦人事怠慢すればなり。天下をして農桑を勤め事へしむべし。仍て、国司の恪勤尤も異なる者一人、并せて郡司と民の中の良謹にして誠有る者を、郡別に一人を択ひ差して、その事に専当せしめ、名を録して申し上げしむ。先づ粛敬を以て境内の験有る神祇を禱み祀り、次に存心を以て部下の百姓の産業を勧め課せよ。若しその祈る所に応有り、催す所に益を見ば、専当の人は別に褒賞を加へむ、と。

癸卯、勅、夫農者天下之本也。吏者民之父母也。勧㆓課農桑㆒、令㆑有㆓常制㆒。比来諸国頻年不㆑登。匪㆓唯天道乖㆑宜、抑亦人事怠慢。宜㆑令㆔天下勤㆓事農桑㆒。仍択㆓差国司恪勤尤異者一人、并郡司及民中良謹有㆑誠者郡別一人㆒、専㆓当其事㆒、録㆑名申上。先以㆓粛敬㆒禱㆓祀境内有㆑験神祇㆒、次以㆓存心㆒勧㆓課部下百姓産業㆒。若其所㆑祈有㆑応、所㆑催見㆑益、則専当之人別加㆓褒賞㆒。

天平神護三年四月二十六日

飽浪宮に行幸し、法隆寺の奴婢に爵をたまふ。

【続日本紀】天平神護三年四月乙巳（二十六日）

乙巳、飽浪宮に幸したまふ。法隆寺の奴婢廿七人に爵賜ふこと各差有り。

乙巳、幸㆓飽浪宮㆒。賜㆓法隆寺奴婢廿七人爵㆒各有㆑差。

天平神護三年五月二十日

西大寺等へ献物したる者の死去により外位を贈り、その子等にも外位を授く。

【続日本紀】天平神護三年五月戊辰（二十日）

戊辰、是より先、左京の人従八位上荒木臣道麿と、その男无位忍国とは、墾田一百町、稲一万二千五百束、庄三区を、近江国の人外正七位上大友村主人主は、稲一万束、墾田十町を、西大寺に献りき。是に至りて、道麿身死りぬ。外従五位下を贈る。忍国・人主に並に外従五位下を授く。

戊辰、先レ是、左京人従八位上荒木臣道麿及其男无位忍国、墾田一百町、稲一万二千五百束、庄三区、近江国人外正七位上大友村主人主、稲一万束、墾田十町、献二於西大寺一。至レ是、道麿身死。贈二外従五位下一。忍国・人主並授二外従五位下一。

天平神護三年六月二十二日

土佐国安芸郡少領凡直伊賀麿、西大寺に稲二万束・牛六十頭を献じ、外位を授く。

【続日本紀】天平神護三年六月庚子（二十二日）

庚子、紀伊国那賀郡大領外正六位上日置毗登弟弓、稲一万束を当国の国分寺に献る。外従五位下を授く。土佐国安藝郡少領外従六位下凡直伊賀麿、稲二万束、牛六十頭を西大寺に献る。外従五位上を授く。

庚子、紀伊国那賀郡大領外正六位上日置毗登弟弓、稲一万束献二於当国々分寺一。授二外従五位下一。土佐国安藝郡少領外従六位下凡直伊賀麿、稲二万束、牛六十頭献二於西大寺一。授二外従五位上一。

天平神護三年七月十日

内竪省を設置し、弓削御浄朝臣浄人を卿とし、以下大輔・少輔・大丞・少丞・大録・少録の定員を定む。

【続日本紀】天平神護三年七月丁巳（十日）

丁巳、従五位下弓削御浄朝臣秋麿を左少弁とす。従五位下榿嶋王・従五位下石上朝臣真足を並に大監物。従五位下文室真人真老を内蔵助。従五位下賀茂朝臣大川を内匠助。是の日、始めて内竪省を置く。正三位弓削御浄朝臣浄人を卿とす。中納言・衛門督・上総守は故の如し。従四位上藤原朝臣是公を大輔。左衛士督・下総守は故の如し。従五位下藤原朝臣雄依を少輔。右衛士督は故の如し。従五位下田口朝臣安麿を大丞。大丞二員、少丞二員、大録一員、少録三員。

丁巳、従五位下弓削御浄朝臣秋麿為㆓左少弁㆒。従五位下榿嶋王・従五位下石上朝臣真足並為㆓大監物㆒。従五位下文室真人真老為㆓内蔵助㆒。従五位下賀茂朝臣大川為㆓内匠助㆒。是日、始置㆓内竪省㆒。以㆓正三位弓削御浄朝臣浄人㆒為㆑卿。中納言・衛門督・上総守如㆑故。従四位上藤原朝臣是公為㆓大輔㆒。左衛士督・下総守如㆑故。従五位下藤原朝臣雄依為㆓少輔㆒。右衛士督如㆑故。従五位下田口朝臣安麿為㆓大丞㆒。大丞二員、少丞二員、大録一員、少録三員。

天平神護三年八月八日

八月八日、参河国に慶雲現るにより、僧六百口を屈して西宮の寝殿に設斎す。ついで天平神護三年八月十六日を以て神護景雲と改元す。

【続日本紀】天平神護三年八月乙酉（八日）

乙酉（八日）、参河国言さく、慶雲を見る、と。僧六百口を屈して西宮の寝殿に設斎す。慶雲見るるを以てなり。是の日、緇侶の進退、復、法門の趣無し。手を拍ちて歓喜すること一ら俗人に同じ。

癸巳（十六日）、神護景雲と改元す。詔して曰はく、日本国に坐して大八州国照し給ひ治め給ふ倭根子天皇が御命らまと勅りたまふ御命を、衆諸聞きたまへと宣る。今年の六月十六日の申時に東南の角に当りて甚奇しく異に麗しき雲七色相交りて立ち登りて在り。此を朕自らも見行はし、また侍る諸の人等も共に見て怪しび喜びつつ在る間に伊勢国守従五位下阿倍朝臣東人等が奏さく、六月十七日に度会郡の等由気の宮の上に当りて五色の瑞雲起ち覆ひて在り。此に依りて彼の形を書き写して進る、と。復陰陽寮も、七月十日に西北の角に美しく異にある雲立ちて在り。同じき月の廿三日に東南の角に有る雲本朱に末黄に稍五色を具へつ、と。如是く奇しく異にある雲の顕在れたる所由を勘へ令むるに、式部省等が奏さく、瑞書に細に勘ふるに是れ即ち景雲に在り。実に大瑞に合へり、と。然るに朕が念し行さく、如是く大きに貴く奇しく異に在る大き瑞は、聖の皇が御世に至れる徳に感でて天地の示現し賜ふ物となも常も聞し行す。是れ豈敢へて朕が徳い天地の御心を感動しまつるべき事は无しとなも念し行す。然るに此は大御神の宮の上に示顕し給ふ。故、尚是は大神の慈び示し給へる物なり。また、掛けまくも畏き御世御世の先の皇が御霊の助け給ひ慈び給へる物なり。復、去にし正月に二七日の間諸の大寺の大法師等を請せ奉らへて最勝王経を講読せしめまつり、また吉祥天の悔過を仕へ奉らしむるに諸の大法師等が理の如く勤めて坐さひ、また諸の臣等の天下の政事を理に合へて奉仕るに依りてし三宝も諸天も天地の神たちも共に示現し賜へる奇しく貴き大き瑞の雲に在るらしとなも念し行す。故、是を以て、奇しく喜しき大き端を頂に受け給はりて忍びて黙在ること得ずしてなも諸王たち臣たちを召して共に歓び尊び、天地の御恩を報い奉るべしとなも念し行すと詔りたまふ天皇が御命を、諸聞きたまへと宣る。

また、示顕し賜へる瑞のまにまに年号は改め賜ふ。是を以て、天平神護三年を改めて神護景雲元年と為と詔りたまふ天皇が御命を、諸聞きたまへと宣る。

乙酉、参河国言、慶雲見。屈㆓僧六百口㆒於㆓西宮寝殿㆒設斎。以㆓慶雲見㆒也。是日、緇侶進退無㆓復法門之趣㆒。拍㆑手歓喜一同㆓俗人㆒。

癸巳、改㆓元神護景雲㆒。詔曰、日本国尓坐天大八州国照給此治給布倭根子天皇我御命良麻止勅布御命乎、衆諸聞食止宣。今年乃六月十六日申時仁東南之角尓当天甚奇久異尓麗岐雲七色相交天立登天在。此乎朕自毛見行之、又侍諸人等毛共見天怪備喜比津々在間仁伊勢国守従五位下阿倍朝臣東人等我奏久、六月十七日尓度会郡乃等由気乃宮乃上仁当天五色瑞雲起覆天在。依此天彼形乎書写以進止奏利。復陰陽寮毛七月十日尓西北角仁美異雲立天在。同月廿三日仁東南角仁有雲本朱末黄稍具五色止奏利。如是久奇異雲乃顕在流所由乎令勘仁、式部省等我奏久、瑞書尓細勘尓是即景雲尓在。実合大瑞止奏世利。然朕念行久、如是久大仁貴久奇異仁在大瑞波、聖皇之御世尓至徳尓感天天地乃示現之賜物止奈毛常毛聞行須。是豈敢朕徳伊天地乃御心乎令感動末都流倍伎事波无止奈毛念行須。然此方大御神宮上仁示顕給。故尚是方大神乃慈備示給弊流物奈利。又掛毛畏伎御世御世乃先乃皇我御霊乃助給比慈給弊流物奈利。復去正月尓二七日之間諸大寺乃大法師等乎奉請良倍天最勝王経乎令講読末都利、又吉祥天乃悔過乎令仕奉流尓、諸大法師等我如理久勤天坐佐比、又諸臣等乃天下乃政事乎合理天奉仕尓依天之三宝毛諸天毛天地乃神太知毛共仁示現賜弊流奇久貴伎大瑞乃雲尓在良之止奈毛念行須。故是以、奇久喜之支大瑞遠頂尓受給天忍天黙在去止不得之天奈毛諸王多知臣多知乎召天共尓歓備尊比、天地乃御恩乎奉報倍之止奈毛念行止詔布天皇我御命遠、諸聞食止宣。

又示顕賜弊流瑞乃末尓末仁年号波改賜布。是以、改天平神護三年為神護景雲元年止詔布天皇我御命遠、諸聞食止宣。

【扶桑略記】天平神護三年

八月十六日癸巳日。改為二神護景雲元年一。

神護景雲元年九月一日

五色の雲あり。

【続日本紀】神護景雲元年九月戊申（一日）

九月戊申の朔、日の上に五色の雲有り。

九月戊申朔、日上有二五色雲一。

神護景雲元年九月二日

天皇、西大寺の嶋院に行幸す。

【続日本紀】神護景雲元年九月己酉（二日）

己酉、西大寺の嶋院に幸したまふ。

己酉、幸二西大寺嶋院一。

神護景雲元年九月十八日

八幡比売神宮寺を造らしむ。

【続日本紀】神護景雲元年九月乙丑（十八日）

乙丑、始めて八幡比売神宮寺を造る。その夫は便ち神・寺の封戸を役す。四年を限りて功を畢へしむ。

乙丑、始造二八幡比売神宮寺一。其夫者便役二神寺封戸一。限二四年一令レ畢レ功。

神護景雲元年十月十五日

伊治城作り了れることを知りて、酬賞《しうしょう》を加へしむ。

【続日本紀】神護景雲元年十月辛卯（十五日）

冬十月辛卯、勅したまはく、陸奥国の奏する所を見て、即ち伊治城作り了れることを知りぬ。始より畢に至るまで、三旬に満たず。朕甚だ嘉す。夫れ危に臨み生を忘れて、忠勇乃ち見れ、綸を銜み命を遂げて、功夫早に成る。但城を築き外を制するのみに非ず、誠に戎を減し辺を安すべし。若し裒進せずは、何ぞ後徒を勧めむ。酬賞を加へて式て匪躬を慰むべし。その従四位下田中朝臣多太麿に正四位下を授く。正五位下石川朝臣名足・大伴宿禰益立に正五位上。従五位下上毛野朝臣稲人・大野朝臣石本に従五位上。その外従五位下道嶋宿禰三山は首として斯の謀を建て、修成築造す。今その功を美めて、特に従五位上を賜ふ。また、外従五位下吉弥侯部真麿、国に恂ひ先を争ひて、遂に馴服せしむ。狄徒帰するが如し。進めて外正五位下を賜ふ。自餘の諸軍の軍毅已上と、諸国の軍士、蝦夷の俘囚等との、事に臨みて劾有り、叙位すべき者は、鎮守将軍、並に労に随ひて等第を簡ひ定めて奏聞すべし、と。

冬十月辛卯、勅、見二陸奥国所一レ奏、即知二伊治城作了一。自レ始至レ畢、不レ満二三旬一。朕甚嘉焉。夫臨レ危忘レ生、忠勇乃見、銜レ綸遂レ命、功夫早成。非二但築レ城制一レ外、誠可二減レ戎安一レ辺。若不二裒進一、何勧二後徒一。宜下加二酬賞一式慰中匪躬上。其従四位下田中朝臣多太麿授二正四位下一。正五位下石川朝臣名足・大伴宿禰益立正五位上。従五位下上毛野朝臣稲人・大野朝臣石本従五位上。其外従五位下道嶋宿禰三山、首建二斯謀一、修成築造。今美二其功一、特賜二従五位上一。又外従五位下吉弥侯部真麿、恂レ国争レ先、遂令二馴服一。狄徒如レ帰。進賜二外正五位下一。自餘諸軍軍毅已上、及諸国軍士、蝦夷俘囚等、臨レ事有レ効、応二叙位一者、鎮守将軍並宜下随レ労簡二定等第一奏聞上。

神護景雲元年十月二十四日

天皇、大極殿に御し、僧六百を屈して、大般若経を転読せしむ。

【続日本紀】神護景雲元年十月庚子（二十四日）

庚子、大極殿に御しまして、僧六百を屈して大般若経を転読せしめたまふ。唐・高麗の楽と内教坊の踏歌とを奏る。

庚子、御二大極殿一、屈二僧六百一、転二読大般若経一。奏二唐・高麗楽及内教坊踏歌一。

神護景雲元年十二月十六日

美濃国にて旱あり。租税を除す。

【続日本紀】神護景雲元年十二月壬辰（十六日）

壬辰、美濃国、比年亢旱して、五穀稔らず。百姓の負へる租税を除す。

壬辰、美濃国比年亢旱、五穀不レ稔。除二百姓所レ負租税一。

神護景雲二年正月一日

大極殿にて朝を受けたまう。

【続日本紀】神護景雲二年正月丙午（一日）

二年春正月丙午の朔、大極殿に御しまして朝を受けたまふ。旧の儀には少納言殿上に侍立す。是の日、坐席を設く。餘の儀は常の如し。

二年春正月丙午朔、御㆓大極殿㆒受㆑朝。旧儀、少納言侍㆓立殿上㆒。是日、設㆓坐席㆒。餘儀如㆑常。

神護景雲二年正月七日

五位已上を内裏にて宴す。

【続日本紀】神護景雲二年正月壬子（七日）

壬子、五位已上を内裏に宴す。禄賜ふこと差有り。

壬子、宴㆓五位已上於内裏㆒。賜㆑禄有㆑差。

神護景雲二年正月十日

播磨国、白鹿を献上す。

【続日本紀】神護景雲二年正月乙卯（十日）

乙卯、播磨国、白鹿を献る。

乙卯、播磨国、献㆓白鹿㆒。

神護景雲二年二月五日

出雲国国造外従五位下出雲臣益方、神事を奏し、外従五位上を授けたまう。

【続日本紀】神護景雲二年二月庚辰（五日）

庚辰、出雲国国造外従五位下出雲臣益方、神事を奏す。外従五位上を授く。祝部の男女百五十九人に爵各一級を賜ふ。禄も亦差有り。

庚辰、出雲国国造外従五位下出雲臣益方奏二神事一。授二外従五位上一。賜二祝部男女百五十九人爵各一級一。禄亦有レ差。

神護景雲二年二月十九日

十九日、天皇、内膳司に任ずる者を奉膳とし、これに任ずる者を正とし、弓削御浄浄方に従五位下を授く。

二十八日、韓鐵師毗登毛人らに坂本姓を授く。

【続日本紀】神護景雲二年二月癸巳（十八日）

癸巳（十八日）、是の日、勅したまはく、令に准へて、高橋・安曇の二氏を以て内膳司に任する者は奉膳とせよ。その他の氏を以てこれに任する者は、名けて正とすべし、と。

甲午（十九日）、无位弓削御浄朝臣浄方に従五位下を授く。

癸卯（二十八日）、筑前国怡土城成れり。讃岐国寒川郡の人外正八位下韓鐵師毗登毛人・韓鐵師部牛養ら一百廿七人に姓を坂本臣と賜ふ。

癸巳、是日、勅、准レ令、以二高橋・安曇二氏一任二内膳司一者為二奉膳一。其以二他氏一任レ之者、宜二名為一レ正。

甲午、授二无位弓削御浄朝臣浄方従五位下一。

癸卯、筑前国怡土城成。讃岐国寒川郡人外正八位下韓鐵師毗登毛人・韓鐵師部牛養等一百廿七人賜二姓坂本臣一。

神護景雲二年三月一日

是より先、東海道巡察使、巡察の様子を奏す。また北陸道・山陽道・南海道巡察使も奏言す。

【続日本紀】神護景雲二年三月乙巳（一日）

三月乙巳の朔、日蝕すること有り。是より先、東海道巡察使式部大輔従五位下紀朝臣広名ら言さく、本道の寺・神の封戸の百姓の款を得るに、公戸の百姓は時に恩に霑ふこと有れども、寺・神の封は嘗て免を被らず。率土の黎庶、苦楽同じからず。望み請はくは、一ら公民に准へて倶に皇澳に沐せむことを、と。使ら商量するに、申す所、道理あり、と。是に至りて、官議して奏聞す。奏するに可としたまふ。餘道の諸国も亦此に准ふ。また同前に言さく、春米を運ぶ者は、元来徭を差して人別に粮を給ふ。而れども、今徭の分に馬を輸して、独り傘丁の粮のみを給ふ。窮弊せる百姓は馬の輸すべき無し。望み請はくは、旧に依りて運ばしめ、人別に粮を給はむことを。また、下総国井上・浮嶋・河曲の三駅、武蔵国乗潴・豊嶋の二駅、山海の両路を承けて使命繁多なり。乞はくは、中路に准へて馬十疋を置かむことを、と。勅を奉けたまはるに、奏に依る。その餘道の春米、諸国の粮料も亦、東海道に准へて施行せしむ。北陸道使右中弁正五位下豊野真人出雲言さく、佐渡国の国分寺を造る料の稲一万束は毎年に支ちて越後に在く。常に農月に当りて、夫を差して運び漕がしむ。海路の風波、動すれば数月を経、漂損すること有るに至れば、復運脚を徴す。乞はくは、当国の田租を割きて用度に充てむことを、と。山陽道使左中弁正五位下藤原朝臣雄田麿言さく、本道は郡の伝路遠く、多く民の苦を致せり。乞はくは、復駅に隷きて迎送せむことを。また、長門国豊浦・厚狭等の郡は、蚕を養はしむべし。乞はくは、調の銅を停めて代へて綿を輸さしめむことを、と。南海道使治部少輔従五位下高向朝臣家主言さく、淡路国神本駅家は、行程殊に近し。乞はくは、停却に従はむことを、と。詔して並に許したまふ。

三月乙巳朔、日有レ蝕之。先レ是、東海道巡察使式部大輔従五位下紀朝臣広名等言、得二本道寺神封戸百姓款一、公戸百姓、時有レ霑レ恩、寺神之封、未二嘗被一レ免。率土黎庶、苦楽不レ同。望請、一准二公民一、倶沐二皇渙一。使等商量、所レ申道理。至レ是、官議奏聞。奏可。餘道諸国亦准二於此一。又同前言、運二春米一者、元来差レ徭、人別給レ粮。而今徭分輸レ馬、独給二牽丁之粮一。窮弊百姓無二馬可一レ輸。望請、依レ旧運人別給レ粮。又下総国井上・浮嶋・河曲三駅、武蔵国乗潴・豊嶋二駅、承二山海両路一、使命繁多。乞准二中路一、置二馬十疋一。奉レ勅依レ奏。其餘道春米・諸国粮料、亦准二東海道一施行。北陸道使右中弁正五位下豊野真人出雲言、佐渡国造二国分寺一料稲一万束、毎年支在二越後一。常当二農月一、差レ夫運漕。海路風波、動経二数月一、至レ有二漂損一、復徴二運脚一。乞、割二当国田租一、以充二用度一。山陽道使左中弁正五位下藤原朝臣雄田麿言、本道郡伝路遠、多致二民苦一。乞復隷レ駅将二迎送一。又長門国豊浦・厚狭等郡、宜レ養レ蚕。乞停二調銅一、代令レ輸レ綿。南海道使治部少輔従五位下高向朝臣家主言、淡路国神本駅家、行程殊近。乞従二停却一。詔並許レ之。

神護景雲二年四月二十七日

天皇、伊勢大神宮の禰義を従七位、度会宮《わたらいのみや》の禰義を正八位に准ふ。

【続日本紀】神護景雲二年四月辛丑（二十七日）

辛丑、始めて伊勢大神宮の禰義に季禄を賜ふ。その官位は従七位に准ふ。度会宮の禰義は正八位に准ふ。伊豫国神野郡の人賀茂直人主ら四人に姓を伊勢賀茂朝臣と賜ふ。

辛丑、始賜二伊勢大神宮禰義季禄一。其官位准二従七位一。度会宮禰義准二正八位一。伊豫国神野郡人賀茂直人主等四人賜二姓伊勢賀茂朝臣一。

神護景雲二年五月三日

礼典に従い、国主等の名や真人や朝臣など氏の名を字とすること、また仏・菩薩・聖賢の号を用いることを禁止する勅を下す。

【続日本紀】神護景雲二年五月丙午（三日）

五月丙午、勅したまはく、国に入りて諱を問ふは、先に聞くこと有り。況や、令に従ふに、何ぞ曾て避くること無けむや。頃諸司の入奏せる名籍を見るに、或は国主・国継の名を以て、朝に向ひて名を奏す。寒心せざるべけむや。或は真人・朝臣を取りて字を立て、氏を以て字と作す。是れ姓を冒すに近し。復仏・菩薩と聖賢の号を用ゐる。聞見を経る毎に懐に安からず。今より以後、更に然ること勿かるべし。昔、里を勝母と名けて曾子入らず。其れ此の如き等の類、先より著きこと有る者は、亦即ち改め換へ、務めて礼典に従へ、と。

五月丙午、勅、入レ国問レ諱、先聞有之。況従レ令、何曾無レ避。頃見二諸司入奏名籍一、或以二国主・国継名一、向レ朝奏レ名。可レ不二寒心一。或取二真人・朝臣一立レ字、以レ氏作レ字。是近レ冒レ姓。復用二仏・菩薩及聖賢之号一。毎レ経二聞見一、不レ安二于懐一。自レ今以後、宜レ勿二更然一。昔里名二勝母一曾子不レ入。其如レ此等類、有二先著一者、亦即改換、務従二礼典一。

神護景雲二年五月二十三日

旱により畿内の郡神に幣を奉らしむ。

【続日本紀】神護景雲二年五月丙寅（二十三日）

丙寅、幣を畿内の郡神に奉る。旱すればなり。

丙寅、奉二幣於畿内郡神一。旱也。

神護景雲二年六月二十一日

勅して天皇、虚薄を以て、謬りて皇位に即くと思うに、武蔵野国より白雉が献上される。天皇郡卿に下して議らしむ。雉は斯れ良民の一心忠貞の応、聖朝の有徳の天子の相次いで現る徴なりと申すにより、かえって寡徳を恥ず。

【続日本紀】神護景雲二年六月癸巳（二十一日）

癸巳、武蔵国、白雉を献る。勅したまはく、朕、虚薄を以て、謬りて洪基を奉けたり。四方に君として臨みて、万類を子として育む。善政洽からずして、毎に情に負重を兢る。淳風或は虧けて、常に念を馭奔に駭かす。是に、武蔵国橘樹郡の人飛鳥部吉志五百国、同じき国久良郡に於て白雉を獲て献る。即ち群卿に下して議らしむ。奏して云はく、雉は斯れ良臣の一心忠貞の応なり。白色は乃ち聖朝の重光照臨の符なり。国を武蔵と号くるは、既に武を戢め文を崇ぶる祥を呈す。郡を久良と称くるは、是れ宝暦延長の表を明にす。姓、是れ吉志なるは、則ち兆民子来の心を標す。名五百国は固に五方朝貢の験を彰にす、と。朕、嘉貺に対越し、還りて寡徳を愧づ。昔者、隆周刑措きて越裳乃ち致し、豊碕升平にして長門も亦献れり。永く休徴を言ふに、固に恵を施すべし。武蔵国の天平神護二年より已往の正税の未納は皆赦除すべし。また、久良郡の今年の田租三分が一を免せ。また、国司と久良郡司とに各位一級を叙せよ。その雉を献る人五百国には、従八位下を授けて、絁十疋、綿廿屯、布卌端、正税一千束を賜ふべし、と。

癸巳、武蔵国献二白雉一。勅、朕以二虚薄一、謬奉二洪基一、君二臨四方一、子二育万類一。善政未レ洽、毎兢二情於負重一。淳風或虧、常駭二念於馭奔一。於レ是、武蔵国橘樹郡人飛鳥部吉志五百国、於二同国久良郡一、獲二白雉一焉。即下二群卿一議之。奏云、雉者斯良臣一心忠貞之応、白色乃聖朝重光照臨之符。国号二武蔵一、既呈二戢レ武崇レ文之祥一。郡称二久良一、是明二宝暦延長之表一。姓是吉志、則標二兆民子来之心一。名五百国、固彰二五方朝貢之験一。朕対二越嘉貺一、還愧二寡徳一。昔者、隆周刑措、越裳乃致、豊碕升平、長門亦献。永言二休徴一、固可レ施レ恵。宜下自二武蔵国天平神護二年一已往正税未納皆赦除上。又免二久良郡今年田租三分之一一。又国司及久良郡司各叙二位一級一。其献レ雉人五百国、宜下授二従八位下一、賜中絁十疋・綿廿屯・布卌端・正税一千束上。

神護景雲二年閏六月七日

天皇、笠朝臣比売比止らに官位を授くるに、戸百五十を西大寺に捨す。

【続日本紀】神護景雲二年六月己酉（七日）

己酉、无位笠朝臣比売比止・多治比真人伊止、正六位上忌部宿禰止美に並に従五位下を授く。是の日、戸百五十烟を西大寺に捨す。

己酉、无位笠朝臣比売比止・多治比真人伊止、正六位上忌部宿禰止美並授二従五位下一。是日、戸百五十烟捨二西大寺一。

神護景雲二年七月九日

壱岐島飢ゑにより之を賑給せしむ。

【続日本紀】神護景雲二年七月庚辰（九日）

庚辰、壱岐島飢ゑぬ。これに賑給す。

庚辰、壱岐島飢。賑二給之一。

神護景雲二年七月十一日

日向国、白亀を献上す。

【続日本紀】神護景雲二年七月壬午（十一日）

壬午、日向国、白亀を献る。

壬午、日向国、献㆓白亀㆒。

神護景雲二年七月三十日

孔子の号を文宣王と改む。

【続日本紀】神護景雲二年七月辛丑（三十日）

辛丑、大学助教正六位上膳臣大丘言さく、大丘は、天平勝宝四年に使に随ひて唐に入り、先聖の遺風を問ひ、膠庠の餘烈を覧るに、国子監に両門有りて、題して文宣王の廟と曰ふ。時に国子の学生程賢有り、大丘に告げて曰はく、今、主上大きに儒範を崇び、追ひ改めて王とす、と。鳳徳の徴、今に至れり。然るに旧典に准ひて猶前号を称せば、誠に恐るらくは、崇徳の情に乖き、致敬の理を失はむ。大丘庸闇にして、聞くままにまに斯れ諸を行はむとす。敢へて管見を陳べて明断を請ふ、と。勅して文宣王と号せしむ。

辛丑、大学助教正六位上膳臣大丘言、大丘、天平勝宝四年、随㆑使入㆑唐、問㆓先聖之遺風㆒、覧㆓膠庠之餘烈㆒、国子監有㆓両門㆒、題曰㆓文宣王廟㆒。時有㆓国子学生程賢㆒、告㆓大丘㆒曰、今主上大崇㆓儒範㆒、追改為㆑王。鳳徳之徴、于㆑今至矣。然准㆓旧典㆒、猶称㆓前号㆒、誠恐乖㆓崇徳之情㆒、失㆓致敬之理㆒。大丘庸闇、聞斯行㆑諸。敢陳㆓管見㆒、以請㆓明断㆒。勅号㆓文宣王㆒。

神護景雲二年八月八日

参河国、白烏を献上す。

【続日本紀】神護景雲二年八月乙酉（八日）

乙酉、参河国、白鳥を献る。

乙酉、参河国、献㆓白鳥㆒。

神護景雲二年九月十一日

本年七月以降、参河・肥後・日向等に祥瑞相次いで出現す。よって祥瑞の意義を調べさせ、関係者に叙位す。

【続日本紀】神護景雲二年九月辛巳（十一日）

辛巳、勅したまはく、今年七月八日に、参河国碧海郡の人長谷部文選が献れる白鳥を得たり。また、同じき月十一日に、肥後国葦北郡の人刑部広瀬女、日向国宮埼郡の人大伴人益が献れる、白亀の赤き眼あると、青馬にして白き髪と尾とあるとを得たり。並に所司に付して図諜を勘へしむるに、奏して稱さく、顧野王が符瑞図に曰はく、白鳥は大陽の精なり、と。孝経援神契に曰はく、徳鳥獣に至るときは、白鳥下る、と。史記に曰はく、神亀は天下の宝なり。物と与に変化して四時色を変す。居りて自ら匿れ、伏して食はず。春は蒼く、夏は赤く、秋は白く、冬は黒し、と。熊氏が瑞応図に曰はく、王者偏せず党せず、耆老を尊び用ゐ、故旧を失はず、徳沢流洽するときは、霊亀出づ、と。顧野王が符瑞図に曰はく、青馬にして白き髪と尾とあるは神馬なり、と。孝経援神契に曰はく、徳協ひ政山陵に至れば、沢神馬を出す、と。仍て瑞式を勘ふるに、白鳥は是れ中瑞と為り。霊亀と神馬とは並に大端に合へり。朕、菲薄を以て頻に鴻貺を荷ふ。先典に順ひて式て恵沢を覃さむことを思ふ。肥後・日向の両国の今年の庸を免すべし。但し、端の出でたる郡は、特に調・庸を免せ。大伴人益・刑部広瀬女には並に従八位下を授け、絁各十疋、綿廿屯、貲布卅端、正税一千束を賜ふ。長谷部文選には少初位上を授け、正税五百束を賜ふ。また、父子の際、因心天性なり。恩賞の被る所、事同じく沐すべし。人益が父村上は恕すに縁党を以てし、入京を放すべし、と

辛巳、勅、今年七月八日、得二参河国碧海郡人長谷部文選所レ献白烏一。又同月十一日、得二肥後国葦北郡人刑部広瀬女・日向国宮埼郡人大伴人益所レ献、白亀赤眼、青馬白髪尾一。並付二所司一、令レ勘二図諜一、奏稱、顧野王符瑞図曰、白烏者大陽之精也。孝経援神契曰、徳至二鳥獣一、則白烏下。史記曰、神亀者天下之宝也。与レ物変化、四時変レ色。居而自匿、伏而不レ食。春蒼夏赤、秋白冬黒。熊氏瑞応図曰、王者不レ偏不レ党、尊二用耆老一、不レ失二故旧一、徳沢流洽、則霊亀出。顧野王符瑞図曰、青馬白髪尾者神馬也。孝経援神契曰、徳協政至二山陵一、則沢出二神馬一。仍勘二瑞式一、白烏是為二中瑞一。霊亀・神馬並合二大瑞一。朕以二菲薄一、頻荷二鴻貺一。思下順二先典一式覃中恵沢上。宜レ免二肥後・日向両国今年之庸一。但瑞出郡者、特免二調庸一。大伴人益・刑部広瀬女並授二従八位下一、賜二絁各十疋、綿廿屯、貲布卅端、正税一千束一。長谷部文選授二少初位上一、賜二正税五百束一。又父子之際、因心天性。恩賞所レ被、事須二同沐一。人益父村上者、恕以二縁党一、宜レ放二入京一。

神護景雲二年十月二十日

二十日、長谷寺に行幸す。

二十二日、車駕にて宮に還りたまう。

【続日本紀】神護景雲二年十月庚申（二十日）

庚申（二十日）、長谷寺に幸して田八町を捨したまふ。

壬戌（二十二日）、車駕、宮に還りたまふ。

庚申、幸二長谷寺一。捨二田八町一。

壬戌、車駕還レ宮。

神護景雲二年十月二十四日

二十四日、左右大臣、以下、大納言・中務卿・式部卿並びに伊福部女王に新羅交関物購入用に大宰の綿を賜う。

三十日、井上内親王に大宰の綿を、大尼法戒は准三位に准へ、大尼法均は従四位に准らえて封戸を賜う。

【続日本紀】神護景雲二年十月甲子（二十四日）

甲子（二十四日）、石上神に封五十戸を充つ。能登国気多神に廿戸と田二町。即ち、左右大臣に大宰の綿各二万屯。大納言諱・弓削御浄朝臣清人に各一万屯。従三位文室真人浄三に六千屯。中務卿従三位文室真人大市・式部卿従三位石上朝臣宅嗣に各四千屯。正四位下伊福部女王に一千屯。新羅の交関物を買ふ為なり。

庚午（三十日）、二品井上内親王に大宰の綿一万屯を賜ふ。大尼法戒は従三位に准へて封戸を賜ふ。大尼法均は従四位に准ふ。

甲子、充二石上神封五十戸、能登国気多神廿戸、田二町一。即左右大臣大宰綿各二万屯、大納言諱・弓削御浄朝臣清人各一万屯、従三位文室真人浄三六千屯、中務卿従三位文室真人大市・式部卿従三位石上朝臣宅嗣各四千屯、正四位下伊福部女王一千屯。為レ買二新羅交関物一也。

庚午、賜㆓二品井上内親王大宰綿一万屯㆒。大尼法戒准㆓従三位㆒賜㆓封戸㆒。大尼法均准㆓従四位㆒。

神護景雲二年十一月二日

美作国、白鼠を献上す。

【続日本紀】神護景雲二年十一月壬申（二日）

十一月壬申、美作掾正六位上恩智神主広人、白鼠を献る。

十一月壬申、美作掾正六位上恩智神主広人献㆓白鼠㆒。

神護景雲二年十一月二十二日

新嘗の豊楽を西宮に設く。五位已上に禄を賜う。

【続日本紀】神護景雲二年十一月壬辰（二十二日）

壬辰、新嘗の豊楽を西宮の前殿に設く。五位已上に禄賜ふこと各差有り。

壬辰、設㆓新嘗豊楽於西宮前殿㆒。賜㆓五位已上禄㆒各有㆑差。

神護景雲二年十二月四日

山階寺僧基真、心性常なく、好みて左道を学ぶ。毘沙門天の像を作り、珠子を像の前に置いて仏舎利の出現と称す。時の人を幻惑して己が瑞とし、道鏡の容れる所となり。基真に姓を物部浄志朝臣と賜り、法参議に拝せらる。随身の兵、基真の威を借りて大夫と雖も律令格式を顧みず、ここに師主円興

をあなどり、遂に基真、飛驒国に追放される。

【続日本紀】神護景雲二年十二月甲辰（四日）

十二月甲辰、先に、山階寺の僧基真は心性常无く、好みて左道を学ぶ。詐りてその童子を呪縛して、人の陰事を教説す。至乃、毗沙門天の像を作りて密に数粒の珠子をその前に置き、称して仏舎利を現すと為す。道鏡、仍て時の人を眩耀して己が瑞とせむと欲ふ。乃ち天皇に諷して、天下に赦し、人ごとに爵を賜ふ。基真は姓を物部浄志朝臣と賜はり、法参議に拝せらる。随身の兵八人。基真に怒を作さるる者は、大夫に列すと雖も、皇法を顧みず。道路これを畏れて、避くること虎を逃るる如し。是に至りて、その師主法臣円興を凌ぎ突きて、飛驒国に擯けらる。

十二月甲辰、先山階寺僧基真、心性无レ常、好学二左道一。詐呪二縛其童子一、教二説人之陰事一。至乃作二毗沙門天像一、密置二数粒珠子於其前一、称為レ現二仏舎利一。道鏡仍欲下眩二耀時人一、以為中己瑞上。乃諷二天皇一、赦二天下一、賜二人爵一。基真賜二姓物部浄志朝臣一、拝二法参議一。随身兵八人。基真所レ作レ怒者、雖レ列二大夫一、不レ顧二皇法一、道路畏レ之、避如レ逃レ虎。至レ是、淩二突其師主法臣円興一、擯二飛驒国一。

神護景雲三年正月一日

雨降りて、朝賀を廃し、二日に行う。朝賀、文武百官と陸奥蝦夷、各々儀によりて拝賀す。

【続日本紀】神護景雲三年正月庚午（一日）

三年春正月庚午の朔、朝を廃む。雨ふればなり。

辛未（二日）、大極殿に御しまして朝を受けたまふ。文武の百官と陸奥の蝦夷と、各儀に依りて拝賀す。是の日、勲六等已上の、身に七位を有ちて職事を帯ぶる者は、始めて当階の色を着て六位の上に列る。六位の諸王の、纁を着る者、これに次ぐ。

三年春正月庚午朔、廃レ朝。雨也。

辛未、御二大極殿一受レ朝。文武百官及陸奥蝦夷、各依レ儀拝賀。是日、勲六等已上、身有二七位一而帯二職事一者、始着二当階之色一、列二於六位之上一。六位諸王着レ纁者次レ之。

神護景雲三年正月三日

法王道鏡は西宮の前殿にて大臣已下の拝賀を受ける。道鏡自ら寿詞《よごと》を告ぐ。

【続日本紀】神護景雲三年正月壬申（三日）

壬申、法王道鏡は西宮の前殿に居り。大臣已下賀拝す。道鏡自ら寿詞を告す。

壬申、法王道鏡居二西宮前殿一。大臣已下賀拝。道鏡自告二寿詞一。

神護景雲三年正月七日

天皇、法王宮職に御して五位已上を宴す。

【続日本紀】神護景雲三年正月丙子（七日）

丙子、法王宮に御しまして、五位已上を宴したまふ。道鏡、五位已上に摺衣人ごとに一領を与ふ。蝦夷には緋袍人ごとに一領。左右大臣には綿各一千屯を賜ふ。大納言已下も亦差有り。

丙子、御二法王宮一、宴二於五位已上一。道鏡、与二五位已上摺衣人一領、蝦夷緋袍人一領一。賜二左右大臣綿各一千屯一。大納言已下亦有レ差。

神護景雲三年正月八日

八日、東院に御して始めて吉祥悔過を行いたまう。
十七日、同院に御して宴を賜う。

【続日本紀】神護景雲三年正月丁丑（八日）

丁丑（八日）、東内に御しまして、始めて吉祥悔過を行ひたまふ。丙戌（十七日）、東院に御しまして、宴を侍臣に賜ふ。文武の百官の主典已上と陸奥の蝦夷とを朝堂に饗す。蝦夷に爵と物とを賜ふこと各差有り。

丁丑、御二東内一、始行二吉祥悔過一。丙戌、御二東院一、賜二宴於侍臣一。饗二文武百官主典已上、陸奥蝦夷於朝堂一。賜二蝦夷爵及物一、各有レ差。

【扶桑略記】

三年正月八日、於二大極殿一始修二御斎會一。有二行幸一。

神護景雲三年正月三十日

陸奥国、他国の鎮兵の一部を留めることを請う。また太政官議奏して、城柵に移住希望する者を募るは農地の利を得たるものなる故なりと、天皇これを可とす。

【続日本紀】神護景雲三年正月己亥（三十日）

己亥、陸奥国言さく、他国の鎮兵の、今見に戍に在る者は三千餘人なり。就中て二千五百人は、官符を被りて解却すること已に訖りぬ。その遣れるは五百餘人なり。伏して乞はくは、暫く鎮所に留めて諸塞を守らしめむことを。また、天平宝字三年の符を被りて、浮浪一千人を差して桃生の柵戸に配す。本是れ情に規避せむことを抱きて、萍のごとく漂ひ蓬のごとく転び、城の下に至らむとして復逃亡す。国司の所見の如くは、比国三丁已上の戸二百烟を募りて城郭に安置し、永く辺域とせむ。その安堵せし以後、稍く鎮兵を省かむ、と。官議して奏して曰はく、夫れ土を懐ひ遷ることを重ることは、俗人の常の情なり。今罪無き民を徙して辺域の戍に配せば、物情穏にあらず。逃亡已むこと無けむ。若し進み趁く人有りて、自ら二城の沃壌に就きて、三農の利益を求むることを願はば、伏して乞はくは、当国・他国を論はず、便の任に安置し、法の外に復を給ひ、人をして遷ることを楽はしめて辺の守とせむことを、と。奏するに可としたまふ。

己亥、陸奥国言、他国鎮兵、今見在レ戍者三千餘人。就中二千五百人、被二官符一解却已訖。其所レ遺五百餘人。伏乞、暫留二鎮所一、以守二諸塞一。又被二天平宝字三年符一、差二浮浪一千人一、以配二桃生柵戸一。本是情抱二規避一、萍漂蓬転、将レ至二城下一、復逃亡。如二国司所見一者、募二比国三丁已上戸二百烟一、安二置城郭一、永為二辺域一。其安堵以後、稍省二鎮兵一。官議奏曰、夫懐レ土重レ遷、俗人常情。今徙二無レ罪之民一、配二辺域之戍一、則物情不レ穏。逃亡無レ已。若有二進趁之人一、自願下就二二城之沃壌一、求中三農之利益上、伏乞、不レ論二当国・他国一、任レ便安置、法外給レ復、令三人楽レ遷、以為二辺守一。奏可。

神護景雲三年二月三日

左大臣藤原永手の第に幸し、従一位を授く。その男および永手の室にも叙位す。

【続日本紀】神護景雲三年二月壬寅（三日）

二月壬寅、左大臣の第に幸したまひて、従一位を授く。その男従五位上家依・従五位下雄依、その室正四位下大野朝臣仲智に並に一階を賜ふ。

二月壬寅、幸二左大臣第一、授二従一位一。其男従五位上家依・従五位下雄依、其室正四位下大野朝臣仲智、並賜二一階一。

神護景雲三年二月十六日

神服・馬形・鞍を伊勢神宮に、神服を天下の諸社に奉らしむ。

【続日本紀】神護景雲三年二月乙卯（十六日）

乙卯、神服を天下の諸社に奉る。大炊頭従五位下掃守王・左中弁従四位下藤原朝臣雄田麻呂を伊勢太神宮の使とす。社毎に男の神服一具、女の神服一具なり。その太神宮と月次社とには、これに加ふるに馬形并せて鞍を以てす。

乙卯、奉二神服於天下諸社一。以二大炊頭従五位下掃守王・左中弁従四位下藤原朝臣雄田麻呂一為二伊勢太神宮使一。毎レ社男神服一具、女神服一具。其太神宮及月次社者、加レ之以二馬形并鞍一。

神護景雲三年二月十七日

陸奥国桃生・伊治の二城は営造すでに畢りぬ。坂東八国の百姓にして移住し、農桑に努めるを願う者を募る。

【続日本紀】神護景雲三年二月丙辰（十七日）

丙辰、勅したまはく、陸奥国桃生・伊治の二城は、営造已に畢りぬ。厥の土沃壌にして、その毛豊饒なり。坂東の八国をして各部下の百姓に募り、如し情に農桑を好みて彼の地利に就く者有らば、則ち願の任に移徙し、便の随に安置せしむべし。法の外に優復して、民をして遷ることを楽はしめよ、と。

丙辰、勅、陸奥国桃生・伊治二城、営造已畢。厥土沃壌、其毛豊饒。宜レ令乙坂東八国、各募二部下百姓一、如有下情好二農桑一、就二彼地利一者上、則任レ願移徙、随レ便安置甲。法外優復、令二民楽一レ遷。

神護景雲三年二月二十四日

二十四日、右大臣吉備真備の第に行幸し、正二位を授く。

二十六日、吉備朝臣泉に正五位を授く。

【続日本紀】神護景雲三年二月癸亥（二十四日）

癸亥（二十四日）、右大臣の第に幸したまひて、正二位を授く。

乙丑（二十六日）、従五位上吉備朝臣泉に正五位下を授く。

癸亥、幸二右大臣第一、授二従二位一。

乙丑、授二従五位上吉備朝臣泉正五位下一。

神護景雲三年三月十九日

十九日、下総国、飢う。賑給せしむ。

二十一日、志摩国、飢う。賑給せしむ。

【続日本紀】神護景雲三年三月丁亥（十九日）

丁亥（十九日）、下総国飢ゑぬ。これに賑給す。

乙丑（二十一日）、志摩国飢ゑぬ。これに賑給す。

丁亥、下総国飢。賑㆓給之㆒。

乙丑、志摩国飢。賑㆓給之㆒。

神護景雲三年三月二十八日

天下に大赦す。

【続日本紀】神護景雲三年三月丙申（二十八日）

丙申、勅したまはく、思ふ所有るに縁りて天下に大赦す。神護景雲三年三月廿八日の味爽より以前の雑犯、大辟罪以下、罪軽重と無く、已発覚も未発覚も、已結正も未結正も、繋囚も見徒も、及強窃の二盗も、咸く赦除せ。その八虐と、私鋳銭と、常赦の免さぬとは、赦の限に在らず、と。

丙申、勅、縁㆑有㆑所㆑思、大㆓赦天下㆒。神護景雲三年三月廿八日味爽以前雑犯、大辟罪以下、罪無㆓軽重㆒、已発覚・未発覚、已結正・未結正、繋囚・見徒、及強窃二盗、咸赦除之。其八虐、私鋳銭、常赦所㆑不㆑免者、不㆑在㆓赦限㆒。

神護景雲三年四月二十三日

西大寺に行幸し、佐伯宿禰今毛人らに叙位。

【続日本紀】神護景雲三年四月辛酉（二十三日）

辛酉、西大寺に幸したまふ。従四位下佐伯宿禰今毛人に従四位上を授く。正五位上大伴宿禰伯麿に従四位下。従五位上息長丹生真人大国に正五位下。従五位下弓削宿禰大成・粟田朝臣公足・益田連縄手に並に従五位上。正六位上大野我孫麿に外従五位下。

辛酉、幸二西大寺一。授二従四位下佐伯宿禰今毛人従四位上、正五位上大伴宿禰伯麿従四位下、従五位上息長丹生真人大国正五位下、従五位下弓削宿禰大成・粟田朝臣公足・益田連縄手並従五位上、正六位上大野我孫麿外従五位下一。

神護景雲三年五月十六日
猪名部文麿、白鳩を献じたるにより、爵二級と稲五百束を賜う。

【続日本紀】神護景雲三年五月癸未（十六日）

癸未、伊勢国員弁郡の人猪名部文麿、白鳩を献る。爵二級と当国の稲五百束とを賜ふ。

癸未、伊勢国員弁郡人猪名部文麿献二白鳩一。賜二爵二級、当国稲五百束一。

神護景雲三年五月二十五日

不破内親王は、先朝に勅ありて親王の名を削れり。而して猶、積悪止まず。天皇、思う所ありて特別にその罪を許し、厨真人厨女の姓名を賜い、京中より追放す。またその子氷上志計志麻呂は父塩焼王の不穏のみならず、母の不正も許されたるに、今また、母の悪行により遠流に処される。

【続日本紀】神護景雲三年五月壬辰（二十五日）

壬辰、詔して曰はく、不破内親王は、先の朝勅有りて親王の名を削れり。而して積悪止まず、重ねて不敬を為す。その犯す所を論ふに、罪八虐に合へり。但し、思ふ所有るに縁りて、特にその罪を宥す。仍て厨真人厨女の姓名を賜ふ。京中に在らしむること莫れ。また、氷上志計志麿は、その父塩焼を棄つる日、倶に相従ふべし。而れども母に依りて坐せられず。今亦その母悪行弥彰る。是を以て、遠流に処して土左国に配す、と。

壬辰、詔曰、不破内親王者、先朝有レ勅、削二親王名一。而積悪不レ止、重為二不敬一。論二其所レ犯、罪合二八虐一。但縁レ有レ所レ思、特宥二其罪一。仍賜二厨真人厨女姓名一。莫レ令レ在二京中一。又氷上志計志麿者、棄二其父塩焼一之日、倶応二相従一。而依レ母不レ坐。今亦其母悪行弥彰。是以、処二遠流一、配二土左国一。

神護景雲三年五月二十九日

県犬養宿禰姉女、厨真人厨女の許に行き、その子塩焼王の男志計志麻呂を皇太子に即けんと画策、天皇の御髪を髑髏に入れて呪詛す。然れども仏の加護により呪詛を払い、姉女らを遠流に処す。

【続日本紀】神護景雲三年五月丙申（二十九日）

丙申、県犬養姉女ら、巫蠱に坐して配流せらる。詔して曰はく、現神と大八洲国知らしめす倭根子天皇が大命を、親王・王・臣・百官人等、天下公民、衆聞きたまへと宣りたまはく。犬部姉女をば内つ奴と為て冠位挙げ給ひねかばね改め給ひ治め給ひき。然る物を反りて逆心を抱蔵きて己首と為りて忍坂女王・石田女王等を率ゐて、挂けまくも畏き先の朝の過に依りて棄て給ひてし厨真人厨女が許に窃に往きつつきたなく悪しき奴どもと相結び謀りけらく、朝庭を傾け奉り、国家を乱りて、きらひ給ひてし氷上塩焼が児志計志麿を天日嗣と為せむと謀りて、挂けまくも畏き天皇の大御髪を盗み給はりて、きたなき佐保川の髑髏に入れて大宮の内に持ち参入り来て、厭魅為ること三度せり。然れども、盧舎那如来、最勝王経、観世音菩薩、護法善神の梵王・帝釈・四大天王の不可思議威神の力、挂けまくも畏き開闢けてより已来御宇しし天皇の御霊、天地の神たちの護り助け奉りつる力に依りて、其等が穢く謀りて為る厭魅事皆悉く発覚れぬ。是を以て、法を検ふるに皆死刑罪に当れり。此に由りて、理は法のまにまにきらひ給ふべく在り。然れども慈び賜ふと為て一等降して、其等がねかばね替へて遠流罪に治め賜ふと宣りたまふ天皇が大命を衆聞きたまへと宣る、と。

丙申、県大養姉女等坐㆓巫蠱㆒配流。詔曰、現神止大八洲国所知倭根子挂畏天皇大命乎、親王・王・臣・百官人等、天下公民、衆聞食止宣久。犬部姉女乎波内都奴止為弖冠位挙給比根可波爾改給比治給伎。然流物乎反天逆心乎抱蔵弖己為首弖忍坂女王・石田女王等乎率弖、挂畏先朝乃依過弖棄給弖之厨真人厨女許尓窃往乍岐多奈久悪奴止母止相結謀家良久。傾奉朝庭、乱国家弖、岐良比給弖之氷上塩焼我児志計志麿乎天日嗣止為牟止謀氐挂畏天皇大御髪乎盗給波利弖、岐多奈伎佐保川乃髑髏尓入弖大宮内尓持参入来弖、厭魅為流己止三度世利。然母盧舎那如来、最勝王経、観世音菩薩、護法善神梵王・帝釈・四大天王乃不可思議威神力、挂畏開闢已来御宇天皇御霊、天地乃神多知乃護助奉都流力尓依弖、其等我穢久謀弖為留厭魅事皆悉発覚奴。是以、検法尓皆当死刑罪。由此弖、理波法末尓末尓岐良比給倍久在利。然止毛慈賜止為弖一等降弖、其等我根可婆爾替弖遠流罪尓治賜布止宣布天皇大命乎、衆聞食止宣。

神護景雲三年六月十五日

天皇、西大寺に彌勒浄土を造る。

【扶桑略記】神護景雲元年六月丙寅（十五日）

同六月十五日。天皇奉㆑造㆓西大寺彌勒浄土㆒。在㆓大和国添下郡平城宮右京一條二坊㆒。

神護景雲三年七月十日

厨真人厨女に封戸・田を賜う。始めて法王宮職の印を用いる。

【続日本紀】神護景雲三年七月乙亥（十日）

秋七月乙亥、厨真人厨女に、封卌戸、田十町を賜ふ。始めて法王宮職の印を用ゐる。

秋七月乙亥、賜㆓厨真人厨女封卌戸、田十町㆒。始用㆓法王宮職印㆒。

神護景雲三年七月十五日

使をして畿内風伯に奉せしむ。

【続日本紀】神護景雲三年七月庚辰（十五日）

庚辰、使を遣して、幣を五畿内の風伯に奉らしむ。

庚辰、遣㆑使奉㆓幣於五畿内風伯㆒。

神護景雲三年八月九日

尾張国にて大水ありて、貧しき者に穀を賜う。

【続日本紀】 神護景雲三年八月甲辰（九日）

甲辰、尾張国海部・中嶋の二群に大水あり。尤も貧しき者に穀人ごとに一斗を賜ふ。

甲辰、尾張国海部・中嶋二群大水。賜二尤貧者穀人一斗一。

神護景雲三年九月二十五日

天皇、詔して輔治能（藤野）清麻呂と姉法均を京外に追放す。先に清麻呂ら道鏡の願により、宇佐八幡の大神の託宣の真実ならざることを告げたるにより、道鏡らによって退けらる。告げたること五段に分けらる。（1）道鏡らは清麻呂らが宇佐大神の命を偽って託宣の申告。（2）法均の態度などから虚偽の申告。（3）清麻呂らに同調する者の存在を知るも仁慈の心を免す。（4）清麻呂を別部穢麻呂、法均の名を旧名広虫女に戻す。（5）明基も名を奪い退ける。

【続日本紀】 神護景雲三年九月己丑（二十五日）

己丑、詔して曰はく、天皇が御命らまと詔りたまはく。夫れ臣下と云ふ物は君に随ひて浄く貞かに明き心を以て君を助け護り、対ひては无礼き面へり无く後には謗る言无く、奸み偽り諂ひ曲れる心无くして奉侍るべき物に在り。然る物を、従五位下因幡国員外介輔治能真人清麿、其が姉法均と甚大きに悪しく奸める忌語を作りて朕に対ひて法均い物奏せり。此を見るに面の色形口に云ふ言猶明らかに己が作りて云ふ言を大神の御命と借りて言ふと知らしめしぬ。問ひ求むるに、朕が念して在るが如く、大神の御命には在らずと聞し行し定めつ。故、是を以て、法のまにま退け給ふと詔りたまふ御命を、衆諸聞きたまへ、と。復詔りたまはく、此の事は人の奏して在るにも在らず、唯言甚理に在らず逆に云へり。面へりも无礼して、己が事を納れ用ゐよと念ひて在り。是れ天地の逆と云ふに比より増れるは无し。然れば此は諸聖等・天神・地祇の現し給ひ悟し給ふにこそ在れ、誰か敢へて朕に奏し給はむ。猶人は奏さずて在れども、心の中悪しく垢く濁りて在る人は、必ず天地現し示し給ひつる物そ。是を以て、人々己が心を明らかに清く貞かに謹みて奉侍れと詔りたまふ御命を、衆諸聞きたまへ、と。

復此の事を知りて清麻呂等と相謀りけむ人在りとは知らしめして在れども、君は慈を以て天下の政は行ひ給ふ物にいませばなも慈び愍み給ひて免し給ふ。然れども行事に重く在らむ人をば法のまにまに収め給はむ物そ。如是の状悟りて先に清麿等と同心して一つ二つの事も相謀りけむ人等は心改めて明らかに貞かに在る心を以て奉侍れと詔りたまふ御命を、衆諸聞きたまへ、と。

復、清麿等は奉侍れる奴と念してこそ姓も賜ひて治め給ひてしか、今は穢き奴として退け給ふに依りてなも、賜へりし姓は取りて別部と成し給ひて、其が名は穢麿と給ひ、法均が名も広虫売と還し給ふと詔りたまふ御命を、衆諸聞きたまへ、と。

復明基は広虫売と身は二つに在れども、心は一つに在りと知らしめしてなも、其が名も取り給ひて同じく退け給ふと詔りたまふ御命を、衆諸聞きたまへと宣る、と。初め大宰主神習宜阿曾麻呂、旨を希ひて道鏡に媚び事ふ。因て八幡神の教と矯りて言はく、道鏡をして皇位に即かしめば、天下太平ならむ、と。道鏡これを聞きて、深く喜びて自負す。天皇、清麿を牀下に召して、勅して曰はく、昨夜の夢に、八幡神の使来りて云はく、大神、事を奉けたまはらしめむとして、尼法均を請ふ、と。汝清麿、相代りて往きて、彼の神の命を聴くべし、と。発つに臨みて、道鏡、清麻呂に語りて曰はく、大神、使を請ふ所以は、蓋し我が即位の事を告げむが為ならむ。因て重く募るに官爵を以てせむ、と。清麻呂行きて神宮に詣づるに、大神託宣して曰はく、我が国家開闢より以来、君臣定りぬ。臣を以て君とすることは、未だ有らず。天の日嗣は必ず皇緒を立てよ。无道の人は早に掃ひ除くべし、と。清麻呂来帰りて、奏すること神の教の如し。是に道鏡大きに怒りて、清麿が本官を解きて、出して因幡員外介とす。未だ任所に之かぬに、尋ぎて詔有りて、除名して大隅に配す。その姉法均は還俗せしめて備後に配す。

己丑、詔曰、天皇良我御命良麻止詔久、夫臣下等云物波君仁随天浄久貞仁明心乎以テ君乎助護、対天方无礼岐面幣利无久後仁波謗言无久、奸偽利諂曲流心无之天奉侍倍岐物仁在。然物乎、従五位下因幡国員外介輔治能真人清麿、其我姉法均止甚大尓悪久奸流忌語乎作弖朕仁対天法均伊物奏利。此乎見流仁面乃色形口仁云言猶明尓己可作天云言乎大神乃御命止借天言止所知奴。問求仁、朕所念志天在可如久、大神乃御命尓波不在止聞行定都。故是以、法乃麻仁麻退給止詔布御命乎、衆諸聞食止宣。

復詔久、此事方人乃奏天在仁毛不在、唯言甚理仁不在逆尓云利。面幣利毛无礼之天、己事乎納用与止念テ在。是天地乃逆止云尓此与利増波无。然此方諸聖等・天神・地祇現給比悟給尓己曾在礼、誰可敢弖朕尓奏給牟。猶人方不奏天在等毛、心中悪久垢久濁天在人波必天地現之示給豆留物曾。是以、人々己可心乎明仁清久貞仁謹天奉侍止詔布御命乎、衆諸聞食止宣。

復此事乎知天清麻呂等止相謀家牟人在止方所知天在止毛、君波慈乎以天天下乃政波行給物仁伊麻世波奈毛慈比愍美給テ免給布。然行事尓重在牟人乎波法乃麻尓麻尓収給牟物曾。如是状悟天先尓清麿等止同心之天一二乃事毛相謀家牟人等波心改天明仁貞尓在心乎以天奉侍止詔布御命乎、衆諸聞食止宣。

復清麿等波奉侍留奴止所念天己曾姓毛賜天治給天之可、今被穢奴止之弖退給仁依奈毛、賜部利之姓方取天別部止成給弖、其我名波穢麿止給比、法均加名毛広虫売止還給止詔布御命乎、衆諸聞食止宣。

復明基波広虫売止身波二尓在止毛、心波一尓在止所知天奈毛、其我名毛取給弖同久退給等詔布御命乎、衆諸聞食止宣。

初大宰主神習宜阿曾麻呂、希レ旨媚二事道鏡一。因矯二八幡神教一言、令三道鏡即二皇位一、天下太平。道鏡聞レ之、深喜自負。天皇召二清麿於牀下一、勅曰、昨夜夢、八幡神使来云、大神為レ令レ奉レ事、請二尼法均一。宜三汝清麿相代而往聴二彼神命一。臨レ発、道鏡語二清麻呂一曰、大神所二以請一レ使者、蓋為レ告二我即位之事一。因重募以二官爵一。清麻呂行詣二神宮一、大神託宣曰、我国家開闢以来、君臣定矣。以レ臣為レ君、未二之有一也。天之日嗣必立二皇緒一。无道之人宜二早掃除一。清麻呂来帰、奏如二神教一。於レ是、道鏡大怒、解二清麿本官一、出為二因幡員外介一。未レ之二任所一、尋有レ詔、除名配二於大隅一。其姉法均還俗配二於備後一。

神護景雲三年十月一日

称徳天皇、詔して、皇位を窺窬する動きを警戒す。（1）元正天皇の遺詔を引き、聖武天皇に続き、阿部皇太子を助け仕えること、（2）聖武天皇の詔を引いて、皇太子への譲位、皇太子の心構え、皇位の維持を処置、親衛軍としての授刀舎人の設置、（3）皇位は意図してえられず、浄く正しい奉仕に基づく、（4）紫綾の帯を作りて、怒の字を書いたものを渡す。

【続日本紀】神護景雲三年十月乙未（一日）

冬十月乙未の朔、詔して曰はく、天皇が御命らまと詔りたまはく、掛けまくも畏き新城の大宮に天下治め給ひし中つ天皇の臣等を召して後の御命に勅りたまひしく、汝等を召しつる事は朝庭に奉侍らむ状教へたまひ詔りたまはむとそ召しつる。おだひに侍りて諸聞きたまへ。貞しく明らかに浄き心を以て朕が子天皇に奉侍り護り助けまつれ。継ぎては是の太子を助け奉侍れ。朕が教へ給ふ御命に順はずして王等は己が得ましじき帝の尊き宝位を望み求め、人をいざなひ悪しく穢き心を以て逆に在る謀を起て、臣等は己がひきひき是に託き彼に依りつつ頑に无礼き心を念ひて横の謀を構ふ。如是在らむ人等をば、朕必ず天翔り給ひて見行はし、退け給ひ捨て給ひきらひ給はむ物そ。天地の福も蒙らじ。是の状知りて明らかに浄き心を以て奉侍らむ人をば慈び給ひ愍み給ひて治め給はむ物そ。復天の福も蒙り、永き世に門絶えず奉侍り昌えむ。ここ知りて謹まり浄き心を以て奉侍れと命りたまはむとなも召しつる、と勅りたまひおほせ給ふ御命を、衆諸聞きたまへ、と。

復詔りたまはく、掛けまくも畏き朕が天の御門帝皇が御命以て勅りたまひしく、朕に奉侍らむ諸の臣等朕を君と念はむ人は、太皇后に能く奉侍れ。朕を念ひて在るが如く異にな念ひそ。継ぎては朕が子太子に明らかに浄く二心无くして奉侍れ。朕は子二りと云ふ言は无し。唯此の太子一人のみそ朕が子は在る。此の心知りて諸護り助け奉侍れ。然らば朕は御身つからしくおほましますに依りて太子に天つ日継高御座の継ぎては授けまつる、と命りたまひて、朕に勅りたまひしく、天下の政事は慈を以て治めよ。復上は三宝の御法を隆えしめ出家せし道人を治めまつり、次は諸の天神・地祇の祭祀を絶たず、下は天下の諸人民を愍み給へ。復、勅りたまひしく、此の帝の位と云ふ物は、天の授け給はぬ人に授けては保つことも得ず、亦変へりて身も滅びぬる物そ。朕が立てて在る人と云ふとも、汝が心に能からずと知り目に見てむ人をば改めて立てむ事は心のまにまにせよ、と命りたまひき。復勅りたまひしく、朕が東人に刀授けて侍らしむる事は、汝の近き護りとして護らしめよと念ひてなも在る。是の東人は常に云はく、額には箭は立つとも背には箭は立たじ、と、君を一つ心を以て護る物そ。此の心知りて汝つかへ、と勅りたまひし御命を忘れず。此の状悟りて諸の東国の人等謹しまり奉侍れ。然るに掛けまくも畏き二所の天皇が御命を朕が頂に受け賜はりて、昼も夜も念し持ちて在れども、由无くして人に云ひ聞かしむる事得ず。猶比に依りて諸の人に聞かしめむとなも召しつる。故、是を以て、今朕が汝等を教へ給はむ御命を、衆諸聞きたまへ、と。

夫れ君の位は願ひ求むるを以て得る事は甚難しと云ふ言をば皆知りて在れども、先の人は謀をぢなし、我は能くつよく謀りて必ず得てむと念ひて種々に願ひ禱れども、猶諸聖・天神・地祇の御霊の免し給はず授け給はぬ物に在れば、自然に人も申し顕し、己が口を以ても云ひつ、変へりて身を滅し災を蒙りて終に罪を己も他も同じく致しつ。茲に因りて、天地を恨み君臣をも怨みぬ。猶心を改めて直く浄く在らば、天地も憎みたまはず君も捨て給はずして福を蒙り身も安けむ。生きては官位を賜はり昌え、死にては善き名を遠き世に流し伝へてむ。是の故に先の賢しき人云ひて在らく、体は灰と共に地に埋りぬれど、名は烟と共に天に昇る、と。また云はく、過を知りては必ず改めよ、能きを得ては忘るな、と。然る物を口に我は浄しと云ひて心に穢きをば天の覆はず地の載せぬ所と成りぬ。此を持ついは称を致し、捨つるいは謗を招きつ。深く朕が尊び拝み読誦し奉る最勝王経の王法正論品に命りたまはく、若し善悪の業を造らば、現在の中に諸天と共に護持して、其の善悪の報を示さしめむ。国人の悪業を造るを王者禁制せざるは、此れ正理に順せず。治擯せむこと当に法の如くすべし、と命りたまひて在り。是を以て汝等を教へ導く。今世には世間の栄福を蒙り忠しく浮き名を顕し、後世には人天の勝楽を受けて終に仏と成れと念してなも諸に是の事を教へ給ふと詔りたまふ御命を、衆諸聞きたまへ、と。

復詔りたまはく、此の賜ふ帯をたまはりて、汝等の心をととのへ直し朕が教へ事に違はずして束ね治めむ表となも此の帯を賜はくと詔りたまふ御命を、衆諸聞きたまへと宣る、と。その帯は、皆、紫の綾を以て為る。長さ各八尺、その二つの端に金泥を以て恕の字を書き、五位已上に賜ふ。その才伎并せて貢献れるを以て位に叙せらるる者は、賜ふ限に在らず。但し藤原氏には、成人ならずと雖も、皆賜ふ。

冬十月乙未朔、詔曰、天皇我御命良麻止詔久、掛万久毛畏支新城乃大宮尓天下治給之中豆天皇乃臣等乎召テ後乃御命仁勅之久、汝等乎召豆流事波朝庭尓奉侍良牟状教詔牟止曾召豆流。於太比尓侍弖諸聞食。貞久明尓浄伎心乎以天朕子天皇仁奉侍利護助万豆礼。継天万是太子乎助奉侍礼。朕我教給布御命尓不順之天王等波己我得万之宇支帝乃尊支宝位乎望求米、人乎伊射奈此悪久穢心乎以天逆尓在謀乎起、臣等方己我比伎婢企是尓託彼尓依豆々頑尓无礼支心乎念テ横乃謀乎構。如是在牟人等乎波、朕必天翔給天見行之、退給比捨給此岐良比給牟物會。天地乃福毛不蒙自。是状知天明仁浄岐心乎以テ奉侍牟人乎波慈給比愍給天治給牟物會。復天乃福毛蒙利、永世尓門不絶奉侍利昌牟。許己知天謹万利浄心乎以テ奉侍止将命止奈毛召都流止勅比於保世給布御命乎、衆諸聞食止宣。

復詔久、掛毛畏支朕我天乃御門帝皇我御命以天勅之久、朕尓奉侍牟諸臣等朕乎君止念牟人方、太皇后仁能奉侍礼。朕乎念天在我如久異奈念曾。継天万朕子太子尓明仁浄久二心无之天奉侍礼。朕方子二利止云言波无。唯此太子一人乃未曾朕我子波在。此心知テ諸護助奉侍礼。然朕波御身都可良之久於保麻之麻須尓依テ太子尓天豆日継高御座乃継天方授万豆流止命天、朕尓勅之久、天下乃政事波慈乎以天治与。復上波三宝乃御法乎隆之米出家道人乎治万豆利、次波諸天神・地祇乃祭祀乎不絶、下波天下乃諸人民乎愍給へ。復勅之久、此帝乃位止云物波、天乃授不給奴人尓授天方保己止毛不得、亦変天身毛滅奴流物曾。朕我立天在人止云止毛、汝我心尓不能止知目尓見天牟人乎波改天立牟事方心乃麻尓麻尓世与止命支。復勅志久、朕我東人尓授刀天侍之牟留事波、汝乃近護止之天護近与止念天奈毛在。是東人波常尓云久、額尓方箭波立止毛背尓波箭方不立止云テ、君乎一心乎以テ護物會。此心知天汝都可弊止勅比之御命乎不忘。此状悟テ諸東国乃人等謹之麻利奉侍礼。然掛毛畏伎二所乃天皇我御命乎朕我頂尓受賜天、昼毛夜毛念持天在止毛、由无之テ人尓云聞之牟流事不得。猶此尓依テ諸乃人尓令聞止奈毛召豆留。故是以、今朕加汝等乎教給牟御命乎、衆諸聞食止宣。夫君乃位波願求乎以天得事方甚難止云言乎波皆知テ在止毛、先乃人波謀乎遅奈之、我方能久都与久謀テ必得天牟止念天種々尓願禱止毛、猶諸聖・天神・地祇御霊乃不免給不授給物尓在波、自然尓人毛申顕、己我口乎以テ毛云豆、変天身乎滅災乎蒙天終尓罪乎己毛他毛同久致都。因茲天天地乎恨君臣乎毛怨奴。猶心乎改天直久浄久在波、天地毛憎多万波受、君毛捨不給之天福乎蒙身毛安家牟。生天方官位乎賜利昌、死弖波善名乎遠世尓流云天牟。是故先賢人云テ在久、体方灰止共仁地仁理利奴礼止、名波烟止共仁天仁昇止云利。又云久、過乎知天方必改与。能乎得天方莫忘止伊布。然物乎口尓我方浄之止云天心仁穢乎波天乃不覆地能不載奴所止成奴。此乎持伊波称乎致之、捨伊方謗乎招豆。深朕我尊備拝美読誦之奉留最勝王経乃王法正論品尓命久、若造善悪業、令於現在中、諸天共護持、示其善悪報。国人造悪業、王者不禁制、此非順正理。治擯当如法止命天在。是乎以天汝等乎教導久。今世尓方世間能栄福乎蒙利忠浄名乎顕之、後世尓方人天能勝楽乎受天終尓仏止成止所念天奈毛諸尓是事乎教給布止詔布御命乎、衆諸聞食止宣。復詔久、此賜布帯乎多万波利弖、汝等能心乎等等能倍直シ朕我教事仁不違之天束祢治牟表止奈毛此帯乎賜八久止詔布御命乎、衆諸聞食止宣。其帯、皆以㆓紫綾㆒為之。長各八尺、其二端以㆓金泥㆒書㆓恕字㆒、賜㆓五位已上㆒。其以㆓才伎并貢献㆒叙㆑位者、不㆑在㆓賜限㆒。但藤原氏者、雖㆑未㆓成人㆒皆賜之。

神護景雲三年十月十五日

十五日、天皇、飽浪宮に幸す。

十七日、由義宮に幸す。

十九日、従四位下藤原朝臣雄田麿を河内守とす。

二十一日、河内国　龍華寺に市を立て、玩好の物を交易せしむ。天皇之に臨みて遊覧す。

三十日、由義宮を西京とし、河内国を河内職とす。是の日、河内職の官人を任命す。

十一月九日、宮に還りたまう。

【続日本紀】神護景雲三年十月乙酉（十五日）

己酉（十五日）、車駕、飽浪宮に幸したまふ。

辛亥（十七日）、進みて由義宮に幸したまふ。

癸丑（十九日）、従四位下藤原朝臣雄田麿を河内守とす。左中弁・右兵衛督・内匠頭は並に故の如し。

乙卯（二十一日）、権に肆廛を龍華寺に建て、西の川上を以て、河内の市人を駈りてこれを居く。陪従五位已上は、私の玩好を以てその間に交関す。車駕、これに臨みて以て遊覧したまふ。難波宮の綿二万屯、塩卅石を、龍華寺に施入す。

甲子（三十日）、詔して、由義宮を西京としたまふ。河内国を河内職とす。高年七十已上の者に物を賜ふ。従四位上藤原朝臣雄田麿を河内大夫とす。本官は故の如し。従五位上紀朝臣広庭を亮。法王宮大進外従五位下河内連三立麿を兼大進。外従五位下高安忌寸伊賀麿を少進。

癸酉（十一月九日）、車駕、宮に還りたまふ。

己酉、車駕幸二飽浪宮一。

辛亥、進幸二由義宮一。

癸丑、以二従四位下藤原朝臣雄田麿一為二河内守一。左中弁・右兵衛督・内匠頭並如レ故。

乙卯、権建二肆鄽於龍華寺一、以二西川上一、而駐二河内市人一以居レ之。陪従五位已上、以二私玩好一交二関其間一。車駕臨レ之、以為二遊覧一。難波宮綿二万屯、塩卅石、施二入龍華寺一。

甲子、詔以二由義宮一為二西京一。河内国為二河内職一。賜二高年七十已上者物一。従四位上藤原朝臣雄田麿為二河内大夫一。本官如レ故。従五位上紀朝臣広庭為レ亮。法王宮大進外従五位下河内連三立麿為二兼大進一。外従五位下高安忌寸伊賀麿為二少進一。

癸酉、車駕還レ宮。

神護景雲三年十一月十二日

十二日、新羅使汲飡金初正ら対馬に着く。

十二月十九日、天皇、太宰に大伴宿禰伯麿らを遣わし入朝の由を問はしむ。

【続日本紀】神護景雲三年十一月丙子（十二日）

丙子（十二日）、新羅使汲飡金初正ら一百八十七人と導を送る者卅九人と、対馬嶋に到り著く。

十二月癸丑（十九日）、員外右中弁従四位下大伴宿禰伯麿・摂津大進外従五位下津連真麻呂らを大宰に遣して、新羅使の入朝の由を問はしむ。

丙子、新羅使汲飡金初正等一百八十七人及導送者卅九人、到二著対馬嶋一。

癸丑、遣二員外右中弁従四位下大伴宿禰伯麿・摂津大進外従五位下津連真麻呂等於大宰一、問二新羅使入朝之由一。

神護景雲三年十一月二十六日

天皇、軒に臨み、隼人、俗伎を奏す。よって位を授け、物を賜う。

【続日本紀】神護景雲三年十一月庚寅（二十六日）

庚寅、天皇、軒に臨みたまふ。大隅・薩摩の隼人、俗伎を奏る。外従五位下薩摩公鷹白・加志公嶋麻呂に並に外従五位上を授く。正六位上甑隼人麻比古、外正六位上薩摩公久奈都・曾公足麿・大住直倭、上正六位上大住忌寸三行に並に外従五位下。自餘の隼人らに物賜ふこと差有り。

庚寅、天皇臨レ軒。大隅・薩摩隼人奏二俗伎一。外従五位下薩摩公鷹白・加志公嶋麻呂並授二外従五位上一。正六位上甑隼人麻比古、外正六位上薩摩公久奈都・曾公足麿・大住直倭、上正六位上大住忌寸三行並外従五位下。自餘隼人等賜レ物有レ差。

神護景雲三年十一月二十八日

詔して、新嘗の豊の明の日なり。昨日の冬至に降雨があり地が潤ったこと、伊予国より白鹿献上の喜び事が重なったことを諸臣と喜びを共有すると宣う。

【続日本紀】神護景雲三年十一月壬辰（二十八日）

壬辰、宴を五位已上に賜ふ。詔して曰はく、今勅りたまはく、今日は新嘗のなほらひの豊の明聞こしめす日に在り。然るに昨日の冬至の日に、天雨りて地も潤ひ、万物も萌みもえ始めて、好かるらむと念ふに、伊与国より白き祥の鹿を献奉りて在れば、うれしよろこぼしとなも見る。復三つの善事の同じ時に集りて在ること、甚希有しと念ひ畏まり尊み、諸臣等と共に異に奇しく麗しく白き形をなも見喜ぶる。故、是を以て、黒記白記の御酒たまへゐらき、常も賜ふ酒幣の物賜はれとして御物給はくと宣る、と。禄賜ふこと差有り。

壬辰、賜㆓宴於五位已上㆒。詔曰、今勅久、今日方新嘗能猶良比乃豊能明聞許之女須日仁在。然昨日能冬至日仁、天雨天地毛潤、万物毛萌毛延始テ、好何流良牟止念仁、伊与国与利白祥鹿乎献奉天在礼方、有礼志与呂許保志止奈毛見留。復三能善事能同時仁集天在己止、甚希有止念畏末利尊美、諸臣等止共仁異奇久麗白岐形乎奈毛見喜流。故是以、黒記白記能御酒食倍恵良伎、常毛賜酒幣乃物賜礼止之天御物給波久止宣。賜㆑禄有㆑差。

宝亀元年正月八日

次侍従已上を東院に宴し、御被を賜う。

【続日本紀】宝亀元年正月辛未（八日）

宝亀元年春正月辛未、次侍従已上を東院に宴す。御被を賜ふ。

宝亀元年春正月辛未、宴㆓次侍従已上於東院㆒。賜㆓御被㆒。

宝亀元年正月十二日

由義宮に入る百姓の宅地を移し、対価を与え賜う。

【続日本紀】宝亀元年正月乙亥（十二日）

乙亥、大県・若江・高安等の郡の百姓の宅の由義宮に入れる者に、その価を酬ひ給ふ。

乙亥、大県・若江・高安等郡百姓之宅入㆓由義宮㆒者、酬㆓給其価㆒。

宝亀元年二月二十三日

西大寺東塔の心礎の石、破却す。今、寺内にある東南の隅の数十片の破石是なりという。

【続日本紀】宝亀元年二月丙辰（二十三日）

丙辰、西大寺の東塔の心礎を破却す。その石大きさ方一丈餘、厚さ九尺あり。東大寺より以東、飯盛山の石なり。初め数千人を以て引けども、日に去くこと数歩のみ。時に復或は鳴る。是に人夫を益して、九日にして乃ち至れり。即ち削刻を加へて、基を築くこと已に畢れり。時に巫覡の徒、動すれば石の祟を以て言を為す。是に、柴を積みてこれを焼く。灌くに卅餘斛の酒を以てして、片片に破却して道路に棄つ。後、月餘の日にして、天皇不悆す。これをトふるに、破られし石祟を為すといふ。即ち復拾ひて浄地に置きて、人・馬をして践ましめず。今、その寺の内の東南の隅の数十片の破石是なり。

丙辰、破㆓却西大寺東塔心礎㆒。其石大方一丈餘、厚九尺。東大寺以東、飯盛山之石也。初以㆓数千人㆒引之、日去数歩。時復或鳴。於㆑是、益㆓人夫㆒、九日乃至。即加㆓削刻㆒、築㆑基已畢。時巫覡之徒、動以㆓石祟㆒為㆑言。於㆑是、積㆑柴焼㆑之。灌以㆓卅餘斛酒、片片破却、棄㆓於道路㆒。後月餘日、天皇不悆。卜㆑之、破石為㆑祟。即復拾㆓置浄地㆒、不㆑令㆓人馬践㆒之。今其寺内東南隅数十片破石是也。

【扶桑略記】

四年《宝亀元》庚戌二月丙辰。破㆓却西大寺東塔心礎㆒。其石大因一丈餘。厚九尺。東大寺之東飯盛山之石也。初数千人引㆑之。日去数歩。時復或鳴。於㆑是益㆓人夫㆒。九日乃至。加㆓削刻㆒。築㆑基已了。于㆑時巫覡之徒動以㆓石祟㆒為㆑言。於㆑是積㆑柴焼㆑之。灌以㆓卅餘斛酒㆒。片々破棄㆓於道路㆒。後月。天皇不悆。卜㆑之。破石為㆑祟。即復拾㆓浄地㆒。不㆑令㆓人馬践㆒㆑之。囙其寺内東南隅数十片破石是也。

宝亀元年二月二十七日

天皇、由義宮に幸したまう。

【続日本紀】宝亀元年二月庚申（二十七日）

庚申、車駕、由義宮に幸したまふ。

庚申、車駕幸㆓由義宮㆒。

宝亀元年三月三日

博多川にて宴遊す。

【続日本紀】宝亀元年三月丙寅（三日）

三月丙寅、車駕、博多川に臨みて宴遊したまふ。是の日、百官・文人と大学生らと、各々曲水の詩を上る。

三月丙寅、車駕臨㆓博多川㆒、以宴遊焉。是日、百官・文人及大学生等各上㆓曲水之詩㆒。

宝亀元年三月四日

新羅使金初正等を太宰府に饗し、物を賜う。

【続日本紀】宝亀元年三月丁卯（四日）

丁卯、初め、新羅使の来れる由を問ひし日、金初正ら言さく、在唐の大使藤原河清・学生朝衡ら、宿衛王子金隠居の帰郷に属けて、書を附して郷親に送る。是を以て、国王、初正らを差して、可清らが書を送らしむ。

また、使の次に因りて、便に土毛を貢る、と。また問はく、新羅の調を貢ること、その来くること久し。改めて土毛と称ふこと、その義安にか在る、と。対へて言さく、便に附貢する故に調と称はず、と。是に至りて、左大史外従五位下堅部使主人主を遣して、初正らに宣べ告げしめて曰はく、前使貞巻、帰国りし日、仰せる政、曾て申し報ふること无し。今亦徒に私事を持ちて参来れり。所以に、此の度は賓礼に預らしめず。今より以後、前の仰の如くすべし。事を申すべき人をして入朝せしめば、これを待すこと常の如くせむ。この状を汝が国王に告げて知らしむべし。但し、唐国の消息、并せて在唐の我が使藤原朝臣河清らが書を進れること、その勤労を嘉して、大宰府に仰せて安置し饗賜せしむ。宜しくこれを知るべし、と。国王に禄として、絁廿五疋、糸一百絇、綿二百五十屯を賜ふ。大使金初正已下に各差有り。

丁卯、初問二新羅使来由一之日、金初正等言、在唐大使藤原河清・学生朝衡等、属二宿衛王子金隠居郷一、附レ書送二於郷親一。是以、国王差二初正等一、令レ送二河清等書一。又因二使次一、便貢二土毛一。又問、新羅貢レ調、其来久矣。改称二土毛一、其義安在。対言、便以二附貢一故不レ称レ調。至レ是、遣二左大史外従五位下堅部使主人主一、宣二告初正等一曰、前使貞巻帰国之日、所レ仰之政、曾无二申報一。今亦徒持二私事一参来。所以、此度不レ預二賓礼一。自レ今以後、宜レ如二前仰一。令二可レ申レ事人入朝一者、待レ之如レ常。宜下以二此状一告二汝国王一知上。但進二唐国消息并在唐我使藤原朝臣河清等書一、嘉二其勤労一、仰二大宰府一安置饗賜。宜レ知レ之。賜二国王禄絁廿五疋、糸一百絇、綿二百五十屯一。大使金初正已下各有レ差。

宝亀元年三月二十八日
葛井氏ら百済系の六氏の男女二百三十人、歌垣に供奉す。

【続日本紀】 宝亀元年三月辛卯（二十八日）

辛卯、葛井・船・津・文・武生・蔵の六氏の男女二百卅人、歌垣に供奉る。その服は並に青揩の細布衣を著、紅の長紐を垂る。男女相並びて、行を分けて徐に進む。歌ひて曰はく、

　少女らに　男立ち添ひ　踏み平らす　西の都は　万世の宮

と。その歌垣に歌ひて曰はく、

　淵も瀬も　清く爽けし　博多川　千歳を待ちて　澄める川かも

と。哥の曲折毎に、袂を挙げて節を為す。その餘の四首は並に是れ古詩なり。復煩しくは載せず。時に、五位已上と内舎人と女孺とに詔して、亦その歌垣の中に列らしむ。歌、数関訖りて、河内大夫従四位上藤原朝臣雄田麻呂已下、和儛を奏る。六氏の哥垣の人に、商布二千段、綿五十屯を賜ふ。

辛卯、葛井・船・津・文・武生・蔵六氏男女二百卅人供㆓奉歌垣㆒。其服並著㆓青揩細布衣㆒、垂㆓紅長紐㆒。男女相並、分レ行徐進。歌曰、

　乎止売良尓　乎止古多知蘇比　布美奈良須　尓詩乃美夜古波　与呂豆与乃美夜

其歌垣歌曰、

　布知毛世毛　伎与久佐夜気志　波可多我波　知止世乎万知天　須売流可波可母

毎㆓哥曲折㆒、挙レ袂為レ節。其餘四首並是古詩。不㆓復煩載㆒。時詔㆓五位已上、内舎人及女孺㆒、亦列㆓其歌垣中㆒。歌数関訖、河内大夫従四位上藤原朝臣雄田麻呂已下奏㆓和儛㆒。賜㆓六氏哥垣人商布二千段、綿五十屯㆒。

宝亀元年四月三日

陪従の文武の百官と十二大寺の僧・沙弥とに物賜う。

【続日本紀】宝亀元年四月乙未（三日）

乙未、陪従の文武の百官と十二大寺の僧・沙弥とに物賜ふこと各差有り。

乙未、賜二陪従文武百官及十二大寺僧・沙弥物一各有レ差。

宝亀元年四月五日

由義寺の造塔の諸司の人と雑工ら九十五人に叙位す。

【続日本紀】宝亀元年四月丁酉（五日）

丁酉、詔して、由義寺の塔を造らしむる諸司の人と雑工ら九十五人とに、労の軽重に随ひて、位階を加へ賜ふ。正六位上船連浄足・東人・虫麻呂の三人は、族の中の長老にして、歌垣に率ひ奉る。並に外従五位下を授く。東人を摂津大進とす。また、正六位上土師宿禰和麻呂に外従五位下を授く。

丁酉、詔、造二由義寺塔一諸司人及雑工等九十五人、随二労軽重一、加二賜位階一。正六位上船連浄足・東人・虫麻呂三人、族中長老、率二奉歌垣一。並授二外従五位下一。以二東人一為二摂津大進一。又授二正六位上土師宿禰和麻呂外従五位下一。

宝亀元年四月六日

天皇、由義宮より至る。

【続日本紀】宝亀元年四月戊戌（六日）

戊戌、車駕由義宮より至る。

戊戌、車駕至㆑自㆓由義宮㆒。

宝亀元年四月八日

弓削氏の男女に物賜ふ。

【続日本紀】宝亀元年四月庚子（八日）

庚子、弓削氏の男女に物賜ふこと差有り。

庚子、賜㆓弓削氏男女物㆒有㆑差。

宝亀元年四月九日

対馬にて飢饉が起こる。

【続日本紀】宝亀元年四月辛丑（九日）

辛丑、対馬嶋飢ゑぬ。これに賑給す。

辛丑、対馬嶋飢。賑㆓給之㆒。

宝亀元年四月二十六日

押勝の乱後に祈願して三重小塔一百万基を造り、諸寺に分置す。

【続日本紀】宝亀元年四月戊午（二十六日）

戊午、初め、天皇、八年の乱平きて乃ち弘願を発して、三重の小塔一百万基を造らしむ。高さ各四寸五分、基の径三寸五分。露盤の下に各根本・慈心・相輪・六度等の陀羅尼を置く。是に至りて功畢りて、諸寺に分ち置く。事に供る官人已下仕丁已上の一百五十七人に爵賜ふこと各差有り。

戊午、初天皇、八年乱平、乃発二弘願一、令レ造二三重小塔一百万基一。高各四寸五分、基径三寸五分。露盤之下、各置二根本・慈心・相輪・六度等陀羅尼一。至レ是功畢、分二置諸寺一。賜二供レ事官人已下仕丁已上一百五十七人爵一各有レ差。

宝亀元年五月十一日

白鹿・白雀などの献上に因み、天皇、祥瑞について諮問、左右大臣以下十一人、奏して礼楽備わりて、刑極に捕われる者、平常の情の万倍ならんと奏す。天皇之を容れて、祥瑞に与かる者に位階等を賜らんとす。

【続日本紀】宝亀元年五月壬申（十一日）

壬申、是より先、伊豫国員外掾従六位上笠朝臣雄宗、白鹿を献る。勅して曰はく、朕、薄徳を以て祇みて洪基を奉けたり。善政未だ孚あらぬに、嘉貺頻に降れり。去歳、伊与国守従五位上高円朝臣広世らが進れる白鹿一頭を得たり。今年、大宰帥従二位弓削御浄朝臣清人らが進れる白雀一双を得たり。乾坤祉を降して、符瑞駢び臻れり。或は瑞羽祥を呈し、或は珠毛貺を表せり。良に宗社の積徳、餘慶の覃ぶ所に由れり。豈朕が庸虚、敢へて茲の応に当らむや。天休を奉けたまはりて倍惕れ、霊貺を荷ひて逾兢る。唯、与に徳を同じくすべし。公卿治を佐け、良吏政を弘めて、至道敬みて上玄に答へむ。前綸に准へて、量りて恵政を施すべし。但し、その瑞物を貢献すること、労逸斉しからず。獣は致し難く、鳥は獲易し。此の如き流、量り定めて奏聞せよ、と。是に、左大臣藤原朝臣永手・右大臣吉備朝臣真吉備已下十一人奏すらく、臣ら言さく、臣聞く、粤に開闢けてより世に君臨有りて、休徴嘉応、時に亦これを聞けども、雑沓繽紛とあること、豈此の如く盛ならむや。伏して惟みるに、皇帝陛下、徳を蘊み機に乗りて、区宇を再造したまへり。天地を恬して以て裁ち成し、禎祥に叶ひて業を定めたまふ。礼楽備りて政化洽く、刑獄平にして囹圄清し。風雲色を改めて、飛走仁に馴れ、奇珍・嘉瑞、困府に絶えず、遠賚・殊琛、史筆に停ること无し。臣ら叨に近侍に陪りて頻に霊物を観る。抃躍の嘉、実に恒情に万す。白鹿は是れ上瑞、白雀は中瑞に合へり。伏して望まくは、白鹿を進れる人には位両階を叙し、絁廿疋、綿卌屯、布五十端、稲二千束を賜へ。共に白鹿を捕へし五人には各位一階を叙せ。牧長一人、挟抄二人には各稲四百束を賜へ。鹿を捕へし処の馳使三人、水手十三人には各三百束。白雀を進れる人には位両階を叙し、稲一千束を賜へ。瑞を進れる国司と出す所の郡司とには各位一階を叙したまへ。また、伊豫・肥後の両国の神護景雲三年より以往の正税の未だ納めぬは、皆悉く除免したまへ。瑞を出せる郡の田租は三分が一を免したまへ。臣ら、勅に准へて商量して、奉行ふこと件の如し。伏して請はくは、外に付けて施行せむことを、と。制して曰く、可し、と。

壬申、先レ是、伊豫国員外掾従六位上笠朝臣雄宗献二白鹿一。勅曰、朕以二薄徳一、祇奉二洪基一。善政未レ孚、嘉貺頻降。去歳得二伊与国守従五位上高円朝臣広世等進白鹿一頭一。今年得二大宰帥従二位弓削御浄朝臣清人等進白雀一双一。乾坤降レ祉、符瑞駢臻。或瑞羽呈レ祥、或珠毛表レ貺。良由二宗社積徳、餘慶所レ覃。豈朕庸虚、敢当二茲応一。奉二天休一而倍惕、荷二霊貺一以逾兢。唯可二与同一レ徳。公卿佐レ治、良吏弘レ政、至道敬答二上玄一。宜下准二前綸一、量施中恵政上。但其貢二献瑞物一、労逸不レ斉。獣則難レ致、鳥則易レ獲。如レ此之流、量定奏聞。於レ是、左大臣藤原朝臣永手・右大臣吉備朝臣真吉備已下十一人奏、臣等言、臣聞、粤自二開闢一、世有二君臨一、休徴嘉応、時亦聞レ之、雑沓繽紛、豈如レ此盛。伏惟、皇帝陛下、蘊レ徳乗レ機、再二造区宇一。括二天地一以裁成、叶二禎祥一而定レ業。礼楽備而政化洽、刑獄平而囹圄清。風雲改レ色、飛走馴レ仁、奇珍・嘉瑞、不レ絶二於囷府一、遠賮・殊琛、无レ停二於史筆一。臣等叨陪二近侍一、頻観二霊物一。抃躍之嘉、実万二恒情一。白鹿是上瑞、白雀合二中瑞一。伏望、進二白鹿一人叙二位両階一、賜二絁廿疋、綿卌屯、布五十端、稲二千束一。共捕二白鹿一五人各叙二位一階一。牧長一人、挟抄二人各賜二稲四百束一。捕レ鹿処駈使三人、水手十三人各三百束。進二白雀一人叙二位両階一、賜二稲一千束一。進レ瑞国司及所レ出郡司各叙二位一階一。又伊豫・肥後両国、神護景雲三年以往正税未レ納、皆悉除免。出レ瑞郡田租免二三分之一一。臣等准レ勅商量、奉行如レ件。伏請、付レ外施行。制曰、可。

宝亀元年六月一日
勅して、天下に大赦す。

【続日本紀】宝亀元年六月壬辰（一日）

六月壬辰の朔、勅して曰はく、朕、菲薄を以て、謬りて重基を承けたり。撫育方に乖き、黎首所を失ふ。顧み念ひて罪に泣き、情に納隍を軫む。属思ふ所有りて、渙汗を流さむと欲。天下に大赦すべし。神護景雲四年六月一日の昧爽より以前の大辟罪以下、罪軽重と無く、已発覚も未発覚も、已結正も未結正も、繫囚も見徒も、及強窃の二盗も、咸く赦除せ。その八虐と、私鋳銭と、常赦の許さぬとは、赦の限に在らず。但し、前後の逆党に縁坐せる人等は、所司、その軽重を量りて奏聞せよ。普く天下に告げて朕が意を知らしめよ、と。

六月壬辰朔、勅曰、朕以二菲薄一、謬承二重基一。撫育乖レ方、黎首失レ所。顧念泣レ罪、情軫二納隍一。属有レ所レ思、欲レ流二渙汗一。可レ大二赦天下一。自二神護景雲四年六月一日昧爽一以前大辟罪以下、罪無二軽重一、已発覚・未発覚、已結正・未結正、繫囚・見徒、及強窃二盗、咸赦除之。其八虐、私鋳銭、常赦所レ不レ免者、不レ在二赦限一。但前後逆党縁坐人等、所司量二其軽重一奏聞。普告二天下一、知二朕意一焉。

宝亀元年六月八日

志摩国、大風あり。百姓に賑給す。

【続日本紀】 宝亀元年六月乙亥（八日）

乙亥、志摩国に大風ふく。害はれたる百姓に賑給す。

乙亥、志摩国大風。賑二給被レ害百姓一。

宝亀元年六月十日

天皇、由義宮に行幸後、不豫となる。よりて左大臣に勅して、近衛・外衛・左右兵衛を、右大臣に中衛・左右衛士を知らしむ。

【続日本紀】 宝亀元年六月辛丑（十日）

辛丑、初め、天皇、由義宮に幸したまひてより後、不豫して月を経たり。是に、左大臣に勅して、近衛の事、外衛の事、左右兵衛の事を摂知らしめたまふ。右大臣には中衛・左右衛士の事を知らしめたまふ。

辛丑、初天皇、自レ幸二由義宮一之後、不豫経レ月。於レ是、勅二左大臣一、摂二知近衛事・外衛事・左右兵衛事一。右大臣知二中衛・左右衛士事一。

宝亀元年六月十四日

霖雨のために、美濃国の民に賑給す。

【続日本紀】宝亀元年六月乙巳（十四日）

乙巳、美濃国に霖雨す。損はれたる民に賑給す。

乙巳、美濃国霖雨。賑二給被レ損之民一。

宝亀元年六月二十三日

疫神を京師の四隅と畿内の十堺とに祭らしむ。

【続日本紀】宝亀元年六月甲寅（二十三日）

甲寅、疫神を京師の四隅と畿内の十堺とに祭らしむ。

甲寅、祭二疫神於京師四隅、畿内十堺一。

宝亀元年六月二十四日

京にて飢饉・疾病あり、民に賑給す。

【続日本紀】宝亀元年六月乙卯（二十四日）

乙卯、京師飢ゑ疫す。これに賑給す。

乙卯、京師飢疫。賑㆓給之㆒。

宝亀元年七月九日

土佐国にて飢饉あり。これに賑給す。

【続日本紀】宝亀元年七月己巳（九日）

己巳、土佐国飢ゑぬ。これに賑給す。

己巳、土佐国飢。賑㆓給之㆒。

宝亀元年七月十五日

天皇、疫病・災異を止めんがため、京内の諸大寺に十七より七日間、大般若経を転読せしむ。また諸国に辛・肉・酒を断ち、読経せしめ、経巻・僧尼教を検校して奏上せしむ。

【続日本紀】宝亀元年七月乙亥（十五日）

乙亥、勅して曰はく、朕、重任を荷ひ負ひて、薄きを履み深きに臨めり。上は天に先ちて時に奉ふること能はず、下は民を養ひて子の如くすること能はず。常に徳に慙づること有りて、実に心に栄とすること无し。膳を撤てて躬を菲すること、日に一日を慎めり。禁殺の令、国に立て、宥罪の典、朝に班てり。而れども猶、疫気生を損ひ、変異物を驚かす。永く言に懐を疚みて、措く所を知らず。唯、仏出世の遺教応感すること有らば、苦は是れ必ず脱れむ、災は則ち能く除かれむ。故、彼の覚風を仰ぎて、斯の祲霧を払はむとす。謹みて、京内の諸の大小の寺に、今月十七日より始めて七日の間、緇徒を屈請して、大般若経を転読せしめよ。比に因りて、智恵の力忽に邪嶺を壊り、慈悲の雲永く普天を覆はば、既往の幽魂は上下に通して以て証覚し、来今の顕識は尊卑に及びて同じく栄えしめむ。普く天下に告げて辛・肉・酒を断ち、各当国の諸寺に読み奉らしむべし。国司・国師共に知りて、読む所の経巻、并せて僧尼の数を検校して、使に附けて奏上せよ。その内外の文武の官属も亦この制に同じくして、朕が意に称へ、と。

乙亥、勅曰、朕荷二負重任一、履レ薄臨レ深。上不レ能二先レ天奉一レ時、下不レ能二養レ民如一レ子。常有レ慙レ徳、実无レ栄レ心。撤レ膳菲レ躬、日慎二一日一。禁殺之令立レ国、宥罪之典班レ朝。而猶疫気損レ生、変異驚レ物。永言疚レ懐。不レ知レ所レ措。唯有二仏出世遺教応感一、苦是必脱、災則能除。故仰二彼覚風一、払二斯祲霧一。謹於二京内諸大小寺一、始レ自二今月十七日一七日之間、屈二請緇徒一、転二読大般若経一。因レ比、智恵之力忽壊二邪嶺一、慈悲之雲永覆二普天一、既往幽魂通二上下一以証覚、来今顕識及二尊卑一而同栄。宜レ令下普告二天下一、断二辛肉酒一、各於二当国諸寺一奉上レ読。国司・国師共知、検二校所レ読経巻并僧尼数一、附レ使奏上。其内外文武官属、亦同二此制一、称二朕意一焉。

宝亀元年七月十八日

常陸国那賀郡の人丈部龍麿・占部少足、白烏を献り、筑前国嘉麻郡の人財部宇代、白雉を献上す。この日、但馬国疫す。賑給す。

【続日本紀】宝亀元年七月戊寅（十八日）

戊寅、常陸国那賀郡の人丈部龍麿・占部少足、白烏を獲たり。筑前国嘉麻郡の人財部宇代、白雉を獲たり。爵人ごとに二級、稲五百束を賜ふ。但馬国疫す。これに賑給す。

戊寅、常陸国那賀郡人丈部龍麿・占部少足獲㆓白烏㆒。筑前国嘉麻郡人財部宇代獲㆓白雉㆒。賜㆓爵人二級、稲五百束㆒。但馬国疫。賑㆓給之㆒。

宝亀元年七月二十三日

太政官、橘奈良麻呂の変と仲麻呂の乱に縁坐する人々の名簿を奏上し、天裁を聴く。

【続日本紀】 宝亀元年七月癸未（二十三日）

癸未、太政官奏すらく、去ぬる六月一日の勅を奉けたまはるに、前後の逆党に縁坐せる人等は、所司、その軽重を量りて奏聞せよ、と。臣曹司且つ勘ふるに、天平勝宝九歳の逆党橘奈良麻呂ら并せて縁坐せる惣て四百卌三人。数の内二百六十二人は罪軽くして免すべし。具に名簿に注して、伏して天裁を聴く。勅を奉けたまはるに、奏に依れ、と。但し、名籍は本貫に編めりと雖も、正身は京に入ること得じ、と。

癸未、太政官奏、奉㆓去六月一日勅㆒、前後逆党縁坐人等、所司量㆓其軽重㆒奏聞者。臣曹司且勘、天平勝宝九歳逆党橘奈良麻呂等并縁坐惣四百卌三人。数内二百六十二人罪軽応㆑免。具注㆓名簿㆒、伏聴㆓天裁㆒。奉㆑勅、依㆑奏。但名籍雖㆑編㆓本貫㆒、正身不㆑得㆑入㆑京。

宝亀元年八月一日

伊勢太神宮および若狭彦神・八幡神宮に馬を奉納。二日に越前の気比・能登の気多神に弊帛を奉らし

め、また神の教えを住吉神に受けしむ。

【続日本紀】 宝亀元年八月庚寅（一日）

八月庚寅の朔、日蝕ゆること有り。参議従四位下外衛大将兼越前守藤原朝臣継縄・左京少進正六位上大中臣朝臣宿奈麿を遣して、幣帛と赤毛の馬二疋とを伊勢大神宮に奉らしむ。若狭国目従七位下伊勢朝臣諸人・内舎人大初位下佐伯宿禰老を遣して、鹿毛の馬を若狭彦神と八幡神宮とに各一疋を奉らしむ。

辛卯（二日）、神祇員外少史正七位上中臣葛野連飯麻呂を遣して、幣帛を越前国の気比神と能登国の気多神とに奉らしむ。雅楽頭従五位下伊刀王をして神の教を住吉神に受けしむ。

八月庚寅朔、日有レ蝕之。遣二参議従四位下外衛大将兼越前守藤原朝臣継縄・左京少進正六位上大中臣朝臣宿奈麿一、奉二幣帛及赤毛馬二疋於伊勢大神宮一。遣二若狭国目従七位下伊勢朝臣諸人・内舎人大初位下佐伯宿禰老一、奉二鹿毛馬於若狭彦神・八幡神宮各一疋一。

辛卯、遣二神祇員外少史正七位上中臣葛野連飯麻呂一、奉二幣帛於越前国気比神・能登国気多神一。使三雅楽頭従五位下伊刀王受二神教於住吉神一。

宝亀元年八月四日

天皇、西宮の寝殿に崩御す。左大臣藤原永手・右大臣吉備真備ら、策を禁中に定めて諱（白壁王）を皇太子とす。永手ら称徳天皇の遺宣に基づき皇太子を定む。左右京・四畿内の役夫六千三百人を興して、以て山陵に供せしむ。

【続日本紀】 宝亀元年八月癸巳（四日）

癸巳、天皇、西宮の寝殿に崩りましぬ。春秋五十三。左大臣従一位藤原朝臣永手、右大臣正二位吉備朝臣真吉備、参議兵部卿従三位藤原朝臣宿奈麻呂、参議民部卿従三位藤原朝臣縄麻呂、参議式部卿従三位石上朝臣宅嗣、近衛大将従三位藤原朝臣蔵下麻呂ら、策を禁中に定めて、諱を立てて皇太子とす。左大臣従一位藤原朝臣永手、遺宣を受けて曰はく、今詔りたまはく、事卒然に有るに依りて、諸臣等議りて、白壁王は諸王の中に年歯も長なり。また、先の帝の功も在る故に、太子と定めて、奏せるまにまに宣り給ふと勅りたまはくと宣る、と。使を遣して三関を固く守らしむ。

左右京と四畿内と伊賀・近江・丹波・播磨・紀伊等の国の役夫六千三百人を興して、山陵に供へしむ。

癸巳、天皇、崩二于西宮寝殿一。春秋五十三。左大臣従一位藤原朝臣永手・右大臣正二位吉備朝臣真吉備・参議兵部卿従三位藤原朝臣宿奈麻呂・参議民部卿従三位藤原朝臣縄麻呂・参議式部卿従三位石上朝臣宅嗣・近衛大将従三位藤原朝臣蔵下麻呂等、定二策禁中一、立レ諱為二皇太子一。左大臣従一位藤原朝臣永手受二遺宣一曰、今詔久、事卒然尓有依天、諸臣等議天、白壁王波諸王能中仁年歯毛長奈利。又先帝能功毛在故仁、太子止定テ、奏流麻仁麻尓宣給布止勅久止宣。遣レ使固二守三関一。

興二左右京、四畿内、伊賀・近江・丹波・播磨・紀伊等国役夫六千三百人一、以供二山陵一。

【唐招提寺縁起抜書略集】

神護景雲四年八月四日　称徳天皇崩。修二法華八講一、并梵網経講レ之。

【帝王系図】

高野姫天皇、宝亀元年八月四日崩、年五十三。同七日葬大和国高野山陵。

【扶桑略記】

八月四日癸巳。高野天皇。春秋五十三。於二西宮寝殿一崩。

【東大寺要録】本願章第一

宝亀元年庚戌八月四日癸巳崩二西宮一。年五十三。陵高野。

宝亀元年八月六日

六日、天下挙哀、服は一年を限る。近江の騎兵をして朝廷を守衛せしめんとし、騎兵司を置いて長官以て四等管を任命す。

八日、釈奠を停む。天皇崩御より七日、東大寺・西大寺にて誦経せしむ。

【続日本紀】宝亀元年八月乙未（六日）

乙未（六日）、天下の挙哀、服は一年を限る。近江国の兵二百騎を差して、朝庭を守衛らしむ。従三位藤原朝臣宿奈麿を騎兵司とす。従五位上阿倍朝臣浄成を次官。判官・主典各二人。

丁酉（八日）、釈奠を停む。天下の凶服を以てなり。是の日、天皇崩りましてより、爰に一七に登れり。東西の大寺に誦経せしむ。

乙未、天下挙哀、服限二一年一。差二近江国兵二百騎一、守二衛朝庭一。以二従三位藤原朝臣宿奈麿一為二騎兵司一。従五位上阿倍朝臣浄成為二次官一。判官・主典各二人。

丁酉、停二釈奠一。以二天下凶服一也。是日、自二天皇崩一、爰登二一七一。於二東西大寺一誦経。

宝亀元年八月九日

鈴鹿王の旧宅を山陵となす。よって王の子豊野真人出雲奄智・五十戸に叙位す。

【続日本紀】宝亀元年八月戊戌（九日）

戊戌、正五位下豊野真人出雲に従四位下を授く。従五位上豊野真人奄智に正五位下。従五位下豊野真人五十戸に従五位上。その父故式部卿従二位鈴鹿王の旧宅を山陵と為す故なり。

戊戌、授㆓正五位下豊野真人出雲従四位下、従五位上豊野真人奄智正五位下、従五位下豊野真人五十戸従五位上㆒。以㆓其父故式部卿従二位鈴鹿王旧宅㆒為㆓山陵㆒故也。

宝亀元年八月十六日

薬師寺にて誦経せしむ

【続日本紀】宝亀元年八月乙巳（十六日）

乙巳、二七なり。薬師寺に誦経せしむ。

乙巳、二七。於㆓薬師寺㆒誦経。

宝亀元年八月十七日

天皇を高野の山陵に葬る。これより前、天皇、由義宮より帰りて以降、聖体不豫を覚ゆ。皇太子は宮にありて留守とす。この間、天皇は群臣に謁見せず、わずかに吉備由利のみ臥内に入りて奏すべき事を伝う。また押勝（恵美押勝）誅せられて以降、道鏡軽々に力役を興し、伽藍を結ぶなど権《はかりこと》を擅《ほしきまま》とす。

道鏡は天皇崩御後、梓宮に仕えて陵下に留り盧《いほり》す。

【続日本紀】宝亀元年八月丙午（十七日）

丙午、高野天皇を大和国添下郡佐貴郷の高野山陵に葬りまつる。従三位藤原朝臣魚名を御前次第司長官とす。従五位下桑原王を次官。判官・主典各二人。従四位下藤原朝臣継縄を御後次第司長官。従五位下大伴宿禰不破麿を次官。判官・主典各二人。皇太子、宮に在りて留守したまふ。道鏡法師は梓宮に奉りて、便ち陵の下に留り廬す。天皇、由義宮に幸したまひてより、便ち聖躬不豫するを覚えたまふ。是に即ち平城に還りたまふ。此より百餘日を積むまで、事を親らしたまふことあらず。群臣曾て謁見すること得る者无し。典蔵従三位吉備朝臣由利、臥内に出入して、奏すべき事を伝ふ。天皇、尤も仏道を崇めて、務めて刑獄を恤みたまふ。勝宝の際、政、倹約を称ふ。太師誅せられてより、道鏡、権を擅にし、軽しく力役を興し、務めて伽藍を繕ふ。公私に彫喪して、国用足らず。政刑日に峻しくして、殺戮妄に加へき。故に後の事を言ふ者、頗るその冤を称ふ。

丙午、葬二高野天皇於大和国添下郡佐貴郷高野山陵一。以二従三位藤原朝臣魚名一為二御前次第司長官一。従五位下桑原王為二次官一。判官・主典各二人。従四位下藤原朝臣継縄為二御後次第司長官一。従五位下大伴宿禰不破麿為二次官一。判官・主典各二人。皇太子在レ宮留守。道鏡法師奉二梓宮一、便留二廬於陵下一。天皇、自レ幸二由義宮一、便覚二聖躬不豫一。於レ是即還二平城一。自レ此積二百餘日一、不レ親レ事。群臣會无下得二謁見一者上。典蔵従三位吉備朝臣由利、出二入臥内一、伝二可レ奏事一。天皇尤崇二仏道一、務恤二刑獄一。勝宝之際、政称二倹約一。自二太師被レ誅、道鏡擅レ権、軽興二力役一、務繕二伽藍一。公私彫喪、国用不レ足。政刑日峻、殺戮妄加。故後之言レ事者、頗称二其冤一焉。

【延喜式・諸陵式】

高野陵、平常宮御宇天皇、在大和国添下郡。兆域市東西五町、南北三町、守戸五烟。

宝亀元年八月二十一日

皇太子白壁王の令旨により、道鏡を下野国薬師寺に左遷す。

【続日本紀】宝亀元年八月庚戌（二十一日）

庚戌、皇太子令旨すらく、如聞らく、道鏡法師、窃に舐粳の心を挟みて、日を為すこと久し。陵土未だ乾かぬに、奸謀発覚れぬ。是れ神祇の護る所、社稷の祐くる攸なり。今、先聖の厚恩を顧みて、法に依りて刑に入るることを得ず。故、造下野国薬師寺別当に任して発遣す。宜しくこれを知るべし、と。

庚戌、皇太子令旨、如聞、道鏡法師、窃挟二舐粳之心一、為レ日久矣。陵土未レ乾、奸謀発覚。是則神祇所レ護、社稷攸レ祐。今顧二先聖厚恩一、不レ得二依レ法入レ刑。故任二造下野国薬師寺別当一発遣。宜レ知レ之。

宝亀元年八月二十二日

二十二日、道鏡の弟およびその男を土左国に流す。

二十三日、坂上苅田麻呂に叙位。道鏡の奸計を告ぐるを以てなり。

【続日本紀】宝亀元年八月辛亥（二十二日）

辛亥（二十二日）、道鏡が弟弓削浄人、浄人が男広方・広田・広津を土左国に流す。

壬子（二十三日）、三七なり。元興寺に誦経せしむ。是の日、従四位上坂上大忌寸苅田麻呂に正四位下を授く。道鏡法師が奸計を告ぐるを以てなり。

辛亥、流二道鏡弟弓削浄人、浄人男広方・広田・広津於土左国一。
壬子、三七。於二元興寺一誦経。是日、授二従四位上坂上大忌寸苅田麻呂正四位下一。以レ告二道鏡法師奸計一也。

宝亀元年八月三十日
大安寺にて設斎す。

【続日本紀】宝亀元年八月己未（三十日）

己未、四七なり。大安寺に設斎す。

己未、四七。於二大安寺一設斎焉。

宝亀元年九月三日
令旨により、要司以外の令外の官を廃止する。毗登の姓を首・史姓に復す。

【続日本紀】宝亀元年九月壬戌（三日）

九月壬戌、令旨すらく、比年、令外の官、其の員繁夥にして、徒に国用を費して公途に益無し。官を省き務を簡にするは、往聖の嘉典なり。要司を除く外は、悉く廃省すべし。また、去ぬる天平勝宝九歳、首・史の姓を改めて並に毗登と為すを以て、彼此分ち難く、氏族混雑す。事に於て穏にあらず。本の字に従ふべし。

九月壬戌、令旨、比年、令外之官、其員繁夥、徒費二国用一、無レ益二公途一。省レ官簡レ務、往聖嘉典。除二要司一外、宜二悉廃省一。又以下去天平勝宝九歳改二首・史姓一並為中毗登上、彼此難レ分、氏族混雑。於レ事不レ穏。宜レ従二本字一。

宝亀元年九月六日

和気清麿・広虫を備後・大隅より徴し、京師に詣らしむ。

【続日本紀】 宝亀元年九月乙丑（六日）

乙丑、和気清麿・広虫を備後・大隅より徴して京師に詣らしむ。

乙丑、徴二和気清麿・広虫於備後・大隅一、詣二京師一。

宝亀元年九月七日

五七日にあたり、薬師寺にて設斎す。

【続日本紀】 宝亀元年九月丙寅（七日）

丙寅、五七なり。薬師寺に設斎す。

丙寅、五七。於二薬師寺一設斎焉。

宝亀元年九月十四日

六七日にあたり、西大寺にて設斎す。

【続日本紀】 宝亀元年九月癸酉（十四日）

癸酉、六七なり。西大寺に設斎す。

癸酉、六七。於二西大寺一設斎焉。

宝亀元年九月二十二日

二十二日、山階寺で七七日、斎を設く。国毎に管内の僧尼を金光・法華二寺に招じ、行道・転経せしむ。是の日、京師と諸国に大祓す。

二十三日、一年の服期を停め天下をして吉とす。

【続日本紀】宝亀元年九月辛巳（二十二日）

辛巳（二十二日）、七々なり。山階寺に設斎す。諸国は、国毎に管内の僧尼を金光・法華二寺に屈請して、行道・転経せしむ。是の日、京師と天下の諸国とに大赦せしむ。

壬午（二十三日）、一年の服期を停めて、天下をして吉に従はしむ。

辛巳、七々。於二山階寺一設斎焉。諸国者、毎レ国屈二請管内僧尼於金光・法華二寺一、行道・転経。是日、京師及天下諸国大赦。

壬午、停二一年服期一、天下従レ吉。

《参考資料》

【今昔物語】高野姫天皇造西大寺語第十八

今昔、高野姫天皇ハ聖武天皇ノ御娘ニ御マス。女ノ身ニ御マスト云ヘドモ、心ニ智リ広クシテ文ノ道ヲ極メ給タリケリ。亦法ノ道ヲ知テ「何カデ道場ヲ建立セム」ト思食シケル。未ダ位ニモ不即給シテ姫宮ニテマシマシケル時ニ、初竜寺ト云寺（以下欠）

【諸寺略記】

一　西大寺者。孝徳（謙イ）天皇御宇。大和国添下郡安弥勒浄土相。号都率天宮。高（孝カ）謙天皇御願也。寺中諸堂皆顚倒。所存者食堂四王院許也。古老傳云。天皇自本依欣兜率。以此寺號都率天宮。造写弥勒之浄土。土木之功未終。春二月之比。天皇崩。兜率天衆四人来下告曰。来月ム日我等来必可迎汝。天皇驚勅大臣曰。當寺事偏憑汝。晏駕之後必可造畢。天皇臨彼期。如夢告往生兜率矣。斯堂荘厳毎物瓊琪傾心盡態。其中労度抜抜提之像妙也。其色書（畫イ）等言語道断。湖跪合掌低首之形奇妙也。尤足動心驚目矣。擬青瑠璃葺青瓷瓦。而貞観早魃之時不堪炎氣。皆以消流。其後以他瓦所改葺也。然星霜多積。雨露屢侵。破損無極。傳聞青瓷者多和鉛錫陶冶之。故依炎旱蕩溺也云々。四王院。號南院。安金銅四天王像。七尺三寸。等身吉祥天。皇帝天平寶字八年九月十二日誓願。以天平神護元年創鋳件像。三像者如御願。今一體像。南方増長天〃相好難成。一千七度。天皇歎息曰。我為引導衆生雖企。鎔鋳數度費功未得円満。我以手觸鏤。信心無虔可燒解。若無損壊者所願豈空哉。発此願御手擬佛鏤。敢無熟。其般成就云々。

【七大寺巡礼私記】

一　西大寺

金堂号兜率天宮、顚倒只見礙〔礎カ〕、弥勒浄土相、斯寺者高〔孝カ〕謙天皇御願也、寺中諸堂等皆以顚倒無実、只有礙〔礎カ〕石、僅所存者、食堂・四王院等也、干食堂多□損壊、金堂弥勒浄土之相、又以朽損、所残佛芹像運移金堂安之、件等像不可思議也、干労度抜提之像神也妙也、其毛書等言語道断也、踟踞合掌値〔伺カ〕、有□形奇妙、古老傳云、天皇自本欣兜率敢無他想、草創堂号曰兜率天宮、造写弥勒浄土之相、而土木功未終以前、春二月之比夢見給遣利、兜率天衆四人来下告曰、来七月日必當来迎汝、天王驚勅大臣曰、當寺事偏馮汝、安駕之後、必可造畢云〃、天皇臨彼朝令往生兜率已如夢告、

堂瓦消滅事、口傳云、斯堂瓦者青瓷也、而貞観旱魃之時、皆悉消滅流落了、其後以他瓦所改葺也、然星霜多積今又破懐〔壊カ〕如此云〃、

四王院之金銅四天王像高七尺三寸、等身吉祥天、斯像者平城宮御宇寶字称徳孝謙皇帝、去天平寶字八年九月十一日誓願造七尺金銅四天像軍〔ママ〕建此寺、以天平神護元年、創鋳件像以開伽藍云〃、見縁起、

斯像者

古老傳云此四天像奉鑄之間、数度依不成、孝謙天皇□〔歎〕息宣云、我為引導衆生、期興隆佛法、仍奉鋳此像、雖及数度未得成就、我以手觸鏤、若無燒滅者可知願成就、若信心無処者手則可燒滅云〃、重発此願以御手沸鏤中、敢無少恙其度奉鋳成云〃、

古老傳云、往昔天下旱魃、雖渠下之日、無一滴之水皆以乾損、然間依寺僧之祈請、斯四王像往近江国引水漑田之間、土泥着身躰、世人見之、歎四王之霊験、為後代之美談云〃、

私勘、天平寶字者大炊天皇御宇之時、更非孝謙皇帝之代、若天平勝寶歟、抑嘉承年中巡礼之時破損如此、而経卅八年之後、保延六年三月十八日重巡損〔禮カ〕之処、金堂已以顚倒無実、僅所残者金堂四王院許也、佛法之陵遅為□折由也、可痛可歎矣、塔一基在四王院之西、

【日本霊異記】下巻第三十八

災と善との表相先づ現れて、而る後に其の災と善との答を被りし縁　第三十八

夫れ善と悪との表相の現れむとする時には、彼の善厲の表相に、先づ兼ねて物の形を作し、天の下の国を周り行キて、歌咏ヒて之を示す。時の天の下の国人、彼の歌音を聞き、出で咏ひて伝通す云々といへり。諸楽の宮に二十五年天の下治めたまひし勝宝応真聖武太上天皇、大納言藤原朝臣仲麿を召して、御前に居ゑて詔したまひしく、「朕が子阿倍の内親王と道祖の親王との二人を以て、天の下を治めしめむと欲ほす。云何。是の語受くべしや不や」とのたまひき。仲丸答へて白ししく、「甚だ勝れて能し」と、御語を受け白しき。時に天皇祈の御酒を飲ましめて、誓はしめて詔したまひしく、「若し朕が遺す勅を失はば、天地相慓ミ、大きなる厲を被らむ。汝今誓ふべし」とのたまひき。時に仲丸、誓ひ白ししく、「若し我、後の世に、勅詔に違はば、天つ神、地つ祇、慓み嗔りたまひて太きなる災を被り、身を破り、命を滅さむ」とまうしき。是くの如くに誓はしめて、酒を飲ましめて、禱已に訖りぬ。然して後に、天皇崩りましし後に、彼の遺したまひし勅語の如くに、道祖の親王を以て儲の君としたまひき。其の天皇の大后、同じ諸楽の宮に坐しましし時に、天の下の国挙りて、歌咏ひて言ひしく、

年少く失する王、最も失する王、破注、非綾《ととろき》はよ、其が幾何か売命らレム、衰へぬ、魮鮔等は

よ、其が幾何か、売命られむ。

是くの如くに歌詠ふ。然して彼の帝姫阿倍の天皇、並大后の御世の天平勝宝の九年八月十八日に、改めて天平宝字の元年とす。即の年儲の君道祖の親王を、大宮の□殿より出し、獄に投れ居き殺死しつ。並黄文の王と塩焼の王と又氏々の人等とを、倶に殺死しつ。又宝字の八年十月に、大炊の天皇、皇后の為に賊たれ、天皇の位を輟めて、淡路国に退き逼迫りたまふ。並仲丸等と又氏々の人とを、倶に殺死しつ。彼の先に天の下挙りて歌詠ひしは、此の親皇の殄滅びたまふ表相なりけり。又、同じ大后の坐しまし時に、天の下の国挙りて歌詠ひて言ひしく、

法師等を裙着きたりと軽侮れど、そが中に腰帯薦槌懸レルゾ。弥発つ時々、畏き卿や。

又咏ひて言ひしく、

我が黒みそひ股に宿給へ、人と成るまで。

是くの如く歌咏ひつ。帝姫阿倍の天皇の御世の天平神護の元年の歳の乙巳に次れる年の始に、弓削の氏の僧道鏡法師、皇后と同じ枕に交通し、天の下の政を相け摂りて、天の下を治む。彼の咏歌は、是れ道鏡法師が皇后と同じ枕に交通し、天の下の政を摂りし表答なりけり。又、同じ大后の時に、咏ひて言ひしく、

正に木の本を相れば、大徳食し肥レテぞ立ち来る。

是くの如く咏ひ言ひき。是れ当に知れ、同じ時に道鏡法師を以て法皇とし、鴨の氏の僧韻興法師を以て法臣参議として、天の下の政を摂りし表答なることを。又、諸楽の宮に二十五年天の下治めたまひし勝宝応真大上天皇のみ代に、天の下挙りて歌咏ひて言ひしく、

広まち

朝日刺す豊浦の寺の西なるや、おしてや、おしてや、桜井に、おしてや、おしてや、桜井に、白玉沈くや、吉き玉沈くや、おしてや、おしてや、然しては、国ぞ栄えむ、我家ぞ栄えむや、おしてや。

是くの如く咏ひき。後に帝姫阿倍の天皇のみ代の神護景雲の四年歳の庚戌に次れる年の八月四日に、白壁の天皇位に即きたまひぬ。同じ年の冬の十月一日に、筑紫の国、亀を進り、改めて宝亀の元年として、天の下を治めたまふ。是を以て当に知れ、先の歌咏は、是れ白壁の天皇の、天の下を治めたまふ表相の答なりけりといふことを。又諾楽の宮に国食シシ帝姫阿倍の天皇のみ代に、国挙りて歌咏ひて云ひしく、

大宮に直に向へる山部の坂、痛くな践みそ、土には有りとも

是くの如く咏ひて後に、白壁の天皇のみ代の天応元年の歳の辛酉に次れる四月十五日に、山部の天皇位に即きて、天の下を治めたまふ。是を以て当に知れ、先の咏歌は、是れ山部の天皇の天の下を治めたまふ、先の表相の答なりけりといふ。

孝謙天皇・称徳天皇略年譜

西暦	和暦	事項
七一七	養老二年	二月、誕生。
七二四	神亀元年	二月、内親王となる。
七三八	天平一〇年	正月一三日、皇太子となる。
七四三	天平一五年	五月五日、皇太子、五節の舞を舞う。
七四九	天平勝宝元年	七月二日、聖武天皇譲位し、孝謙天皇の即位の詔を大極殿にて宣う。
		八月一〇日、紫微中台を設置。
		一〇月九日、河内国智識寺に行幸。
		一一月二五日、南薬園の新宮で大嘗祭を行う。
		一二月一八日、八幡神を平群郡に迎え、梨原宮に新殿を造り、神宮とする。
		一二月二七日、東大寺に行幸し、礼仏・読経す。
七五〇	天平勝宝二年	二月九日、大郡宮より薬師寺宮に移御す。
		二月一六日、春日の酒殿に行幸す。
		二月二三日、東大寺に封戸三千五百戸を増す。
		四月四日、薬師経に帰して行道懺悔す。
		五月八日、中宮安殿にて仁王経を講ず。
		九月二四日、遣唐大使以下四等官を任用。
		一〇月一八日、元正天皇を奈保山の陵に改葬。

七五一	天平勝宝三年	正月一四日、東大寺に行幸。
		七月七日、南院にて宴を行う。
		一〇月二三日、新薬師寺にて聖武太上天皇の平復・宝寿長久を祈願。
		一一月七日、吉備真備を入唐副使と定める。
七五二	天平勝宝四年	正月一一日、太上天皇不悆。
		三月一四日、東大寺大仏の塗金を行う。
		四月九日、東大寺大仏開眼供養。その後、光明皇太后と藤原仲麻呂宅に行幸。
七五三	天平勝宝五年	三月二九日、東大寺にて、仁王経を講ず。
		四月一五日、皇太后の病気平癒祈願の一環として大赦を行う。
七五四	天平勝宝六年	正月五日、東大寺に行幸。
		正月一六日、入唐副使大伴宿禰古麿が鑒真らと帰朝。
		二月五日、鑑真和上入京。
		四月、鑑真、孝謙天皇に菩薩戒を授ける。
		七月一三日、太皇太后の病気平癒祈願。
		七月一九日、太皇太后藤原宮子、崩御。
		八月四日、太皇太后を佐保山陵に火葬。
		一一月八日、天皇、薬師供養会を催す。
七五五	天平勝宝七年	一〇月二一日、聖武太上天皇の病気平癒を願う。
		一二月、孝謙天皇、東大寺領に板蠅杣壱所を施入する。
七五六	天平勝宝八年	二月二四日、難波に行幸。
		四月一四日、聖武太上天皇不豫により天下に大赦する。
		四月二二日、伊勢大神宮・八幡大神宮に幣帛を奉る。

		五月二日、伊勢大神宮に幣帛を奉る。 五月二日、聖武太上天皇崩御。道祖王を皇太子とする。 五月一九日、太上天皇を佐保山陵に葬る。 六月一二日、孝謙天皇、倉三宇を東大寺に施入。
七五七	天平宝字元年	三月二九日、皇太子道祖王を廃す。 四月四日、大炊王を皇太子とする。 五月二〇日、養老律令施行。 七月二日、橘奈良麻呂の変。 八月一三日、天平宝字に改元。
七五八	天平宝字二年	七月四日、皇太后の病により、諸国に殺生を禁ず。 八月一日、皇太子大炊王に譲位。宝字称徳孝謙皇帝の尊号を贈られる。
七六一	天平宝字五年	八月三日、淳仁天皇と薬師寺に行幸。
七六二	天平宝字六年	五月二三日、淳仁天皇と不和。法華寺に入る。
七六四	天平宝字八年	九月一一日、藤原恵美朝臣押勝謀反。同月一八日押勝斬首される。 九月二〇日、道鏡を大臣禅師とする。 一〇月九日、淳仁天皇廃位。淡路に幽閉。同日、称徳即位。
七六五	天平神護元年	正月七日、天平神護に改元。 八月一日、和気王謀反。 一〇月一三日、紀伊国に行幸。 閏一〇月二日、道鏡を太政大臣禅師とする。 閏一一月二三日、大嘗祭を行う。 この年、西大寺建立。

七六六	天平神護二年	四月二九日、聖武天皇の落胤を私称する者を遠流に処す。
		一〇月二〇日、道鏡を法王とする。
		一二月一二日、西大寺に行幸。
七六七	神護景雲元年	正月八日、各国分寺にて吉祥天悔過の法を行う。
		二月四日、東大寺に行幸。
		二月七日、大学に行幸して釈奠する。
		二月八日、山階寺に行幸。
		二月一四日、東院に幸す。
		三月二日、元興寺に行幸。
		三月三日、西大寺法院に行幸。
		三月九日、大安寺に行幸。
		三月一四日、薬師寺に行幸。
		三月二〇日、法王宮職を設置。
		八月一六日、慶雲現るにより神護景雲と改元する。
		九月二日、西大寺嶋院に行幸。
		九月一八日、八幡比売神宮寺を造る。
		一〇月二〇日、長谷寺に行幸。
		一二月四日、山階寺僧基真を追放。
七六九	神護景雲三年	正月三日、西宮の前殿にて法王道鏡は大臣以下の拝賀を受け、自ら寿詞を告げる。
		正月八日、東院に行幸し、吉祥悔過を行う。
		二月二四日、右大臣吉備真備の第に行幸す。
		四月二四日、西大寺に行幸し、佐伯宿禰今毛人らに叙位す。

		五月二五日、不破内親王・その子氷上志計志麻呂、遠流に処される。 五月二九日、県犬養宿禰姉女を遠流に処す。 六月一五日、西大寺に弥勒浄土を造る。 九月二五日、宇佐八幡宮事件。 一〇月一日、皇位継承は称徳天皇の遺志が尊重されることを詔す。 一〇月一五日、飽浪宮に行幸。 一〇月一七日、由義宮に行幸。 一〇月三〇日、由義宮を西京とする。 一一月二八日、新嘗豊明節会を行う。
七七〇	宝亀元年	二月二三日、西大寺東塔の心礎の石、破却す。 三月二七日、由義宮に行幸。 四月二六日、百万塔を諸寺に分置す。 六月二六日、称徳天皇不豫。 七月二三日、橘奈良麻呂変、藤原仲麻呂乱に縁坐する人々の名簿を奏上す。 八月一日、伊勢太神宮、若狭彦神、八幡神宮に馬を奉納。 八月四日、称徳天皇崩御。白壁王を皇太子とす。 八月八日、天皇崩御により東大寺・西大寺にて誦経す。 八月一六日、薬師寺にて誦経す。 八月一七日、高野山陵に葬る。 八月二一日、道鏡を下野国薬師寺に左遷す。 九月六日、和気清麿・広虫を都に呼び戻す。 九月二三日、山階寺にて斎を設く。

おわりに

本書をまとめるにあたり、どういった範囲で資料を扱うかということから迷った。まず、時代である。奈良時代を中心に平安時代初期までにとどめるか、江戸時代にまで広げるかなどである。しかし、時代が下った資料に関して、孝謙・称徳天皇をキーワードとして調査すると、孝謙・称徳天皇と道鏡との記述が多く見られる。予想通りである。そうなると本書の多くを道鏡に関わる記述に割くことになり、孝謙・称徳天皇の御伝をまとめようとする本書の主旨とは異なることになる。そこで平安時代末を一応の区切りとした。次に資料である。本書では『続日本紀』を中心として、公刊されているものを選定した。しかし奈良市では平城宮をはじめとして発掘作業によって木簡が出土しており、その解読作業も進んでいる。木簡資料にも目を向けるべきことと重々承知しているが、木簡の記述に対する扱いに苦労し、本書に取り入れることが叶わなかった。時間が限られていたとはいえ、反省すべき点である。

本書は、二〇二〇年に刊行した『光明皇后御傳　改訂増補版』(吉川弘文館) の続編である。『光明皇后御傳　改訂増補版』は、法華寺学術顧問であった父米田雄介を中心として資料選定や校訂作業を進めた。それに対して本書は、父の発案によるものではあるが、筆者が中心となりまとめたものである。しかし、筆者の専門とする分野は古代史でもなければ、まして歴史学でもない。編年体で孝謙・称徳天皇に関わる資料を整理するとはいえ (実際には、その周辺知識も必要であることはいうまでもない）、資料の扱い方や記事の見落とし、引用の過ちなど、一抹の不安がつきまとう。そのような時に、大学院時代の先輩である滝川幸司氏（大阪大学文学研究科教授）に、お目にかかる機会があり、本書について相談することができた。大学業務等々で多忙にも関わらず、内容についてご意見をいただき、勉誠社も紹介していただいた。感謝するしだいである。また口絵に用いた西大寺の写真は、西大寺の佐伯俊源先生にご配慮いただいた。特に「四王堂四天王邪鬼」は称徳天皇が自ら鋳造された伝承をもつもので、称徳天皇に直接関わる貴重な遺物である。佐伯先生をはじめ西大寺には写真の掲載を配慮していただいた。この場にてお礼を申しあげる。

勉誠社の吉田祐輔氏には本書の出版についてご快諾いただいた。校正からいろいろと有益な提案をいただき、またご面倒もお掛けしたが、その都度丁寧な対応をしていただいた。この場を借りてお礼を申しあげる。

二〇二四年八月に父米田雄介が永眠した。父の専門分野や居住地が奈良であったことなどを考えれば、孝謙・称徳天皇に関わる本書は父自身で成し遂げたかった仕事であっただろう。二〇二二年末、年の瀬も押し迫った時期に本書に関する相談を受けたが（半ば業務命令だと思うが）、その頃には、体力的に仕事と向き合うことができなくなっていることを父自身も理解しており、心残りをなくすために本書を私に託したのだと思う。今回刊行されたことで父からの宿題も終わり、一安心しているが、はてさて、合格点はもらえるだろうか。

二〇二五年一月二十日

米田達郎

編著者略歴

米田達郎（よねだ・たつろう）

大阪工業大学工学部教授。専門は日本語学。
主な著書・論文に、『鷺流狂言詞章保教本を中心とした狂言詞章の日本語学的研究』（武蔵野書院、2020年）、「『遊星』から『惑星』へ——明治時代以降を中心に」（『近代語研究』第23集、武蔵野書院、2022年）、「天文用語「自転」の語史——江戸時代末〜明治時代を中心に」（『国語と国文学』6月号、2024年）、「「軌道」の語史——江戸時代末以降を中心に」（松浦清・真貝寿明編『天文文化学の視点——星を軸に文化を語る』アジア遊学296、勉誠社、2024年）などがある。

米田雄介（よねだ・ゆうすけ）

宮内庁書陵部編修課長・正倉院事務所長を歴任。公益財団法人古代学協会理事（文学博士）、県立広島女子大学・神戸女子大学名誉教授。専門は日本古代史。2024年没。
主な著書に、『すぐわかる正倉院の美術』（東京美術、2002年）、『奇蹟の正倉院宝物——シルクロードの終着駅』（角川選書、2010年）、『光明皇后御傳——改訂増補版』（吉川弘文館、2020年）などがある。

孝《こう》謙《けん》天《てん》皇《のう》・称《しょう》徳《とく》天《てん》皇《のう》御《ぎょ》伝《でん》

編著者　米田達郎
　　　　米田雄介
発行者　吉田祐輔
発行所　㈱勉誠社
〒101-0061 東京都千代田区神田三崎町二-一八-四
電話　〇三-五二一五-九〇二一㈹

二〇二五年二月十日　初版発行

印刷製本　中央精版印刷㈱

ISBN978-4-585-32061-6　C3021